westermann

PUENTE AL

ESPAÑOL 2

Spanisch als dritte Fremdsprache

D1718737

PUENTE AL ESPAÑOL

Spanisch als dritte Fremdsprache

Erarbeitet von

Michaela Silvia Acuna, Bern
Ana Fernández Fernández, Buchenberg
Renate Gerling-Halbach, Wuppertal

Conxa Moreno Báguena, Berlin
Silvia Vega Ordóñez, Karlsruhe
Cecilia Zarzoso Aznar, Bremen

und der Redaktion Spanisch

Lidia Coria Sánchez, Vanessa Rother, Silvia Seoane García, Kristina de Vogüé

Beratende Mitwirkung

Ana Fernández Fernández, Buchenberg; Martina Frank, Wendelstein;
Guadalupe Laenge-May, Erlangen

Die enthaltenen Links verweisen auf digitale Inhalte,
die der Verlag in eigener Verantwortung zur Verfügung stellt.

Symbole und Verweise

🎧	Hörtext (CD/Tracknummer)
▷	Video (CD/Tracknummer)
📁	Portfolio
〰	Medienbildung
4	Zu dieser Aufgabe gibt es drei Varianten.
🚠	Aufgabenvariante mit mehr Hilfen (*más ayuda*)
⛰	Aufgabenvariante, die herausfordert (*más retos*)
Gr	Verweis auf den Grammatikeinleger des Arbeitshefts
5	Blaue Aufgaben sind fakultativ.
✎	Verweis auf passende Aufgaben im Arbeitsheft
🌉	Verweis auf den Methodenanhang *Estrategias*
↻	Wiederholung

Bei einigen Aufgaben findest du Webcodes (z. B. WES-112636-001).
Wenn du diesen unter *www.westermann.de/webcode* eingibst, findest du dort weiteres Material für die Aufgabe.

westermann GRUPPE

© 2021 Westermann Bildungsmedien Verlag GmbH, Georg-Westermann-Allee 66, 38104 Braunschweig
www.westermann.de

Druck A[1] / Jahr 2021
Alle Drucke der Serie A sind inhaltlich unverändert.

Redaktion: Lidia Coria Sánchez, Vanessa Rother, Silvia Seoane García, Kristina de Vogüé
Illustrationen: Andrea Naumann, Aachen
Umschlaggestaltung und Layout: LIO Design GmbH, Braunschweig
Druck und Bindung: Westermann Druck GmbH, Georg-Westermann-Allee 66, 38104 Braunschweig

ISBN 978-3-14-**112636**-5

Índice

Seite	Kommunikative Lernziele	Sprachliche Mittel	Methoden	Interkulturelles Lernen
6	**El juego de Buena Onda**			
	Spiel: Wiederholung ausgewählter Inhalte aus Band 1			
8	**Unidad 1:** Descubriendo Galicia			
	• eine spanische Region vorstellen • über Orte und Sehenswürdigkeiten sprechen • von der Kindheit und dem Heimatort erzählen • erzählen, wie etwas früher war • über Zustände, Gewohnheiten und Ereignisse in der Vergangenheit sprechen • im Gespräch reagieren	• das neutrale Pronomen *lo* • das *pretérito imperfecto* • die Konstrastierung von *pretérito imperfecto* und *pretérito indefinido*	• Bilder beschreiben • eine Postkarte schreiben • im zweisprachigen Wörterbuch nachschlagen • Textkorrektur • Recherche • einen Kurzvortrag halten • Hörverstehen	• die autonome Region Galicien • der Gebrauch des Galicischen • die Dichterin Rosalía de Castro • *el Festival de Ortigueira*
19	**Al final:** Ihr erstellt in Kleingruppen das Programm für eine Reise nach Galicien.			
20	Rincón de lectura: Pra a Habana!			
21	Algo especial: Tarta de Santiago			
22	**Gramática y comunicación**			
24	**Unidad 2:** Jóvenes en España			
	• sagen, was man getan oder erlebt hat • über gesellschaftliche Lebensbedingungen sprechen • die eigene Meinung äußern • über kulturelle Vielfalt diskutieren • über Auswanderung aus Spanien sprechen	• das *pretérito perfecto* • die Kontrastierung von *pretérito perfecto* und *pretérito indefinido* • die Indefinitbegleiter *alguno* und *ninguno* • die Adverbien auf *-mente*	• Leseverstehen • Hör-/Sehverstehen • Kreatives Schreiben • Sprachmittlung • Wörter umschreiben	• arabische Spuren in Spanien • spanische Auswanderung • Deutschland aus spanischer Sicht (Perspektivwechsel)
35	**Al final:** Ihr gestaltet eine Ausstellung.			
36	Rincón de lectura: El viaje de Ana			
37	Algo especial: El viaje de Said			
38	**Gramática y comunicación**			
40	**Repaso 1** Übungen zur Wiederholung (Lösungen auf S. 208) *(in Bayern verpflichtend)*			

Índice

Seite	Kommunikative Lernziele	Sprachliche Mittel	Methoden	Interkulturelles Lernen
44	**Unidad 3: ¡Nos vemos en la red!**			
	• über Medien und Cybermobbing sprechen • die eigene Mediennutzung reflektieren • jemanden auffordern, etwas zu tun • Gefühle ausdrücken • Erwartungen, Wünsche und Hoffnungen äußern • Besitz und Zugehörigkeit angeben • über Freundschaft und Liebe sprechen	• der verneinte Imperativ • der bejahte Imperativ (Wiederholung) • das *presente de subjuntivo* nach Willens- und Gefühlsäußerungen sowie nach unpersönlichen Ausdrücken • die Possessivbegleiter und -pronomen	• Hörverstehen • Kreatives Schreiben • einen Kurzvortrag halten • argumentieren und diskutieren	• Konsum- und Medienverhalten von Jugendlichen • spanische Fernsehsender • die Autorin Carmen Martín Gaite
57	**Al final:** Du entwickelst eine Foto-Love-Story.			
58	Rincón de lectura: El libro de los rostros			
59	Algo especial: Telenovelas			
60	**Gramática y comunicación**			
62	**Unidad 4: De viaje**			
	• über Ferien und Reisen sprechen • Wünsche formulieren • Zweifel ausdrücken • über Auswirkungen des Tourismus auf den Balearen sprechen • über umweltbewusstes Reisen diskutieren	• der bejahte und der verneinte Imperativ von *usted/es* • der *subjuntivo* nach verneinten Meinungsäußerungen • Adjektive mit *ser* und *estar* • zwei Objektpronomen in einem Satz • die Verbalkonstruktionen mit *gerundio*	• Leseverstehen • Wortschatz erschließen • Kreatives Schreiben • dialogisches Sprechen • Sprachmittlung • Hör-/Sehverstehen	• Jugendsprache • die Balearen • Reflexion von Selbst- und Fremdbildern • nachhaltiger Tourismus
73	**Al final:** Ihr führt eine Diskussion zum Thema Tourismus.			
74	Rincón de lectura: ¡Qué sencillo es el mundo!			
75	Algo especial: Vacaciones en España			
76	**Gramática y comunicación**			
78	**Repaso 2** Übungen zur Wiederholung (Lösungen auf S. 209) *(in Bayern verpflichtend)*			

Índice

Seite	Kommunikative Lernziele	Sprachliche Mittel	Methoden	Interkulturelles Lernen
82	**Unidad 5: Un programa sobre Argentina**			
	• ein (latein-amerikanisches) Land vorstellen • eine Statistik beschreiben • über die Vor- und Nachteile von Metropolen sprechen	• das *pretérito pluscuam-perfecto* • die Vergangenheits-zeiten (Wiederholung) • die Substantivierung von Adjektiven • der *subjuntivo* nach *antes de que, para que, sin que* • die Relativpronomen • die indirekte Auf-forderung	• Hörverstehen • Sprachmittlung • Textkorrektur • einen Kurzvortrag halten • Bilder beschreiben	• die argentinische Hauptstadt Buenos Aires • Unterschiede im Wortschatz in Spanien und Lateinamerika • der *voseo* • Migration in Argentinien
93	**Al final:** Ihr nehmt in Kleingruppen ein Radioprogramm auf.			
94	Rincón de lectura: El mapa imposible			
95	Algo especial: Humor argentino			
96	**Gramática y comunicación**			
98	**Unidad 6: Sueños para el futuro**			
	• sich mit sozialem Engagement aus-einandersetzen • über Berufe und Berufswünsche sprechen • sich auf ein Praktikum bewerben	• die realen Bedingungs-sätze • der *pretérito perfecto de subjuntivo* (rezeptiv) • die Bedeutungs-änderung von Adjektiven (Verkürzung und Voranstellung) • das *futuro simple* (nur für Sachsen-Anhalt und Thüringen)	• einen Lebenslauf und ein Bewerbungs-anschreiben verfassen • monologisches Sprechen • Hör-/Sehverstehen	• das spanische Schulsystem • die Stiftung *Pies Descalzos*
109	**Al final:** Du führst in einem Rollenspiel ein Bewerbungsgespräch durch.			
110	Rincón de lectura: Casi medio año			
111	Algo especial: Física II			
112	**Gramática y comunicación**			
114	**Repaso 3** Übungen zur Wiederholung (Lösungen auf S. 210) *(in Bayern verpflichtend)*			

	Apéndice		Mapas
118	Leer y ver (Manolito Gafotas – Roman und Film)		España (Innenumschlag vorne)
123	Diferenciación – más ayuda	212	La España de las comunidades autónomas
133	Diferenciación – más retos	213	Galicia
139	Estrategias	214	Argentina
159	Verbos		Hispanoamérica (Innenumschlag hinten)
167	El alfabeto, Acentuación y ortografía		
169	Indicaciones para los ejercicios		
170	Hablar en clase		
171	Vocabulario		
185	Minidiccionario		
206	Países y nacionalidades		
208	Soluciones (El juego de Buena Onda, Repasos 1-3)		

El juego de Buena Onda

BUENA ONDA

Jugad en grupos de tres o cuatro. La persona más baja del grupo empieza y elige a uno de los locutores. Después tira el dado. Tiene que contestar a la pregunta que indica el dado. Otra persona comprueba la solución en la página 208. Después juega el/la siguiente. Gana el/la primero/-a que contesta correctamente a dos preguntas de cada locutor/a. Podéis usar los mapas del libro.

tirar el dado würfeln | **indicar** angeben | **el dado** der Würfel | **la solución** die Lösung

IKER

- ¿En qué ciudad vivo?
- Dime cuatro muebles.
- ¿El antónimo de *alto/-a*?
- ¿Cuáles son los idiomas oficiales del País Vasco?
- *alto → más alto y bueno →* ～
- ¿Un sinónimo de *al lado (de)*?

ALEJANDRO

- ¿En qué comunidad autónoma vivo?
- ¿Cómo felicitas a un/a amigo/-a por su cumple?
- ¿Qué hiciste en tu último cumpleaños?
- Describe a un/a compañero/-a de clase en tres o cuatro frases.
- ¿Qué hay en tu mochila? *(tres cosas)*
- ¿Qué me pongo hoy?

PAULINA

- ¿Cómo se llama la capital de México?
- ¿Quién es Frida Kahlo?
- ¿A qué hora te levantaste ayer?
- ¿Con qué países limita México?
- ¿Un sinónimo de *bonito/-a*?
- ¿Qué puedes ver en Chichén Itzá?

GILBERTO

- ¿Dónde está Colombia?
- ¿Qué tiempo hace hoy?
- ¿Un/a cantante colombiano/-a?
- ¿Qué significa este símbolo? ⌗
- *¿Saber* o *poder?* (Yo) ～ tocar la guitarra porque voy a clases de música.
- ¿A qué día estamos hoy?

CIBRÁN

- ¿Cuántas comunidades autónomas hay en España?
- Soy de la comunidad que limita con Portugal, Asturias y Castilla y León, ¿cuál es?
- En este libro, ¿en qué páginas están todos los verbos conjugados?
- ¿En qué páginas encuentras los nombres de muchos países y las nacionalidades?
- ¿Qué te gusta hacer en tu tiempo libre? *(tres cosas)*
- ¿Cuál es tu asignatura favorita y por qué?

CELIA Y RAQUEL

- ¿Cómo se llama la capital de España?
- ¿Qué hora es?
- ¿*Tampoco* o *también*? A mí no me gusta hacer deberes y a Raquel ~ .
- ¿Qué significa este símbolo?
- ¿Cuándo naciste?
- ¿*Ser* o *estar*? Hoy Celia y yo ~ muy contentas.

JAVIER

- La capital de mi país es Buenos Aires. ¿De qué país soy?
- ¿Cuáles son las cuatro estaciones del año?
- ¿Cómo se llaman los días de la semana?
- ¿Un antónimo de *preguntar*?
- Dale dos órdenes a tu compañero/-a.
- ¿Cómo es tu habitación? Descríbela en tres o cuatro frases.

Descubriendo Galicia

B

A

E

D

C

G

1 La Costa de la Muerte es famosa por su paisaje espectacular. Podemos encontrar lugares turísticos, pero también playas escondidas y parques naturales. El Cabo Touriñán es el lugar más al oeste de España.

2 Mucha gente va a Galicia para hacer el Camino de Santiago. Es muy conocido en todo el mundo. El camino termina en Santiago de Compostela donde los peregrinos participan en una misa en la catedral. La catedral es el monumento más famoso de la ciudad.

3 El casco antiguo de la capital siempre está lleno de gente, sobre todo de turistas y peregrinos. Los turistas dan un paseo por las calles estrechas y miran a los artistas callejeros. También hay muchos bares y cafés.

4 El Parque Nacional de las Islas Cíes está cerca de la ciudad de Vigo. En una de las islas se encuentra la playa de Rodas. Muchos dicen que es la playa más bonita de España.

5 En Galicia hay varios puertos. A los gallegos les gusta mucho tomar tapas al lado del mar. Dos de las tapas más famosas son "pulpo a la gallega" *(polbo á feira)* y "pimientos de Padrón" *(pementos de Padrón).*

Nach dieser Lektion kannst du

- über Orte und Sehenswürdigkeiten sprechen.
- von deiner Kindheit und deinem Heimatort erzählen.
- über Zustände und Gewohnheiten in der Vergangenheit sprechen.
- ein Erlebnis in der Vergangenheit erzählen.
- im Gespräch reagieren.
- eine berühmte Person präsentieren.
- eine spanische Region vorstellen.

F

Galicia

Capital:	Santiago de Compostela (96 500 habitantes)
Habitantes:	unos 2,7 millones
Superficie:	29 575 km²
Provincias:	La Coruña *(A Coruña),* Orense *(Ourense),* Lugo y Pontevedra
Situación geográfica:	En el noroeste de la Península Ibérica. Limita al sur con Portugal, al este con Asturias y Castilla y León y al norte y oeste con el Océano Atlántico.
Idiomas oficiales:	español y gallego *(galego)*
Personas famosas:	la poetisa Rosalía de Castro, el actor Mario Casas, la cantante Luz Casal, el deportista Gony Zubizarreta, el escritor Camilo José Cela

6 Mucha gente piensa en las playas llenas de turistas, el sol y el flamenco cuando piensa en España. Pero Galicia es muy diferente de todo eso. Los paisajes son bastante verdes porque llueve mucho, además hay muchas tradiciones celtas, por ejemplo tocar la gaita.

1 Una comunidad autónoma especial

a ¿Qué es para ti típico de España? Piensa en los paisajes, el clima, la comida, la música y las costumbres y haz una lista. Después compárala con tu compañero/-a y presentad vuestras ideas en clase.

b Busca en internet el vídeo de la canción "Vengo de Galicia" de Ricky Hombre Libre y míralo hasta el minuto 3:00. Describe la música, el paisaje y el tiempo que hace y compáralo con tus ideas de a) y con las fotos de estas páginas.

2 Imágenes de Galicia

p. 2/1

CD 1/1

a Lee los textos y relaciónalos con las fotos. A uno de ellos le corresponden dos fotos.

b Para saber más sobre Galicia, en parejas leed la información de la casilla y mirad el mapa en la página 213. También podéis buscar información en el Diccionario cultural (WES-112636-002). Haced preguntas y contestadlas.

> *Ejemplo*
> *¿Cómo se llama la capital de la provincia de Lugo? – Se llama …*
> *¿Con qué comunidades autónomas limita? – Limita con …*

CD 1/2-3

3 Cibrán y su abuelo

Cibrán, el nuevo locutor de Buena Onda en Santiago de Compostela, presenta hoy su primer programa. Trata de Galicia, su región.

CIBRÁN: Bienvenidos, radioyentes. El tema del programa es Galicia ayer y hoy. Quiero presentaros a Xacobe, mi abuelo. Él nos puede contar muchas cosas sobre Galicia. Boas tardes, avó. Oh, perdón,
5 es raro hablar con mi abuelo en castellano porque casi siempre usamos el gallego entre nosotros. Buenas tardes, abuelo, bienvenido al programa.

ABUELO: Boas tardes, Cibrán, moitas grazas.

CIBRÁN: Abuelo, estamos en el aire, tenemos que
10 hablar en castellano. Cuéntanos, abuelo, tú no eres de Santiago de Compostela, ¿verdad?

ABUELO: Exacto, yo soy de Cebrero, y antes de venir a Santiago de Compostela, vivía allí con mis padres.

15 **CIBRÁN:** Y cuando eras pequeño, ¿la gente hablaba gallego como ahora?

ABUELO: No, en aquella época, durante la dictadura de Franco, la gente no podía hablar gallego. Bueno, en casa, con la familia sí, pero en
20 la calle, en la radio y en el periódico todos habla- ban en castellano. Pero esto ya lo sabías, ¿no? Ahora, en cambio, en Galicia casi todo el mundo habla en gallego. Y en castellano, claro. Galicia es una región bilingüe.

25 **CIBRÁN:** Sí, claro, ahora es normal. Pero, háblanos un poco de tu pueblo también.

ABUELO: Es un pueblo muy pequeño que está en el este de la provincia de Lugo, cerca de la comu- nidad autónoma de Castilla y León. En los años
30 70 y 80 no era un lugar muy conocido, pero ahora es famoso porque es el primer pueblo gallego en el Camino de Santiago. Siempre hay muchos peregrinos en verano que acampan allí para descansar.

35 **CIBRÁN:** ¿Y cómo era tu vida en Cebrero? ¿Te gustaba vivir allí?

ABUELO: Recuerdo que antes no había muchas cosas para la gente joven, la vida era muy aburrida. Yo quería venir a Santiago de Compostela
40 porque mi primo ya vivía aquí.

CIBRÁN: ¿Y por qué querías vivir en Santiago?

ABUELO: Pues, no lo sé. Era joven y quería conocer

la capital. Además aquí era más fácil conseguir trabajo que en el pueblo.

45 **CIBRÁN:** ¿Y dónde vivías?

ABUELO: Vivía con mi primo porque yo no tenía mucho dinero. Vivíamos en el casco antiguo, muy cerca de la catedral y del ayuntamiento.

CIBRÁN: ¿Y qué hacíais los jóvenes entonces en
50 vuestro tiempo libre?

ABUELO: Pues mira, en aquel tiempo teníamos libre solo el domingo y mi primo y yo dábamos un paseo por la ciudad casi todos los domingos. A veces íbamos también a la costa para disfrutar de
55 la naturaleza. Los puertos siempre estaban llenos de gente. Por aquel entonces ya había restaurantes en la playa y muchas veces íbamos allí de tapas.

CIBRÁN: Cuéntanos un poco más sobre las cosas que hacían los jóvenes.

60 **ABUELO:** Pues más o menos como vosotros. Bueno, no veíamos la tele como los jóvenes hoy en día, claro. Yo quedaba mucho con mis amigos y mientras dábamos un paseo, hablábamos de nuestras cosas.

65 **CIBRÁN:** Hoy en día nosotros también quedamos para hablar de nuestras cosas, aunque muchas veces lo hacemos solo por el móvil. Para terminar nuestro programa de hoy, ¿puedes decirnos tu lugar favorito en Galicia?

70 **ABUELO:** Sí, claro. A mí me gusta mucho ir a la Costa de la Muerte. Por eso llevaba a tu madre cuando era pequeña, y luego te llevaba a ti.

CIBRÁN: ¡Qué bien lo pasábamos! Moitas grazas e adeus. Muchas gracias, abuelo. Aquí se despide de
75 vosotros Cibrán desde Santiago de Compostela. Buen día a todos.

El idioma

Das Pronomen **lo** kann ganze Satzteile und Sachverhalte ersetzen und wird dann im Deutschen mit **es** übersetzt.
*No **lo** sé. Ich weiß **es** nicht.*

p. 3/4

El país y la gente

Galicia es una región bilingüe, donde el castellano y el gallego son lenguas oficiales. En el día a día, muchas personas usan el gallego y en la escuela es una asignatura obligatoria. Durante la dictadura de Francisco Franco de 1939 a 1975, los españoles solo podían hablar castellano. Las otras lenguas de España como el gallego, el catalán y el vasco no estaban permitidas.

p. 3/3

a Lee el texto y relaciona las dos partes de las frases escribiéndolas en tu cuaderno. Ojo: No necesitas dos de las frases a-h.

 p. 123   p. 133

1 Cuando el abuelo de Cibrán era joven ...
2 El pueblo del abuelo está ...
3 El abuelo quería ir a Santiago porque ...
4 En Santiago el abuelo vivía ...
5 De joven el abuelo iba ...
6 La Costa de la Muerte es un lugar adonde ...

a cerca de la catedral.
b el abuelo llevaba a Cibrán de pequeño.
c van muchos peregrinos.
d la gente hablaba gallego solo en casa.
e de tapas con su primo.
f en el Camino de Santiago.
g lejos del centro.
h su primo vivía allí y había más trabajo.

p. 147/6c

b Imagínate que eres el abuelo de Cibrán de joven. Llegaste a Santiago hace una semana. Escribe en presente una postal de unas 80 palabras a "tus" padres y cuenta qué tal la ciudad, dónde vives y cómo pasas tu tiempo libre.

4 A descubrir

a En el texto hay un nuevo tiempo verbal. ¿Cómo se forma? En clase formulad una regla.
b ¿Qué función tiene el nuevo tiempo verbal? Hablad en clase.
c En estas frases hay dos marcadores temporales del nuevo tiempo verbal. En parejas buscad más marcadores en el texto y escribidlos en vuestros cuadernos.

Antes no había muchas cosas para la gente joven, la vida era muy aburrida. *(líneas 37-39)*
Por aquel entonces ya había restaurantes en la playa e íbamos allí de tapas. *(líneas 56-57)*

5 Un mensaje desde Alemania

Deniz, un radioyente alemán de Buena Onda, le escribe un mensaje a Cibrán.
Lee el texto y corrige los errores en tu cuaderno.

○○○

¡Hola, Cibrán!
¿Qué tal? Yo (1) soy muy bien. Soy un fan (2) por Buena Onda y acabo (3) a escuchar tu programa sobre Galicia. ¿Es verdad que durante la dictadura la gente solo (4) podían hablar castellano? ¡No lo (5) sabío! Me parece (6) mucho interesante. Antes mis padres (7) hablan solo turco conmigo, pero ahora hablamos turco y alemán (8) a casa. ¿Tú (9) puedes hablar gallego? Me parece (10) una idioma interesante. También me gustaría viajar a Galicia (11) por que el paisaje (12) está muy bonito.
Hasta luego, Deniz

1

p. 4/5-6

6 Hace muchos años

Cibrán habla con su novia Elena sobre los veranos cuando era pequeño. Completa el diálogo con las formas correctas del pretérito imperfecto. Usa los verbos de las casillas.

> ir   quedarse   ser   tener   vivir

CIBRÁN: Cuando yo (1) ～ pequeño, mis padres y yo (2) ～ todos los veranos a pasar las vacaciones a Cebrero, el pueblo de mi abuelo. (3) ～ genial.

ELENA: ¿Y dónde (4) ～ (vosotros)? Porque tus abuelos ya (5) ～ en Santiago, ¿verdad?

CIBRÁN: Pues, mira, (6) ～ (nosotros) en casa de mi tío, que (7) ～ una casa grande.

> aburrirse   comer   divertirse   gustar   haber   hacer   jugar   leer   ver

ELENA: ¿Y tú no (8) ～ en un pueblo tan pequeño? ¿Te (9) ～ pasar todas las vacaciones allí?

CIBRÁN: ¡Claro que sí! (10) ～ mucho con mis primos. (11) ～ muchas cosas juntos: (12) ～ al fútbol en la plaza del pueblo, (13) ～ películas, (14) ～ muchos libros y (15) ～ cosas muy ricas. En la casa (16) ～ un perro muy bonito. ¡Todo me (17) ～ en el pueblo de mi abuelo!

7 Cuando yo tenía siete años

a En parejas haced una entrevista sobre vuestra infancia para el blog que tenéis con vuestro colegio de intercambio. Inventad dos preguntas más y apuntad las respuestas del compañero/de la compañera.

1 ¿Qué hacías (con tus amigos) cuando tenías siete años?

2 ¿Cuál era tu película favorita?

3 ¿Qué te gustaba comer?

4 ¿...?

5 ¿...?

b Presenta en clase las respuestas de tu compañero/-a que queréis poner en el blog.

> *Ejemplo*
> *Cuando Jan tenía siete años ...*

8 De niño/-a era ...

Jugad en grupos. Cada uno/-a escribe en una hoja tres frases sobre cuando era pequeño/-a (dos frases correctas y una frase falsa). Las otras personas del grupo leen estas frases y hacen preguntas para adivinar qué información es falsa.

De pequeña discutía mucho con mis hermanos.
De niña me encantaba la verdura.
Cuando tenía seis años vivía en Italia.

> *Ejemplo*
> *¿Cuántos años tienen tus hermanos? – Mi hermano tiene 18 años y mi hermana 13 años.*
> *¿Cuál es tu plato favorito? – Mi plato favorito es la pizza.*
> *¿Sabes hablar italiano? – No, no sé hablar italiano.*
> *¡Entonces no vivías en Italia de pequeña!*

9 Santiago de Compostela en 1900

¿Qué no había antes? ¿Qué no hacía la gente entonces? Busca los errores en esta foto.
Apunta algunas frases usando los verbos de las casillas. Después juntad vuestras ideas
en clase.

escribir   hacer   ir   llevar   tomar   viajar

> *Ejemplo*
> *Antes la gente no llevaba esas gorras modernas.*

10 Espacio cultural

p. 5/7

a Durante la entrevista, Cibrán y su abuelo dicen unas palabras en gallego.
   Busca en el texto las palabras gallegas y contesta a las preguntas.

   1 ¿Cómo saludas en gallego por la tarde?
   2 ¿Cómo dices "gracias"?
   3 ¿Cómo se despiden los gallegos?

b Hablad en grupos. ¿Conocéis otros países o regiones bilingües? ¿Quién es bilingüe
   en vuestra clase? ¿Conocéis a otras personas bilingües? ¿Qué lenguas hablan y en
   qué situaciones las hablan?

CD 1/4-5

11 El mundo es un pañuelo

Cibrán tiene una amiga alemana, Berit, que conoció en un intercambio con su instituto.

○○○ ✎ ✉ ⌀

Hola, Cibrán:

¿Qué tal estás? En verano estuve dos semanas de vacaciones con mis padres en Galicia. ¡Y tú no estabas! ¡Qué mala suerte! Pero me acordé mucho de ti. Por las tardes comíamos tapas y escuchá-bamos tu emisora favorita, Buena Onda. ☺ También me llamó la atención que la gente en Galicia es
5   muy simpática.
¿Y sabes qué me pasó? Un día hicimos una parte del Camino de Santiago y después de caminar horas y horas llegamos a una playa. Estaba hecha polvo y me bañé porque hacía bastante calor. Después me tumbé a tomar el sol. Ya dormía y de pronto escuché una voz: "Hola, Berit. ¡Qué sorpresa verte aquí!" Yo me desperté enseguida, claro. Abrí los ojos y vi quién me hablaba. ¡Era
10 Mario! Aquel chico que conocimos cuando estuvimos con tus padres en la oficina de turismo. ¿Te acuerdas? Después siempre venía a las fiestas del intercambio. Qué casualidad encontrarlo allí, ¿verdad? Pues bueno, Mario me presentó a sus amigos y charlamos un rato. Eran todos muy simpáticos y quedé con ellos dos veces para salir. Desde entonces chateo con ellos.

Muchos saludos,
15 Berit

○○○ ✎ ✉ ⌀

Hola, amiga:

¿Te encontraste con Mario? ¡Sin duda es una gran casualidad! ¡El mundo es un pañuelo! El día de mi cumple yo me encontré con mi profe de Física cuando daba un paseo con mi novia. ¡Qué vergüenza! ¿Y sabes qué? El domingo pasado salí con mi prima Ana, no sé si la conociste aquí. Somos de la
20 misma edad y salimos muchas veces juntos los fines de semana. Fuimos al casco antiguo y como Ana estaba bastante cansada, nos compramos un café para llevar. Había mucha gente, ya sabes, muchos turistas haciendo fotos y muchos artistas callejeros. ¡Qué pasada! Son increíbles. Mientras dábamos un paseo, pasó algo inesperado. De repente un artista callejero se cayó delante de nosotros. ¡Qué susto! Estaba en el suelo y no se movía. Por suerte había un médico cerca que
25 lo ayudó.
Dale muchos recuerdos a Merle. Por fin me contestó los e-mails. ¡Más vale tarde que nunca! ;-)

Un abrazo y hasta pronto,
Cibrán

p. 6/10

a Lee los e-mails y decide si las frases son verdaderas o falsas o si la información no está en el texto. Escribe también dónde está la información en el texto y corrige las frases falsas.

1   Berit pasó dos semanas de las vacaciones de verano con Cibrán en Galicia.
2   Buena Onda es la emisora favorita de Cibrán.
3   Berit llamó por teléfono a Mario para encontrarse con él en la playa.
4   Berit y Mario se conocieron en Alemania.
5   Berit salió más de una vez con los amigos de Mario.
6   Un día Cibrán y su novia se encontraron con uno de sus profesores en la calle.
7   Ana, la prima de Cibrán, es mucho más jóven que Cibrán.
8   Cibrán y Ana toman su café siempre con leche.
9   Cuando Cibrán y su prima caminaban por el casco antiguo un artista callejero se cayó al suelo.
10 Merle es una prima de Berit.

p. 141/1.3

b En los e-mails hay cuatro expresiones fijas. Búscalas en un diccionario.
¿Pero cómo? ¿Qué palabra buscas primero? Compruébalo.

El mundo es un pañuelo.   estar hecho/-a polvo   Más vale tarde que nunca.   ¡Qué pasada!

12 A descubrir

a Trabajad en parejas y leed las reglas de la tabla.
Después buscad un ejemplo en el texto 11 para
cada regla (a-h) del uso del pretérito imperfecto
y del pretérito indefinido.

 El idioma

Die Unterscheidung zwischen dem
imparfait und dem *passé composé*
im Französischen entspricht in etwa
dem *pretérito imperfecto* und dem
pretérito indefinido im Spanischen.
Wie ist es im Englischen, im
Deutschen oder im Lateinischen?

> *Ejemplo*
> *a. eine Gewohnheit:*
> *Después siempre **venía** a las fiestas del intercambio.*

imperfecto

a. eine Gewohnheit oder regelmäßig
   wiederkehrende Handlung

b. Beschreibung einer Sache,
   einer Situation, der Umstände

c. Beschreibung einer Person

d. parallele Handlungen, bei
   denen Anfang, Ende und
   Dauer nicht interessieren

indefinido

e. aufeinanderfolgende Handlungen

f. einmalige Handlungen

g. Ereignisse mit festem Datum

imperfecto/ indefinido

h. Hintergrundhandlung oder
   Situation mit neu einsetzender
   Handlung

b Comparad vuestros resultados en clase.

13 De repente ...

a Trabajad en parejas. Leed estas frases y pensad cómo las podéis
poner en escena. Después representad las escenas en clase.

1 En el casco antiguo había mucha gente. Cibrán estaba hablando por el
  móvil con Raquel y, de repente, un artista callejero se cayó delante de él.
2 Mientras Raquel hacía los deberes de Mates en el insti, llegó el profe y
  le preguntó algo.
3 Berit estaba viendo una película en el cine cuando, de repente, alguien
  se levantó y empezó a cantar.

b Pensad en una frase nueva con los dos tiempos del pasado y representadla en clase.
Los compañeros adivinan la frase.

14 Alejandro en Santiago de Compostela

p. 6/11
p. 7/12-13

a Lee primero el texto entero sobre un viaje de Alejandro. Después, complétalo con las formas correctas del pretérito imperfecto o del pretérito indefinido.

El mes pasado Alejandro y sus padres (1) ⌒ un fin de semana en Santiago. (2) ⌒ en casa de la tía Antía y del tío Fernán. Cuando (3) ⌒ a Santiago (4) ⌒ buen tiempo, por eso (5) ⌒ un paseo. Después, (6) ⌒ en un restaurante muy especial: el restaurante donde Antía (7) ⌒ por primera vez a Fernán.

cenar • dar • hacer • llegar • pasar • quedarse • ver

Por aquel entonces, Fernán (8) ⌒ en el restaurante y Antía (9) ⌒ allí muchas veces con sus amigos. En aquella época, el restaurante (10) ⌒ un lugar muy conocido, donde siempre (11) ⌒ muchos jóvenes.

cenar • haber • ser • trabajar

El sábado (12) ⌒ mucho sol y (13) ⌒ a la catedral de Santiago. (14) ⌒ todos y Fernán les (15) ⌒ muchas cosas interesantes. Ale (16) ⌒ para hacer unas fotos y, entonces (17) ⌒ una cosa increíble: mientras (18) ⌒ a su familia un chico lo (19) ⌒ todo el tiempo. (20) ⌒ un chico alto y moreno.

entrar • esperar • explicar • hacer • ir • mirar • pasar • salir • ser

De repente, el chico (21) ⌒ a Alejandro. (22) ⌒ Cibrán, el nuevo locutor de Buena Onda, que (23) ⌒ un reportaje sobre la catedral cuando (24) ⌒ a Alejandro.

preparar • saludar • ser • ver

b Después de encontrarse delante de la catedral, Cibrán y Alejandro pasaron el día juntos. Mira los dibujos y describe cómo siguió su día. Escribe por lo menos seis frases usando el pretérito imperfecto y el pretérito indefinido. Las ideas 1-3 te pueden ayudar.

 p. 123   p. 133

1 Después de encontrarse, Alejandro y Cibrán …

2 Mientras caminaban, de repente …

3 Cibrán cogió el móvil y …

15 A reaccionar

CD 1/6

a Raquel tiene varios mensajes de voz de sus amigos en el móvil. Escucha los cuatro mensajes y elige una expresión con la que Raquel podría reaccionar a cada uno.

¡Qué susto!   ¡Qué mala suerte!   ¡Qué vergüenza!   ¡Qué pasada!   ¡Qué casualidad!

b Inventa una situación como en a) y léela a tu compañero/-a. Él/Ella reacciona.

16 No lo conocía, pero ayer lo conocí

**Celia y Raquel hablan sobre el equipo de Buena Onda. En parejas leed las frases
y mirad las palabras en azul. ¿Qué significan en estos contextos en alemán? Ojo:
Tienen un significado diferente en pretérito imperfecto y en pretérito indefinido.**

1 Al principio Cibrán no **conocía** a nadie del equipo. Pero en Santiago **conoció** a Alejandro.
2 Alejandro **supo** por Iker que era mi cumpleaños. Pero no puede venir porque va a estar
  en Galicia. ¿Tú **sabías** que tiene tíos allí?
3 Los abuelos de Gilberto **tenían** muchos hermanos. Pero **tuvieron** solo una hija.

p. 155/10

17 Entre idiomas

Du möchtest deine spanische Austauschfamilie in Madrid davon überzeugen, gemeinsam eine
Woche in Galicien zu verbringen. Erkläre ihnen in einer E-Mail (ca. 100 Wörter) auf Grundlage
dieses Artikels, warum es sich lohnt in Galicien Urlaub zu machen. Schreibe vom Klima und
der Landschaft, von interessanten Städten sowie von der keltischen Vergangenheit.

Galicien, das ist jene Region im Nordwesten Spaniens, die so ganz anders ist als der Rest des Landes. Satt und saftig grün ist es im Landesinneren. Kein Wunder, regnet es im Norden um A Coruña doch genau so intensiv wie in Irland. Auch im Hochsommer ist es nicht unerträglich heiß. Vom Rest Spaniens ist Galicien im Osten durch langgezogene Bergketten abgetrennt. Der höchste Gipfel, der Peña Trevinca, ist immerhin 2127 Meter hoch. Im Westen fällt die schroffe Steilküste in den Atlantik ab. Dazwischen breiten sich Flussmündungen wie skandinavische Fjorde aus. Und auch Strandabschnitte gibt es. [...]

Dem feuchten Klima ist eine weitere Besonderheit zu verdanken, auf die man allerorts in Galicien stößt, und deren Sinn sich erst auf den zweiten Blick erschließt: die Hórreos. Sie bestehen aus Granit und Holz und sehen aus wie Hundehütten auf Stelzen. Sie dienen dazu, den Mais und das Getreide zu trocknen. 30.000 davon gibt es und sie sind einer der vielen Belege für die keltische Vergangenheit der Region. [...] Wer in Galicien Kastagnetten und Flamenco erwartet, wenn es um Musik geht, liegt falsch. Die Stars der Folklore wie Carlos Núñez, der aus Vigo stammt, oder Susana Seivane spielen Dudelsack – wie die Schotten oder Bretonen. Begleitet werden sie von Harfe und Drehleier wie die Iren, die Melodien sind keltisch.

Das sind die weniger bekannten Seiten Galiciens. Die bekannteste ist die Hauptstadt, Santiago de Compostela. Sie ist das Ziel hunderttausender Pilger, die den Jakobsweg bewältigen. Jedes Jahr werden es mehr, die mit Pilgerstab und der Jakobsmuschel auf dem Hut oder dem Rucksack den Camino gehen. [...] Sehenswert sind aber noch einige andere Städte Galiciens: Pontevedra im Süden, wenn man in einer der Bars auf Praza da Leña mit den Arkaden und den hübschen Palais einen Café cortado oder ein Glas prickelnden Cava trinkt und dabei das barocke Wegekreuz in der Mitte im Blick hat. Oder Lugo im Osten, das besonders schön ist, wenn man im Morgennebel auf der mehr als zwei Kilometer langen, vollständig erhaltenen römischen Stadtmauer mit ihren 85 Toren spaziert und auf das 500 Meter tiefer gelegene Meer schaut. Oder Vigo im Südwesten, der lebendige Hafen, in dessen Fischerbezirk Berbès die besten Austern angeboten werden. Frischer geht nicht.

Gogala, Eva: Galicien –Spaniens coolste Ecke. In: Kurier. 16.07.2016.
https://kurier.at/reise/galicien-spaniens-coolste-ecke/209.599.161
[20.10.2020].

CD 1/7

p. 8/14, 16

18 Cosas que pasan

a Una radioyente de Buena Onda llama al programa de Cibrán.
Escucha y decide: ¿De qué habla la radioyente?

b Escucha otra vez, toma notas y contesta a las preguntas.

1 ¿Cuándo estuvo la chica en Santiago de Compostela y con quién?
2 ¿Qué querían hacer ese día?
3 ¿Cuándo vio que ya no tenía su móvil?
4 ¿Qué hizo Sergio para ayudar a Lucía?

19 Mi diario

a Escribe un texto de unas 100 palabras para tu diario sobre un día especial de
tus últimas vacaciones. ¿Qué hiciste ese día? ¿Qué tiempo hacía? ¿Por qué
fue un día especial? Ojo con el pretérito imperfecto y el pretérito indefinido.

b Lee el punto 7 de las estrategias (p. 150) y corrige tu texto.

20 Un festival muy famoso

p. 154/9a

a Cibrán quiere hacer un reportaje sobre el
"Festival Internacional do Mundo Celta de
Ortigueira" y puso el cartel en la página web
de Buena Onda. Mira el cartel y descríbelo.
¿Qué ves? ¿Qué información da?

b ¿Qué pensáis, qué hay en el festival y qué hace
la gente allí? Hablad en parejas y comparad
después vuestras ideas en clase.

CD 1/8

c Cibrán está en el festival para hacer el reportaje
para Buena Onda. Escucha y apunta de dónde
son los grupos que tocan y cuántas personas
visitan cada año el festival.

d Escucha otra vez las entrevistas y completa
la tabla en tu cuaderno con las respuestas
correctas.

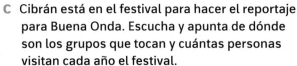 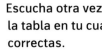

p. 124   p. 133

	¿De dónde es/son?	¿Es su primera vez en el festival?	¿Baila/n o toca/n un instrumento?	¿Qué le/s gusta/ gustó del festival?
Mateu	~	~	~	~
Nadia	~	~	~	~
Bea y Daniel	~	~	~	~

e ¿Qué tipo de conciertos y festivales os gustan a vosotros? Hablad en parejas.

21 Gallegos famosos

a En parejas leed las estrategias de la página 153 y decidid qué es importante para hacer una buena presentación. Apuntad las ideas clave.

p. 9/18

b Elige a uno de estos gallegos famosos. Busca información sobre él/ella en internet y prepara un póster con fotos e información interesante sobre esta persona. Si quieres, puedes también preparar una presentación digital.

- Rosalía de Castro, poetisa
- Carlos Núñez, músico
- Mario Casas, actor
- Luz Casal, cantante
- Camilo José Cela, escritor
- Gony Zubizarreta, deportista

p. 153/8.2

c Presenta tu póster en un grupo pequeño y mejora tu presentación con la ayuda de los comentarios de tus compañeros/-as.

22 A tu manera

Elige una actividad.

1 Elige una foto de cuando eras pequeño/-a. Escribe un texto explicando qué se ve en la foto. ¿Cuántos años tenías? ¿Dónde estabas y con quién? ¿Qué hacías?

2 En parejas inventad un diálogo entre un/a turista en Galicia y una persona que trabaja en la oficina de turismo. El/La turista quiere saber qué puede hacer durante sus vacaciones en Galicia. Está muy interesado/-a en música y le encantan las tapas, pero no le gusta mucho caminar. Representad el diálogo en clase.

3 En grupos de tres o cuatro inventad un concurso de preguntas y respuestas sobre Galicia. Intercambiad vuestro concurso con otro grupo y contestad a sus preguntas.

> **Resumiendo**
>
> Aquí puedes revisar lo que has aprendido en la *Unidad* 1: WES-112636-001.

Al final

Tu clase quiere participar en un concurso de la Unión Europea donde podéis ganar un viaje a Galicia. En grupos preparad un programa para un viaje de diez días con vuestra clase.

1 Decidid a qué lugares queréis ir (ciudades, lugares naturales) y qué actividades vais a hacer cada día (por ejemplo: hacer deporte, probar comida típica, visitar un museo, ir a un concierto, etc.). Describid también la historia de una ciudad que queréis visitar. Juntad ideas y buscad más información en internet.

2 Escribid el programa de viaje para los diez días y pensad en cómo vais a presentarlo a vuestros compañeros. Podéis hacer un cartel o enseñar fotos o vídeos, por ejemplo.

3 Presentad el programa del viaje a Galicia en clase. Vuestros compañeros os dan un feedback con la ayuda de una hoja de evaluación como la de la página 154.

4 Elegid entre todos el mejor programa para participar en el concurso. Justificad la elección.

Pra a Habana!

Pra a Habana!

Este vaise i aquel vaise,
e todos, todos se van.
Galicia, sin homes quedas
que te poidan traballar.
5 Tés, en cambio, orfos e orfas
e campos de soledad,
e nais que non teñen fillos
e fillos que non ten pais.
E tés corazóns que sufren
10 longas ausencias mortás,
viudas de vivos e mortos
que ninguén consolará.

¡Hacia la Habana!

Este se va y aquel se va,
y todos, todos se van.
Galicia, sin hombres quedas
que te puedan trabajar.
5 Tienes, en cambio, huérfanos y huérfanas
y campos de soledad,
y madres que no tienen hijos
e hijos que no tienen padres.
Y tienes corazones que sufren
10 largas ausencias mortales,
viudas de vivos y muertos
que nadie consolará.

---

hacia nach | **el/la huérfano/-a** das Waisenkind | **el campo** das Feld | **la soledad** die Einsamkeit | **el corazón** das Herz | **sufrir** leiden | **la ausencia mortal** die tödliche/ewige Sehnsucht | **el/la viudo/-a** der/die Witwe/r | **el/la vivo/-a** der/die Lebende | **el/la muerto/-a** der/die Verstorbene | **consolar** trösten

CD 1/9

p. 6/11

a En parejas leed y escuchad el poema "Pra a Habana!" del año 1863 de Rosalía de Castro. ¿Qué palabras podéis entender en la versión gallega? Después comparad la traducción al castellano con el poema en gallego.

b ¿Cómo te sientes cuando lees o escuchas el poema y por qué? Habla con tu compañero/-a.

c Lee la información de las casillas "El país y la gente" y relaciónala con el poema contestando a las siguientes preguntas.

1 ¿Qué problema había en Galicia en aquella época?
2 ¿Crees que el tema y el mensaje del poema todavía existen hoy en día?

El país y la gente

Rosalía de Castro nació en 1837 en Santiago de Compostela. Escribió poemas y novelas en gallego y en español. En aquella época no era fácil escribir en gallego porque la gente no lo aceptaba como lengua literaria. Rosalía de Castro mostró que se podía hacer buena literatura en gallego y por eso fue muy importante para la historia de esa lengua.

El país y la gente

En Galicia siempre hubo mucha emigración. Entre los siglos XVII y XIX muchos jóvenes emigraron a América para buscar una vida mejor porque en Galicia no había trabajo. En el siglo XX muchos gallegos se fueron a otros países europeos o a Latinoamérica por la guerra civil española y la dictadura de Franco.

d Una palabra típica de Galicia que se relaciona con la emigración es "morriña". Busca en un diccionario qué significa. Después en grupos pequeños haced un mapa mental con vuestras asociaciones. Hacedlo sin hablar y leed lo que escriben los/las compañeros/-as. Reaccionad a sus palabras apuntando nuevas palabras.

Tarta de Santiago

Lee la receta de la tarta de Santiago y elige una actividad.

1 Prepara la tarta y saca fotos de cada paso.
Muestra las fotos desordenadas a tus compañeros.
Ellos adivinan el orden correcto.
2 En parejas preparad la tarta para un programa
de televisión. Grabaos mientras la hacéis y
explicad cada paso. Presentad el vídeo en clase.

p. 156/11.2

El país y la gente

La Cruz de Santiago es uno de los
símbolos más tradicionales de
Galicia. Se trata de la imagen de
una espada con tres flores.

Tarta de Santiago

Ingredientes

Para la masa:
- 200 g de harina
- 100 g de mantequilla o margarina
- 50 g de azúcar
- 1 huevo

Para el relleno:
- 4 huevos
- 200 g de azúcar
- 250 g de almendras molidas
- la ralladura de un limón y
  un poco de canela
- azúcar glas

Primero …

- Junta la harina, la mantequilla o margarina cortada en trocitos,
  el azúcar y el huevo.
- Deja enfriar la masa unos 30 minutos.
- Pon la masa en un molde.

Después, para hacer el relleno …

- Bate los huevos y el azúcar.
- Añade la ralladura de limón,
  las almendras y la canela.

Al final …

- Pon el relleno sobre la masa.
- Mete el molde en el horno
  (unos 30 o 40 minutos a 180°).
- Deja enfriar la tarta y pon azúcar glas
  por encima.

---

la espada das Schwert | **la flor** die Blume | **la harina** das Mehl | **la mantequilla** die Butter | **el relleno** die Füllung | **la ralladura de limón** die abgeriebene Zitronenschale | **la almendra** die Mandel | **molido/-a** gemahlen | **la canela** der Zimt | **el azúcar glas** der Puderzucker | **cortar** schneiden | **el trozo** das Stück | **enfriar** kalt werden | **el molde** die Backform | **batir** schlagen | **el horno** der Backofen

1 Über eine Region sprechen

el paisaje:	la ciudad:	la región:
la costa – el desierto – el mar – la montaña – el monte – la naturaleza – el parque natural/nacional – la playa – el río	el/la artista callejero/-a – el ayuntamiento – el bar de tapas – el barrio – el casco antiguo – la catedral – el centro – la estación – el monumento – el museo – la oficina de turismo – la plaza – el puerto – la universidad	la capital – la comunidad autónoma – el/la habitante – el idioma oficial – la situación geográfica – la superficie

Gr
p. 12/8.8.5

2 Erzählen, wie es früher war

Im Spanischen benutzt du das **pretérito imperfecto**, wenn du Situationen und Zustände sowie Routinen und Gewohnheiten in der Vergangenheit beschreiben möchtest. Du erklärst damit, wie etwas war oder was regelmäßig oder immer wieder passiert ist. Es antwortet auf die Frage **¿Cómo era?**

Im **pretérito imperfecto** werden alle Verben bis auf **ir**, **ser** und **ver** regelmäßig gebildet. Die Endungen der Verben auf **-er** und **-ir** sind identisch, ebenso jeweils die Formen der 1. und 3. Person Singular.

	formas regulares			formas irregulares		
	hablar	**comer**	**vivir**	**ir**	**ser**	**ver**
yo	habl**aba**	com**ía**	viv**ía**	iba	era	veía
tú	habl**abas**	com**ías**	viv**ías**	ibas	eras	veías
él/ella/usted	habl**aba**	com**ía**	viv**ía**	iba	era	veía
nosotros/-as	habl**ábamos**	com**íamos**	viv**íamos**	íbamos	éramos	veíamos
vosotros/-as	habl**abais**	com**íais**	viv**íais**	ibais	erais	veíais
ellos/-as/ustedes	habl**aban**	com**ían**	viv**ían**	iban	eran	veían

Folgende Zeitangaben stehen oft mit dem **pretérito imperfecto**:
antes, de pequeño/-a, de niño/-a, entonces, en ese tiempo, en los años 70/80/90/...

Folgende Häufigkeitsangaben können mit dem **pretérito imperfecto** stehen:
siempre, casi siempre, a veces, nunca, todos los días.

Gr
p. 13/8.8.6

3 Ein Erlebnis in der Vergangenheit erzählen

Im Spanischen musst du dich häufig zwischen den beiden Vergangenheitszeiten **pretérito imperfecto** oder **pretérito indefinido** entscheiden.

Mit dem **pretérito imperfecto** beschreibst du Situationen und Zustände in der Vergangenheit. Du antwortest damit auf die Frage **¿Cómo era?** *(Wie war es?)*.

Das **pretérito indefinido** beschreibt eine Handlung als abgeschlossen bzw. du beschreibst damit Aktionen, die nacheinander ablaufen. Du antwortest damit auf die Frage **¿Qué pasó?** *(Was ist passiert?)*.

Cuando Ana y yo **estábamos** en el casco antiguo el domingo pasado, **hacía** mucho calor. **Había** muchos turistas y artistas callejeros.	**imperfecto** Beschreibung der Situation, es passiert nichts Konkretes
Mientras **paseábamos**, **tomábamos** un helado.	**imperfecto/imperfecto** parallele Handlungen, Anfang und Ende sind unbekannt oder uninteressant
Mirábamos a un mimo y de repente **se cayó** delante de nosotras.	**imperfecto/indefinido** Hintergrundhandlung/Situation *(imperfecto)* mit neu einsetzender Handlung *(indefinido)*
Entonces una chica **corrió** hacia él. Le **dio** un poco de agua y al final el mimo **se levantó**.	**indefinido/indefinido** aufeinanderfolgende Handlungen

Die Bedeutung einiger Verben kann sich ändern, je nachdem, ob sie im **pretérito imperfecto** oder im **pretérito indefinido** stehen.

p. 164-166

	pretérito imperfecto		pretérito indefinido	
conocer	kennen	Cuando fuiste a Santiago, ¿ya **conocías** a Cibrán?	kennenlernen	Ale **conoció** a Cibrán en Santiago.
saber	wissen	Yo no lo **sabía**.	erfahren	Lo **supe** por el abuelo.
tener	haben, besitzen	De pequeño mi abuelo **tenía** dos gatos.	bekommen	Mis abuelos **tuvieron** solo dos hijos.
ir	unterwegs sein	Cuando **iba** por el centro me encontré con mi profe.	gehen, fahren	El año pasado **fuimos** a Galicia.

4   In einem Gespräch reagieren

Ausrufe können im Spanischen mit **Qué** + Substantiv oder **Qué** + Adjektiv gebildet werden.

¡Qué casualidad!   Ayer vi a Lionel Messi en la calle. – ¿En serio? *¡Qué casualidad!*
¡Qué mala suerte!   Mi equipo perdió el partido. – *¡Qué mala suerte!* Pero la próxima vez vais a ganar.
¡Qué susto!   Casi me caí de la bicicleta. – *¡Qué susto!* ¿Pero no te pasó nada?
¡Qué vergüenza!   Dejé el regalo para mi prima en casa. – ¿Entonces no tenías regalo para ella? *¡Qué vergüenza!*

¡Qué aburrido!   El libro tiene 500 páginas. – Es muy largo. *¡Qué aburrido!*
¡Qué bien!   Mañana va a hacer mucho sol. – *¡Qué bien!* Podemos ir a la playa.
¡Qué lindo!   Mira esta foto, es el hijo de mi prima. – *¡Qué lindo!* Es muy guapo.

Jóvenes en España

Cristina

Gracias a los proyectos de la Unión Europea los jóvenes españoles tenemos la oportunidad de visitar otros países europeos. Yo ya he participado dos veces en un intercambio juvenil internacional. Este verano mi hermano y yo hemos estado en Polonia y hemos conocido a jóvenes de Italia, Alemania, Francia y Finlandia. Ha sido una experiencia fantástica. ¡Ya nos hemos puesto en contacto con la organización para volver el próximo año!

Pablo

Desde hace unos años la situación en España no es fácil para los jóvenes. La tasa de paro es muy alta y además ahora no hay mucho trabajo por la crisis del coronavirus. Los jóvenes salen a la calle para protestar. Mi hermano Sergio ha terminado sus estudios pero está en paro y no encuentra trabajo. Muchos de sus amigos se han ido este año al extranjero para trabajar. Pero él quiere buscar un trabajo aquí. Esta semana ha escrito a algunas empresas, sin embargo hasta ahora no le ha contestado ninguna. Hoy ha hecho una entrevista en la oficina de empleo. A lo mejor tiene suerte.

España

Capital:	Madrid (3,3 millones de habitantes)
Habitantes:	46 millones
Superficie:	505 909 km²
Forma de gobierno:	monarquía parlamentaria
Entrada en la Unión Europea:	1986

Nach dieser Lektion kannst du

- über gesellschaftliche Lebensbedingungen sprechen.
- über kulturelle Vielfalt diskutieren.
- deine Meinung äußern.
- sagen, was du erlebt hast.
- über Vergangenes sprechen.
- über soziale Proteste sprechen.

Eloína

Mis padres son de Ecuador pero yo he vivido casi toda mi vida en España. En mi barrio hay muchas familias de origen ecuatoriano y muchas veces hacemos fiestas juntos o celebramos algún evento. Este verano, por ejemplo, hemos celebrado el Día de la Independencia en el parque del barrio. Ha sido una fiesta muy divertida con comida y música típicas de Ecuador. Y vosotros, ¿ya habéis estado en alguna fiesta internacional?

Ibou

Mi padre y yo hemos decidido venir a España porque lamentablemente en Senegal no hay ninguna oportunidad de futuro para nuestra familia. Durante estos meses hemos ido a clases de español y he estudiado mucho. Pero todavía no hemos conseguido los papeles y sin papeles no podemos trabajar legalmente. Vendemos cosas en la calle y así podemos enviarle un poco de dinero a nuestra familia.

Tanja

Después de unas vacaciones en Málaga con mis padres he vuelto a España para hacer un intercambio en un instituto español y así mejorar mi español. Estoy viviendo con una familia española muy maja y aprendo rápidamente. Nos llevamos muy bien y no tenemos ningún problema. Ya he visto muchas ciudades y he conocido a muchas personas. La vida en España me encanta porque la gente pasa mucho tiempo en la calle. Y tú, ¿has participado en algún intercambio?

CD 1/13-14

p. 12/1-2

1 Vivo en España

a Lee los testimonios de jóvenes que viven en España y busca un título para cada texto.

b Lee los testimonios otra vez y contesta a las preguntas. Según los textos, ¿quién/es ...

1 busca/n trabajo?
2 celebra/n fiestas tradicionales con otras personas de su país de origen?
3 no tiene/n orígenes españoles?
4 piensa/n que la situación en España no está muy bien?
5 está/n aprendiendo español?
6 tiene/n un hermano?
7 no quiere/n irse a trabajar a otro país?
8 vive/n ahora en España?

2 Palabras

a Busca en los textos (pp. 24-25) las palabras que corresponden a las siguientes definiciones.

1 el número de personas que no tiene trabajo en un país
2 querer trabajar pero no tener trabajo
3 todos los lugares que no están en tu país
4 lugar donde puedes ir para buscar trabajo
5 persona de Ecuador

p. 151/8.1a

b Elige otras dos palabras de los textos de las páginas 24 y 25 y escribe una definición para cada una. Léelas a tu compañero/-a y él/ella tiene que adivinar las palabras.

3 A descubrir

En los textos de las páginas 24 y 25 hay un nuevo tiempo verbal, el pretérito perfecto compuesto. Se compone de la forma conjugada del verbo auxiliar *haber (he, has, ha, hemos, habéis, han)* y del participio del verbo principal. Buscad todas las formas en el texto. ¿Cómo se forma el participio de los verbos regulares? ¿Y cómo se forman los participios irregulares de los verbos *hacer, volver, escribir, ver* y *poner*?

El idioma

Das **pretérito perfecto** steht oft nach Zeitangaben (marcadores temporales) wie **hoy**, **esta mañana**, **este mes**, **hasta ahora**, **todavía no**, **ya**, etc.

4 ¿Qué ha pasado?

p. 13/4-5

a Es sábado. Mira las imágenes y cuenta qué ha hecho Paulina hoy.

Ejemplo
Hoy Paulina se ha despertado temprano.

Paulina y su herma-
na / leer un libro

Paulina y Diego

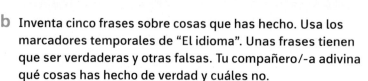

b Inventa cinco frases sobre cosas que has hecho. Usa los marcadores temporales de "El idioma". Unas frases tienen que ser verdaderas y otras falsas. Tu compañero/-a adivina qué cosas has hecho de verdad y cuáles no.

Ejemplo
Esta mañana he desayunado cinco bocadillos. – No es verdad.

5 Entrevistas

CD 1/15

a Alejandro habla con jóvenes que viven en España. Vas a escuchar una parte de dos entrevistas. Decide con qué chico y con qué chica de las páginas 24 y 25 está hablando. Justifica tu respuesta.

b Escucha otra vez las entrevistas y decide si estas frases son verdaderas o falsas. Corrige las frases falsas en tu cuaderno.

 p. 124   p. 133

1 A la chica solo le han gustado los museos.
2 No le gusta mucho la comida española.
3 La chica ha practicado inglés con gente de muchos países.

4 El chico ha venido a España para aprender la lengua.
5 No puede mandar dinero a su familia.
6 Ha aprendido el idioma en clase de español.

c En parejas inventad una entrevista a otra persona de las páginas 24 y 25 sin decir su nombre y presentadla en clase. La clase adivina de quién se trata.

6 ¿Alguno o ninguno?

p. 14/7

a Buscad en los textos de Pablo, Eloína, Ibou y Tanja (p. 24-25) ejemplos para el uso de *alguno* y *ninguno*.

b Alejandro está hablando con más jóvenes que viven en España. Completa los diálogos con los verbos en pretérito perfecto y la forma correcta de *alguno* y *ninguno*.

El idioma

Alguno und **ninguno** richten sich in Geschlecht und Zahl nach dem zugehörigen Substantiv. Vor maskulinen Substantiven im Singular werden sie verkürzt: **algún día**, **ningún amigo**. Achte bei **ninguno/-a** auf die doppelte Verneinung: **No, no tengo ningún tío.**

 p. 124   p. 134

> *Ejemplo*
> *¿Has conocido a algún chico de Argentina? – No, no he conocido a ninguno.*

1 ¿En el intercambio ⁓ (tener, vosotros) ⁓ problema? – No, no ⁓ (nosotros) ⁓ .
2 ¿Ya ⁓ (aprender, vosotros) ⁓ palabras en español? – Sí, ⁓ (nosotros) ⁓ .
3 ¿Ya ⁓ (visitar, tú) ⁓ lugares famosos de España? – Sí, ⁓ (yo) ⁓ .
4 ¿Todavía no ⁓ (hacer, vosotros) ⁓ examen? – No, no ⁓ (nosotros) ⁓ .
5 ¿Ya ⁓ (leer, tú) ⁓ libro ecuatoriano? – No, todavía no ⁓ (yo) ⁓ .
6 ¿Ya ⁓ (estar, tú) en un concierto de ⁓ grupo mexicano? – Sí, ya ⁓ (yo) en ⁓ .

c Quieres saber más sobre tu compañero/-a. En parejas preguntad y contestad como en el ejemplo.

ver una película mexicana   ir a un estadio de fútbol

leer un libro en español   estar en un país sudamericano

conocer a una persona famosa   ...

> *Ejemplo*
> *¿Ya has estado en algún país suda-mericano? – No, no he estado en ninguno. / Sí, ya he estado en uno. ¿Dónde has estado? – He estado en Argentina.*

CD 3/1

p. 145/4.2

7 Yo también soy español

En la página web de Buena Onda varios jóvenes de origen extranjero han puesto vídeos en los que cuentan sus experiencias y su situación actual. Mira los vídeos de Ketchina y Fadel y relaciona las frases. Hay dos partes finales que no necesitas.

1 Ketchina fue a España cuando …
2 Para Ketchina fue bastante fácil aprender español porque …
3 No echa nada de menos Haití, pero …
4 Primero Fadel …
5 Fadel echa de menos …
6 En el futuro a Fadel le gustaría …

a le gustaría conocer el país y su gente.
b tenía dieciséis años.
c tenía problemas con el idioma.
d tenía tres años.
e vivir en una ciudad con muchas culturas.
f lo aprendió en casa y en el colegio.
g no tenía amigos en España.
h la comida de su país de origen.

p. 16/10

8 A descubrir

a Lee el diálogo y explica la diferencia entre las palabras en color azul. ¿Qué función tienen?

RAQUEL: ¿Estás escuchando también a Ibou? Está contando su historia **tranquilamente**.
CELIA: Sí, claro. Es que es un chico muy **tranquilo**.
RAQUEL: Dice que hacer amigos en España ha sido **fácil** para él.
CELIA: Normal, es que habla **perfectamente** el español, por eso ha conocido a gente **fácilmente**.
RAQUEL: Es verdad, el español de Ibou es **perfecto**.

El idioma

Kennst du eine Sprache, in der Adjektive und Adverbien ähnlich gebildet werden?

b Paulina necesita la ayuda de Diego, un amigo de Buena Onda, y lo llama por teléfono. Completa con el adjetivo o el adverbio correspondiente.

PAULINA: Hola, Diego, estoy escribiendo un artículo sobre el proyecto de intercambio internacional "Intercult Joven" y no es (1) ～ (fácil) encontrar información (2) ～ (detallado). Por eso necesito (3) ～ (urgente) tu ayuda.
DIEGO: Sí, claro. ¿Qué necesitas?
PAULINA: Mándame (4) ～ (rápido) el e-mail de Antonio, por favor. Él me explicó (5) ～ (detallado) el proyecto, pero todavía tengo preguntas.
DIEGO: Te lo envío ahora mismo. ¿Necesitas algo más?
PAULINA: Sí, necesitamos fotos (6) ～ (actual) para nuestra página de Buena Onda.
DIEGO: Ya sabes, (7) ～ (normal) tengo muchas fotos del proyecto, pero ahora no las encuentro. Enseguida las busco y te las envío (8) ～ (rápido).
PAULINA: Ahora estoy más (9) ～ (tranquilo). Gracias, Diego.

CD 1/16

p. 15/9

9 Entre idiomas

Du hörst bei einem spanischen Internetradio einen Bericht über einen Schüleraustausch.
Ein Freund, der kaum Spanisch versteht, stellt dir einige Fragen. Beantworte sie ihm auf Deutsch.

1 Wie alt sind die Jugendlichen, die an dem Schüleraustausch teilnehmen?
2 Wie lange waren sie unterwegs?
3 In welches Land sind sie gereist?
4 Welche Sehenswürdigkeiten haben die Schüler besichtigt?

10 El Día Mundial de la Diversidad Cultural

a ¿Qué es para vosotros la diversidad cultural?
Discutid en grupos de tres o cuatro personas
y pensad también en vuestro día a día
(instituto, familia, amigos, comida …).

b En todas partes del mundo hay diferentes
actividades para recordar el Día Mundial de
la Diversidad Cultural. En grupos buscad en
internet carteles sobre ese día.
¿Cuál os parece más original, importante o
bonito? Presentadlo en clase y explicad por
qué lo habéis elegido.

c En la página web de las Naciones Unidas
encontráis estas ideas para celebrar el Día
Mundial de la Diversidad Cultural. Hablad en
grupos. ¿Os parecen buenas? ¿Por qué (no)?

El país y la gente

En 2001, las Naciones Unidas declararon el
21 de mayo como el Día Mundial de la Diversidad Cultural para el Diálogo y el Desarrollo.
Es un día para recordar que el diálogo inter-
cultural, la diversidad y la inclusión son importantes para vivir juntos y sin prejuicios.

Así se dice: Expresar la opinión

En mi opinión … / Para mí …
Creo que (no) …
Pienso que (no) …
A mí me parece que (no) …
(No) estoy de acuerdo con …

○○○ www.un.org/es/events/culturaldiversityday/tenthings ← →

COSAS SIMPLES QUE TÚ PUEDES HACER PARA CELEBRAR EL DÍA

1. Visita una exposición de arte o un museo dedicado a otras culturas.

2. Ve una película o lee un libro de un país diferente al tuyo.

3. Invita a gente de otras culturas a compartir tus costumbres.

4. Juega a «los estereotipos». Ponte un «post-it» en la frente con el nombre de un país [sin leerlo
antes]. Pregunta a la gente por los estereotipos asociados con la gente del país. Ganas si sabes
cuál es.

5. Aprende cosas sobre las celebraciones tradicionales de otras culturas, como la Janucá, el Ra-
madán, las celebraciones impresionantes del Año Nuevo en España o el festival Qingming en
China.

Naciones Unidas: Día Mundial de la Diversidad Cultural para el Diálogo y el Desarrollo.
www.un.org/es/events/culturaldiversityday/tenthings [01.10.20].

d En grupos pensad en otras cosas que podéis hacer para celebrar este día.
Imaginaos que vais a celebrarlo en clase. Exponed vuestras ideas en clase.

CD 1/17

11 Una entrevista a Raquel

Hoy el instituto de Celia y Raquel celebra el *Día Mundial de la Diversidad Cultural*. Raquel y otros compañeros lo organizan. Celia le hace una entrevista en Buena Onda.

CELIA: Buenos días, radioyentes. Hoy es el Día Mundial de la Diversidad Cultural y lo queremos celebrar con vosotros. Está con nosotros Raquel para contarnos todo sobre este día tan especial.
5 ¿Qué habéis preparado en el insti?

RAQUEL: Muchas cosas: ayer organizamos una exposición sobre la diversidad cultural y esta mañana una clase ha preparado platos internacionales. Pero hay muchas sorpresas más.
10 **CELIA:** ¡Qué bien! Pero ¿por qué habéis querido celebrar este día en el instituto? Todos sabemos ya algo de otras culturas … ¿Es necesario un Día de la Diversidad Cultural?

RAQUEL: ¡Por supuesto! Con las costumbres de
15 otros países conocemos nuevas maneras de pensar, de ver el mundo y la vida. Y además, este año otros alumnos y yo hemos protestado porque hay muchos prejuicios y estereotipos hacia otras culturas en el instituto.
20 **CELIA:** Sí, es verdad. La manifestación fue el mes pasado, ¿no? ¿Cómo fue?

RAQUEL: En la manifestación hubo un ambiente fantástico. Participaron muchos jóvenes del barrio y algunos llevaron pancartas muy originales.
25 **CELIA:** ¡Qué bien! Para ti es un tema muy importante, ¿verdad?

RAQUEL: Pues sí. Mi padre y su familia son de Marruecos. Hace muchos años él y su hermana vinieron a Madrid a estudiar en la universidad.

30 Allí mi padre conoció a mi madre, que es española. Toda mi vida he vivido entre dos culturas.

CELIA: Y dinos, ¿ya has estado alguna vez en Marruecos?

RAQUEL: Sí, el verano pasado visité a mi familia allí.
35 **CELIA:** Entonces pudiste ver las diferencias culturales entre España y Marruecos, ¿no?

RAQUEL: Sí. Pero en realidad ya sabía muchas cosas por mi padre y por mi tía.

CELIA: Ah, claro. Bueno, ¿y cómo fue tu viaje?
40 **RAQUEL:** Genial. Me quedé en casa de mis primas que viven en Xauen. Visitamos a toda la familia de mi padre. Además vimos muchas ciudades y pueblos muy bonitos. Ah, y prepararon platos marroquíes muy ricos.
45 **CELIA:** ¿Y qué tal con el idioma? ¿Hablas árabe?

RAQUEL: Sí. ¿Sabías que hay muchas palabras españolas de origen árabe? Por ejemplo: azúcar, barrio, naranja …

CELIA: ¡Qué interesante! Bueno, Raquel, se nos ha
50 terminado el tiempo, ¡qué lástima! Os dejamos con las noticias.

RAQUEL: Y nosotras nos vamos a nuestro instituto a celebrar el Día Mundial de la Diversidad Cultural. Estáis todos invitados. ¡Nos vemos allí!

---

a Lee la entrevista y apunta cuatro temas de los que hablan Celia y Raquel.

p. 16/11

b Lee la entrevista otra vez y completa las frases.

 p. 125   p. 134

1 El programa de hoy en Buena Onda habla de …
2 Los alumnos quieren celebrar este día en el instituto porque …
3 En el viaje a Marruecos Raquel …
4 Los idiomas que habla Raquel son …
5 Muchas palabras españolas …
6 Raquel invita a los radioyentes …

El país y la gente

Los árabes vivieron en España durante 800 años (711-1492). Allí construyeron edificios impresionantes, como por ejemplo la Alhambra en Granada, y dejaron también una parte de su idioma. Por eso, en español existen más de 4000 palabras de origen árabe.

c Escribe un texto de 60 palabras sobre Raquel y su familia. Fíjate en lo que cuenta en la entrevista.

d Explica qué quiere decir Raquel con esta frase.

"Toda mi vida he vivido entre dos culturas."
(línea 31)

12 Una fiesta en mi instituto

a Queréis celebrar el Día de la Diversidad Cultural en vuestro instituto.
En parejas escribid el programa con actividades para celebrar este día.

p. 147/6c

b Escribe un e-mail de 100 palabras a Raquel para contarle cómo celebrasteis este día.

13 Fátima y Raquel

a En parejas buscad los marcadores para el pretérito perfecto y el pretérito indefinido
en el texto 11. Comparad vuestros resultados en clase.

p. 17/12
p. 18/14-16

b Raquel escribe un e-mail a su prima Fátima. Complétalo con los verbos de las casillas
en pretérito indefinido o pretérito perfecto.

 p. 125   p. 134

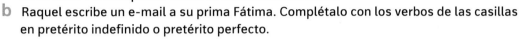

estar   ver   pensar   hacer   tener   recibir   escribir

Hola, Fátima:
¿Qué tal? Esta mañana (1) ___ (yo) tu e-mail con las fotos que (2) ___ (tú) el fin de semana pasado
en el cumple de Abdel. Mis padres ya las (3) ___ también. ¡Muchas gracias! Todavía no (4) ___ a
Abdel, pero quiero hacerlo mañana. ¿Qué tal las clases de español? Te voy a escribir siempre en
español, así puedes practicar. ;-)
Hoy (5) ___ mucho en mis vacaciones en Marruecos. ¿Te acuerdas? Un día (6) ___ (nosotras) en el
mercado de Xauen y (7) ___ (yo) que tomar un litro de té por el calor.

pensar   ser   ir   ayudar   volver   celebrar   hacer

La semana pasada el instituto (8) ___ el Día Mundial de la Diversidad Cultural y yo (9) ___ a
organizarlo. (10) ___ muy interesante y (11) ___ en vosotros. Además, mi amiga Celia me (12) ___
una entrevista para Buena Onda. ¿Y vosotras? ¿Adónde (13) ___ este fin de semana? (14) ¿ ___ a
casa de las tías?
Un beso,
Raquel

14 ¿Qué has hecho alguna vez?

Hoy los chicos de Buena Onda hablan sobre cosas que han hecho alguna vez. ¿Y vosotros?
En parejas haced diálogos como en el ejemplo.

¿Alguna vez has estado en Andalucía?

Sí, el verano pasado estuve en Andalucía y desde allí fui a Marruecos. ¿Y tú?

No, todavía no he ido.

estar en Andalucía/Cataluña/... •
comer paella • ir en avión/barco
• leer un libro en inglés • hacer
surf • ver a una persona famosa

ayer • el año/el mes pasado
• la semana pasada • hace ...
• en el año 2018/2019/...

todavía no •
ya • nunca

p. 155/10

15 Entre idiomas

Deine spanische Freundin Nuria kommt im Sommer nach Deutschland und möchte Dortmund besuchen. Auf der Homepage der Stadt hat sie Informationen über die Internationale Woche gefunden und fragt dich, was dort genau steht. Lies den Text und schreibe ihr in einer E-Mail, (ca. 100 Wörter) warum das Fest gefeiert wird, welche Angebote es gibt und wo sie stattfinden.

Vielfalt erleben, miteinander lachen, tanzen, essen und Musik genießen – die Internationale Woche in der Dortmunder Nordstadt findet dieses Jahr bereits zum zwölften Mal statt. [...]

Dabei ist es eine gute Möglichkeit, Kulturen kennenzulernen und Menschen zu begegnen. In Dortmund sind Menschen aus 180 Nationen zu Hause, sie bereichern das Zusammenleben und prägen die Stadt. Die große kulturelle und religiöse Diversität ist eines der Aushängeschilder Dortmunds. Beginn der Events wird in diesem Jahr das überregional bekannte Afro-Ruhr-Festival im Dietrich-Keuning-Haus sein. Hierbei wird die bunte Kultur des Kontinents Afrika durch Konzerte, traditionelle Tänze, Shows und diverse Aktionen für Jung und Alt repräsentiert.

Auch der Sport kommt bei der Internationalen Woche nicht zu kurz. Es finden beispielsweise Fußballturniere, wie das Fußballturnier der Religionen im Hoeschpark, statt.

Kulturelle Highlights werden unter anderem eine Besichtigungstour durch verschiedene Gotteshäuser am Borsigplatz und die "Multi-KULTour" mit dem Dortmunder Urgestein Fritze Brinkhoffs sein. Auch für Kinder und Jugendliche ist genug dabei. Bei altersgerechten Veranstaltungen und Konzerten sowie den Sommerfesten am Stollenpark und im Jugendtreff "Kezz" am Blücherpark mit Hüpfburg und Fußballspielen wird garantiert niemandem langweilig.

Zum Abschlusswochenende findet am Samstag, 6. Juli, das Münsterstraßenfest statt, auf dem sich Initiativen, Vereine und Organisationen mit einem bunten Programm mit unterschiedlichsten musikalisch-künstlerischen Darbietungen präsentieren. Zusätzlich wird es ein großes kulinarisches Angebot mit landestypischen Spezialitäten geben.

Die Internationale Woche endet mit dem Familienfest im Hoeschpark, das viele Mitmachaktionen und internationale Köstlichkeiten bietet. Wer möchte, ist herzlich eingeladen, beim Sponsorenlauf ein paar Runden zu drehen.

Zwölfte Internationale Woche im Zeichen der Vielfalt!. In: Wir sind Dortmund. 16.06.2019.
www.wirindortmund.de/dortmund/zwoelfte-internationale-woche-im-zeichen-der-vielfalt-68619 [07.06.2021].

16 Protestamos

a Leed estas pancartas y comentadlas. ¿Cuál es el motivo de la manifestación?
b ¿Habéis visto alguna vez una manifestación o habéis participado en una? ¿Cuál fue el motivo?

¡Menos alumnos y más profesores!

¡NOSOTR@S SOMOS EL FUTURO!

¡La escuela, de todos y para todos!

La crisis ha llegado a las aulas

p. 153/8.2

17 Hablar un minuto

Hay una manifestación en tu barrio porque quieren cerrar la cafetería del instituto.
Quieres ir con tu compañero/-a de intercambio español/a a la manifestación.
Tienes un minuto para convencerlo/-a.

p. 143/3

18 ¿Por qué te vas?

p. 19/19

a Lee los tres testimonios del libro "¿Por qué te vas? Jóvenes españoles en Alemania". ¿Por qué emigraron a Alemania? Elige para cada testimonio la frase correcta.

1 Emigró a Alemania por su familia.
2 Emigró a Alemania porque encontró una buena oferta de trabajo.
3 El texto no dice por qué emigró.
4 Emigró a Alemania por amor.
5 Tuvo que emigrar a Alemania porque no encontró trabajo en España.

El país y la gente

En los años 50 y 60, durante la dictadura de Francisco Franco, muchos españoles se fueron al extranjero a buscar trabajo. Emigraron a países europeos, como Alemania, Francia o Suiza, donde trabajaron sobre todo en fábricas.

Por la crisis económica del año 2008 empezó la llamada "nueva emigración española". Desde entonces miles de jóvenes españoles con cualificación profesional y estudios especializados han emigrado a Alemania.

A: "El año siguiente a terminar [envié el] currículum por toda España, no me centré solo en Huelva y alrededores, yo busqué en Madrid, en Aragón, Comunidad Valenciana… en todos sitios […]. Es que no tienes nada que hacer, absolutamente nada, porque no será por falta de currículum y falta de interés, que yo por España me moví bastante, pero no salió nada […]."

5 **B:** "Nunca me había imaginado venir a Alemania, la verdad, pero vi por Internet una oferta que pintaba demasiado bien, yo pensaba, cuando lo leí por primera vez, pensaba que era una estafa, de estas que hay tantas, porque sonaba demasiado bien. La oferta decía que iban a venir varias empresas de Alemania a Málaga, iban a realizar una selección para elegir, no me acuerdo la cantidad de enfermeros, unos 30 o 40 o así, y se los iban a traer aquí a Alemania, les
10 iban a pagar todo prácticamente, alojamiento, comida, transporte, curso de alemán… todo esto hasta obtener un nivel B1 de alemán, y ya una vez con el B1 empezar a trabajar. Yo cuando vi esta oferta dije, bueno, mientras no me pidan dinero, voy a seguir para adelante […]."

C: "Mi abuelo fue una de las primeras personas que en los tiempos de Franco enviaron a Alemania a trabajar con contrato, entonces mi abuelo estuvo aquí trabajando 16 años, aquí en
15 la misma ciudad donde yo estoy, que de hecho por eso elegí la ciudad."

ACyV: Así es la vida de los españoles en Alemania, contado en primera persona. In: El Confidencial. 29.06.2015. www.elconfidencial.com/alma-corazon-vida/2015-06-29/asi-es-la-vida-de-los-espanoles-en-alemania-contado-en-primera-persona_904634/ [07.06.2021].

b Lee otra vez el texto y decide si las siguientes frases son verdaderas o falsas o si la información no está en el texto. Escribe también dónde está la información en el texto y corrige las frases falsas.

1 A buscó un trabajo solo cerca de Huelva.
2 A envió su currículum a muchas empresas, pero no encontró trabajo.
3 Antes de irse a Alemania, A hizo un curso de alemán.
4 B siempre quiso vivir un tiempo en Alemania.
5 B participó en una selección de una empresa alemana que fue a Málaga.
6 En Alemania un enfermero gana mucho más dinero que en España.
7 El abuelo de C se quedó a vivir en Alemania para siempre.

19 Españoles en Alemania

CD 1/18

a Buena Onda ha entrevistado a tres españoles que viven en Alemania. Lee las preguntas y escucha. Apunta las respuestas para cada uno de los jóvenes en tu cuaderno.

1 ¿Cómo se llama el chico/la chica? 3 ¿Qué le llama la atención en Alemania?
2 ¿De dónde es? 4 ¿Qué echa de menos de España?

b Imagínate que vas a vivir en el extranjero. ¿Qué crees que vas a echar de menos?

20 Un e-mail de Tanja

Tanja, la chica de la página 25, ha vuelto a Alemania y le escribe un e-mail a una amiga española. Corrige los errores en tu cuaderno.

Hola, Julia:
Ya estoy (1) a Alemania. Hoy (2) he sido mi (3) primero día en el instituto después de las vacaciones y estaba un poco (4) nervioso. Esta mañana (5) he desayunido poco, (6) me duché y me (7) he puesta mi ropa favorita. A las ocho (8) han venido mi amiga Sara y (9) hemos idos al insti (10) juntos. (11) Mes compañeros de clase me (12) habéis preguntados cómo fue en España. (13) Todavia no (14) tenía tiempo (15) a contarlo todo. Y tú, ¿qué tal? (16) Ti echo de menos.
Besos,
Tanja

---

21 A tu manera

Elige una actividad.

1 Preséntate a ti mismo/-a en un texto de 60 a 80 palabras como los jóvenes de las páginas 24 y 25 para un artículo con el título "Jóvenes en Alemania".
2 En parejas inventad una entrevista a Raquel después del Día de la Diversidad Cultural. *A* trabaja para Buena Onda y hace las preguntas. *B* es Raquel y cuenta cómo fue la fiesta en su instituto.
3 En grupos pensad contra qué queréis protestar. Escribid cinco pancartas para la manifestación y explicadlas.

22 ¿Cómo se pronuncia?

a Lee los países en voz alta y pon atención en cómo pronuncias las letras en color verde.

1 Colombia, México, Belice, Francia, Ecuador, Grecia, Nicaragua
2 Bélgica, Guatemala, Argentina, Portugal, Gibraltar, Luxemburgo, Argelia
3 Marruecos, Perú, Rumanía, Andorra, Honduras, Costa Rica, Serbia

CD 1/19

b En parejas leed otra vez los países. Apuntad qué dos sonidos diferentes podéis distinguir para cada una de las letras. Después escuchad y comprobad vuestros resultados.

23 Espacio cultural

Muchos jóvenes se van al extranjero para trabajar o estudiar, por ejemplo a Alemania. Mirad la campaña de marketing de una empresa de San Sebastián/Donostia. Describid la imagen que se da de Alemania. ¿Estáis de acuerdo con la imagen? ¿Qué os parece la campaña?

Donoschland En Donostia tenemos también una pequeña Alemania. Si tanto te gusta su cultura, sus costumbres, su gastronomía, tampoco hace falta ir tan lejos. Y para eso, hemos preparado esta guía con algunas experiencias alemanas en Donostia. ¡Bienvenidos a Donoschland! Willkommen!

Cervecería Etxeverria
Calle de Iñigo, 8
Cervezas de todos los colores y sabores

Feria de la cerveza Plaza Easo
Deleita tu paladar con codillo, pollo o las típicas salchichas. Porque en una feria de cerveza alemana, nada de esto puede faltar.

Deutsche Schule
Paseo Oriamendi, 25
Los niños y jóvenes de 2 a 18 años pueden estudiar como en Alemania.

Restaurante Txofre Gloria, 2
Los platos alemanes más típicos: salchichas, patatas, col, cecina ...

Never Stop
Reyes Católicos, 6
120 cervezas diferentes ... ¡encuentra tu favorita!

El Kebab de Tony
Avenida de Isabel II, 31
Falafel, hummus, doner kebab ...

la campaña die Kampagne | **hacer falta** nötig sein | **la guía** der Stadtführer | **la cervecería** die Brauerei | **la cerveza** das Bier | **el sabor** der Geschmack | **deleitar** erfreuen | **el paladar** der Gaumen | **el codillo** das Eisbein | **el pollo** das Hähnchen | **la salchicha** das Würstchen | **la feria** das Fest, die Messe | **faltar** fehlen | **el/la niño/-a** das Kind | **la col** der Kohl | **la cecina** luftgetrocknetes, gepökeltes Rindfleisch

> **Resumiendo**
>
> Aquí puedes revisar lo que has aprendido en la Unidad 2: WES-112636-001.

Al final

Para celebrar el Día de la Diversidad Cultural, vuestro instituto de intercambio español prepara una exposición con el tema "¿Qué es para ti la diversidad cultural?". Tu clase participa.

1 En grupos de tres o cuatro pensad lo que es para vosotros/-as la diversidad cultural. ¿Qué importancia tiene en vuestro día a día y cómo la vivís? ¿Estáis en contacto con otras culturas? ¿Habéis vivido alguna experiencia internacional? Pensad en las personas que son importantes para vosotros (compañeros de clase, amigos, familia, ...) y en vuestros gustos (música, comida, actividades del tiempo libre ...). Juntad ideas y tomad apuntes.

2 Elegid un formato adecuado para presentar vuestras ideas (cartel, texto, canción, vídeo, reportaje ...). Si queréis hacer un producto digital, la información de las estrategias (p. 156) os ayuda.

3 Presentad vuestros resultados en clase.

4 ¿Qué presentación os parece la más original e interesante? Explicad por qué.

El viaje de Ana

A   Mañana comienzan las clases y estoy preocupada. Hace unos pocos meses volvimos a España. Aún mezclo palabras del alemán mientras hablo en castellano… Hay muchas cosas que no entiendo, no encuentro mi sitio, me pierdo hasta en mi propia habitación… A veces, cuando me despierto, […] siento que estoy en mi cuarto de Alemania, con mi mesita blanca y mis estantes
5   repletos de juegos de niña. Cuando al fin consigo abrir los ojos, el desconcierto me puede. No es mi habitación. No es mi casa, la de siempre. Este es mi país, el país de mis padres, pero aún me siento perdida. El otro, también es mi país.

B   En casa, mis padres siempre hablaban español […]. Mi madre intentaba, además, enseñarnos su idioma, sentándonos algunas tardes frente a los pocos libros que había traído en su maleta,
10   cuando se marchó de Zamora. A mis hermanos y a mí nos intrigaba su manera de hablar de España, y también nos atraía la idea de ser a la vez de dos países tan diferentes. Desde que llegamos a Madrid, mi madre dice que se siente apátrida en esta ciudad, como fuera de lugar. Cuando marchó para Alemania, era muy distinto. Ella recuerda, hoy, una España diferente. […] Cuando se fue, necesitaba aire, dice, aire nuevo. Ahora el aire nuevo de Madrid
15   le inquieta. […] La veo como un camaleón que no puede cambiar de color aunque lo intente con todas sus fuerzas.

C   Sigo sin conocer bien los motivos que llevaron a mi padre a sugerir la idea de volver a España. Solo recuerdo que lo comentó un día, mientras comíamos. […] Se hizo el silencio. […]
   —¡Algún día teníamos que volver! ¿No? — dijo alegre —, además Ana va a empezar la universidad
20   y creo que es un buen momento para un cambio…
   Lo cierto es que no sé si era un buen momento. […]

D   Hoy he tenido mi primera clase [y] ya he empezado a sentirme un bicho raro. Hay estudiantes que se conocen de antes, que fueron al mismo instituto o que son del mismo barrio… Los hay también que vienen de fuera, de otras provincias, y que se reúnen para sentirse menos desorientados… pero yo…
25   —¿Y tú de dónde eres? — me preguntan de repente —.
   —¿Yo? — En ese momento me quedo en blanco, no sé si decir que vengo de Alemania o que soy española.
   —¿De dónde? ¿Eres de Madrid?
   —No, vengo de Alemania.
30   —¡Pero si eres morena!
   Uhmmmmm, sólo puedo encogerme de hombros… Ya estamos con los estereotipos, como si aquí no hubiera rubios. […]

E   ¿Cómo voy a explicarles que vengo de Alemania, sin más? Les tendría que contar mi vida y la de mis padres y, primero, no me apetece y, segundo, tampoco en mi familia son muy dados a contar
35   los motivos que les llevaron a emigrar. […] Además, estoy segura de que la historia de mis padres está ligada a la historia de España, a la de Alemania y a la de varios sitios… al devenir económico, a muchos sucesos… ¿Alguna vez conoceré todas esas cosas?

Luz Martínez Ten, Claudia Leal, Sandra Bosch: El viaje de Ana. Historias de inmigración contadas por jóvenes.
In: Educatolerancia. 2016. www.educatolerancia.com/wp-content/uploads/2016/12/VIAJEANA1.pdf [07.06.2021].

---

preocupado/-a besorgt | **mezclar** (ver)mischen | **perderse** sich verlaufen | **el desconcierto** die Verwirrtheit | **poderle a alguien** jdn. fertig machen | **sentar** setzen | **la maleta** der Koffer | **marcharse** *irse* | **intrigar** neugierig machen | **atraer** anlocken | **apátrida** staatenlos | **inquietar** beunruhigen | **la fuerza** die Kraft | **sugerir** vorschlagen | **el bicho raro** der/die Exot/in | **reunirse** sich versammeln | **quedarse en blanco** einen Blackout haben | **encogerse de hombros** mit den Achseln zucken | **apetecerle a alguien** Lust haben | **estar ligado/-a a** verbunden sein mit | **el devenir** die Entwicklung | **el suceso** das Ereignis

a   En parejas leed el texto. Inventad un título para cada párrafo (A-E) y explicadlo.
b   Escribe un resumen del texto. ¿Quién es Ana? ¿Qué pasó en su vida y cómo está ahora?
c   Lee el texto otra vez y contesta a las preguntas.

p. 20/20

   1   ¿Cómo se siente Ana en casa y en la universidad y por qué?
   2   ¿Qué información da el texto sobre la madre de Ana? ¿Por qué Ana la compara con un camaleón?
   3   ¿Por qué crees que Ana se siente incómoda cuando sus compañeros le preguntan de dónde viene?

El viaje de Said

CD 3/2

a Mira el vídeo "El viaje de Said" desde el principio hasta el minuto 2:10 y describe primero qué has visto. ¿Qué crees, adónde va a ir Said? ¿Qué le va a pasar? ¿A quién va a encontrar? Hablad en parejas.

b Ahora mira el resto del cortometraje[1]. ¿De qué trata? ¿Por qué sueña[2] Said con emigrar?

c Mirad otra vez el vídeo entre los minutos 6:20 y 8:55. ¿En qué creéis que piensa Said cuando está en la patera[3]?

d ¿Os gusta el cortometraje? ¿Por qué (no)? ¿Qué os parece la técnica usada para hacerlo? Hablad en clase.

El país y la gente

Muchos inmigrantes "sin papeles" de África intentan entrar en España por mar. Emigran en pequeños barcos, las pateras, para encontrar una vida mejor. Durante el año 2017 hubo más de 25 000 entradas por mar. Como las pateras son muy poco seguras muchos de los inmigrantes mueren[4] antes de llegar a España.

El viaje de Said es un cortometraje de animación creado en 2006 por Coke Riobóo. Ha conseguido importantes premios de cine, por ejemplo un Premio Goya al Mejor Cortometraje.
La película es muy especial porque se ha grabado con una técnica diferente, se llama técnica *stop-motion* y se ha hecho con figuras de plastilina[5].

---

¹**el cortometraje** der Kurzfilm ²**soñar con** träumen von ³**la patera** das Holzboot, das Flüchtlingsboot ⁴**morir** sterben ⁵**la figura de plastilina** die Knetfigur

1 Über Chancen und gesellschaftliche Vielfalt sprechen

la vida profesional	la diversidad cultural	las protestas
la crisis económica – el currículum – la empresa – los estudios – estar en paro – la experiencia – la oficina de empleo – la oportunidad – la tasa del paro	la celebración – compartir costumbres – la cultura – las diferencias culturales – los estereotipos – europeo/-a – el extranjero – el idioma – el intercambio – internacional – la manera de pensar – los prejuicios	convencer a alguien de algo – estar a favor/en contra de – expresar la opinión – la manifestación – los manifestantes – la pancarta – participar – protestar contra/por algo

Gr
p. 10/8.8.3

2 Erzählen, was du erlebt hast

Mit dem **pretérito perfecto (haber + participio)** sprichst du über etwas, das in einem noch nicht abgeschlossenen Zeitraum passiert ist (z. B. heute, diesen Monat oder dieses Jahr):
Cibrán ha jugado hoy al fútbol con sus primos.

Es werden auch Handlungen und Ereignisse ausgedrückt, die in der Vergangenheit stattgefunden, aber noch eine Wirkung auf die Gegenwart haben:
Raquel está muy triste porque ha suspendido un examen.

Das Perfekt wird mit dem Hilfsverb **haber** und dem Partizip gebildet. Die regelmäßigen Partizipien werden aus dem Stamm des Infinitivs und der Endung **-ado** bei den Verben auf **-ar** und der Endung **-ido** bei den Verben auf **-er** und **-ir** gebildet. Die Partizipien im Perfekt bleiben unverändert.

Folgende Verben bilden ein unregelmäßiges Partizip:

abrir → **abierto**
decir → **dicho**
descubrir → **descubierto**
escribir → **escrito**
hacer → **hecho**
poner → **puesto**
ver → **visto**
volver → **vuelto**

Die Partizipien von **creer (creído)**, **leer (leído)** und **traer (traído)** tragen einen Akzent.

Die Reflexiv- und die Objektpronomen stehen immer vor **haber**:
Esta mañana me he levantado temprano.

Gr
p. 11/8.8.4

Das **pretérito indefinido** benutzt du hingegen, um über einen abgeschlossenen Zeitraum in der Vergangenheit zu sprechen (z. B. gestern): **Ayer fui a Madrid y hoy he ido a Toledo.**

indicadores del pretérito indefinido:	indicadores del pretérito perfecto:
ayer – la semana pasada – el fin de semana pasado – el mes pasado – el año pasado – las vacaciones pasadas – en 2019	hoy – esta mañana – esta tarde – esta noche – esta semana – este mes – este año – ya – todavía no – siempre – nunca – hasta ahora

Gr
p. 6/3.5

3 Über Personen oder Sachen sprechen, die nicht näher zu bestimmen sind

		Begleiter	Pronomen	
☺	♂	algún amigo ningún chico	alguno ninguno	irgendein/e/-s kein/e/-s
	♀	alguna amiga ninguna chica	alguna ninguna	
☺ ☺	♂	algunos amigos (*ningunos)	algunos (*ningunos)	einige keine
	♀	algunas amigas (*ningunas)	algunas (*ningunas)	

Stehen **alguno** oder **ninguno** vor einem männlichen Substantiv im Singular, entfällt das -o und sie werden zu **algún** und **ningún**.

*****Ningunos** und **ningunas** werden nur sehr selten und nur in Verbindung mit Pluralwörtern verwendet.

Die Indefinitbegleiter richten sich in Zahl und Geschlecht nach dem Substantiv, auf das sie sich beziehen. Sie stehen vor dem Substantiv.

Die Indefinitpronomen können das Substantiv ersetzen und alleine im Satz stehen. Sie richten sich in Geschlecht und Zahl nach dem Substantiv, das sie ersetzen.

Ayer conocí a **algunas** chicas ecuatorianas muy majas.
¿Habéis hecho **algún** viaje interesante este año? – No, no hemos hecho **ninguno**.
No me gusta **ningún** chico de mi clase, pero **algunos** son muy simpáticos.

Gr
p. 8/6

4 Beschreiben, wie du etwas machst

Mit Adverbien kannst du den Sinn eines Verbs näher bestimmen.

Raquel explica **detalladamente** el proyecto.
Tanja aprende el español **fácilmente**.

Das Adverb wird mit **-mente** gebildet. Diese Endung wird an die weibliche Form des Adjektivs angehängt oder an Adjektive, die auf **-e** oder auf Konsonant enden. Die Akzente der Adjektive bleiben erhalten. *Bei **rápido** kannst du sowohl **rápidamente** als auch **rápido** als Adverb verwenden.	tranquilo/-a → tranquilamente normal → normalmente serio/-a → seriamente rápido/-a → rápidamente/rápido*
Einige Adverbien sind unregelmäßig.	bueno → **bien** malo → **mal**

Auch im Französischen werden Adverbien durch das Anhängen von *-ment* an die feminine Form des Adjektivs gebildet: *sérieux(-euse)* → *sérieusement*.

Im Englischen wird in der Regel *-ly* an das Adjektiv angehängt: *quick* → *quickly*.

soluciones: ver p. 208

1 La oveja negra

a Busca la palabra que no pertenece al grupo y explica tu decisión.

1	2	3	4	5
el/la artista	acampar	bilingüe	elegir	el currículum
el/la deportista	bañarse	el gallego	la manifestación	el arte
el/la escritor/a	caerse	oficial	la pancarta	la oferta
el/la habitante	tomar el sol	el susto	protestar	la oficina de empleo

b Busca en un diccionario para una palabra de cada grupo dos palabras más de la misma familia.

2 Hace mucho tiempo

Cibrán y su abuela están viendo fotos antiguas y la abuela cuenta cómo era su vida.
Mira el dibujo y haz frases como en el ejemplo. Las preguntas te ayudan.

¿Cómo era la abuela cuando era pequeña?   ¿Cómo era el pueblo?

¿Qué hacía en su tiempo libre?   ¿Dónde y con quién vivía?

> *Ejemplo*
> *Entonces yo tenía 8 años y ...*

3 Hablar un minuto

¿Qué sabes sobre Galicia? Toma apuntes o haz un mapa mental y presenta la comunidad autónoma en clase. Puedes hablar de sus provincias, monumentos y lugares interesantes o también de sus tradiciones. Habla un minuto e intenta hablar sin mirar tus apuntes.

4 La entrevista del abuelo

El abuelo de Cibrán habla con la abuela sobre la entrevista de ayer.
Completa el diálogo con las formas correctas del pretérito imperfecto,
pretérito indefinido y pretérito perfecto.

empezar   encontrarse   entrar   hablar   hacer   llevar   preguntar   ser   terminar

ABUELA: Xacobe, ¿(1) ___ ayer con Cibrán?
ABUELO: Sí, (2) ___ (nosotros) la entrevista en su instituto. Primero, Cibrán y yo (3) ___ delante
del instituto y después él me (4) ___ a la sala de ordenadores. Cuando Cibrán y yo
(5) ___ en la sala, una chica (6) ___ otra entrevista a un profesor. La sala no (7) ___ muy
grande. Entonces la chica dijo: "Ya (8) ___ .", y Cibrán (9) ___ con mi entrevista.
ABUELA: ¿Y de qué (10) ___ (vosotros)?
ABUELO: Primero él me (11) ___ cosas de mi pueblo y de mi vida en aquella época.
Y luego (12) ___ (yo) de Santiago y de mis lugares favoritos de la ciudad.

caminar   dar   haber   hacer   ir   pasar   saludar   tener   tomar   venir   ver

ABUELA: Qué bien, ¿y qué (13) ___ (vosotros) después?
ABUELO: Pues luego (14) ___ al parque. (15) ___ sol y (16) ___ mucha gente. Mientras (17) ___
un helado, (18) ___ de Buena Onda. Y de repente (19) ___ mi hermano Manolo y
nos (20) ___ .
ABUELA: ¡Qué casualidad! ¿Y hoy qué (21) ___ (vosotros)?
ABUELO: Pues esta mañana (22) ___ con el coche a La Costa de la Muerte.
Allí (23) ___ por la playa do Rostro. Ayer Cibrán (24) ___ muchas ganas de ir.
ABUELA: Vale, ¿y (25) ___ (vosotros) algún barco mientras (26) ___ un paseo?
ABUELO: Sí, Cibrán (27) ___ un barco lejos de la costa.
ABUELA: ¡Qué bien! Entonces (28) ___ un buen día.

CD 1/23

5 Entre idiomas

Du bist mit deinen Eltern in Barcelona in der Touristeninfo. Erfrage für sie die Informationen,
die sie wissen möchten, und höre dir die Antworten der Mitarbeiterin an. Notiere die relevanten
Informationen und beantworte die Fragen deiner Eltern auf Deutsch.

*1 Wir möchten möglichst viel an einem
Tag sehen, aber nicht alles zu Fuß
machen. Welche Möglichkeiten gibt es?*

*2 Wo können wir heute Abend etwas
Schönes essen? Wir wollen typische
Fischgerichte probieren! Oder besser
diese leckeren spanischen Kleinigkeiten.*

6 Una manifestación

CD 1/24

a Raquel ha ido esta tarde a una manifestación. Describe los dibujos.

b Por la noche le cuenta a su padre cómo ha ido. Escucha y ordena los dibujos según el diálogo. Uno de los dibujos no describe la tarde de Raquel, ¿cuál es?

c Escucha otra vez, toma notas y contesta a las preguntas.

1 ¿Con quién ha ido Raquel a la manifestación?
2 ¿Dónde ha preparado la pancarta?
3 ¿Quién la ha ayudado?
4 ¿Dónde han quedado Raquel y Celia?

5 ¿Por qué sabe el padre que ha sido una manifestación importante?
6 ¿Cómo era la gente en la manifestación?

d Corrige la frase: "Raquel ha vuelto a casa para dejar la chaqueta."

7 Algunas preguntas

Celia está haciendo una entrevista a Tanja, la chica alemana de intercambio, en su primer día de clase. Completa el diálogo con las formas correctas de *ninguno* y *alguno,* con el pretérito perfecto de los verbos de las casillas y con otras palabras que faltan.

conocer   entender   hablar   ser   tener

CELIA: Dime Tanja, ¿cómo (1) ⁓ tu primer día de (2) ⁓ en el insti? ¿(3) ⁓ (tú) (4) ⁓ problema?

TANJA: No, hasta ahora no (5) ⁓ (6) ⁓, solo que en (7) ⁓ clases no (8) ⁓ (yo) todo.

CELIA: Claro, (9) ⁓ normal, (10) ⁓ profesores hablan muy rápido.

TANJA: Sí, y (11) ⁓ palabras no las conozco.

CELIA: En el insti (12) ⁓ más chicos de intercambio. ¿Ya (13) ⁓ a (14) ⁓?

TANJA: Sí, ya (15) ⁓ a (16) ⁓ chicas de Francia, pero todavía no (17) ⁓ con (18) ⁓ alumno de Alemania. Bueno, Celia, perdona, ¿tienes (19) ⁓ pregunta más? Es que tengo (20) ⁓ hablar (21) ⁓ mi profe.

CELIA: No, no tengo (22) ⁓ más. ¡Muchas gracias y (23) ⁓ luego!

8 Una experiencia especial

a Fuiste a una manifestación y quieres contar a tu compañero/-a de intercambio cómo fue. ¿Por qué protestaste? ¿Con quién fuiste y cómo fue el ambiente? Escríbele un e-mail de unas 100 palabras.

b Lee el punto 7 de las estrategias (p. 150) y corrige tu texto.

9 Vivir en España

Raquel pregunta a los alumnos de intercambio qué piensan de España. Completa los textos con el adjetivo o el adverbio correspondiente de las casillas y con las otras palabras que faltan.

> simpático   detallado   rápido   normal

PIERRE, FRANCIA: Llegué a Madrid (1)＿＿ siete meses. La ciudad me encanta. Aprendí español (2)＿＿ porque mis (3)＿＿ de clase y mi familia española (4)＿＿ ayudaron mucho. Los españoles son muy (5)＿＿ y me contestan (6)＿＿ a todas mis (7)＿＿. (8)＿＿ quiero saber muchas cosas y siempre tienen tiempo para mí.

> divertido   urgente   grande   fácil

CATHERINE, INGLATERRA: Los primeros meses estuve (9)＿＿ Zaragoza pero tuve que cambiar (10)＿＿ la familia. Ahora vivo en Madrid. Las dos ciudades son muy (11)＿＿, pero puedes hablar (12)＿＿ con la gente en la calle. En España (13)＿＿ fiestas muy (14)＿＿, pero no solo por (15)＿＿ me gusta este país.

10 Antes del viaje

Mañana la clase de Raquel y Celia se va de viaje a Galicia y la profesora da consejos y órdenes a sus alumnos. Formula las frases de la profesora usando el imperativo en singular o plural.

> *Ejemplo*
> *llamar a casa el primer día → Llamad a casa el primer día.*

1 *escribir* una lista con las cosas que queréis llevar
2 Celia, *pensar* qué fotos quieres hacer para Buena Onda
3 Luis, *coger* los folletos de mi mesa
4 *hacer* la mochila hoy mismo
5 *acostarse* temprano hoy
6 *tener* cuidado con las mochilas en el autobús
7 Raquel, *hacer* los deberes de Lengua antes del viaje
8 *levantarse* temprano mañana

¡Nos vemos en la red!

El medio de comunicación que más uso es el móvil. Lo uso todos los días para navegar por internet, mandar mensajes a mis amigos y sacar fotos. El medio de comunicación que menos uso es la revista porque las revistas que me interesan son bastante caras. *Malik*

A mí me encantan los libros. Impresos o digitales. No me puedo imaginar una vida sin libros. Los periódicos, en cambio, me parecen aburridos, no los necesito.
Adriana

Aparte del móvil, el portátil es el medio que uso casi todos los días. Juego, leo mis blogs favoritos y también veo muchos vídeos. Me encanta ver vídeos en otro idioma porque así puedo mejorar mi inglés, por ejemplo. Por lo tanto casi nunca veo la tele o escucho la radio. Los programas no me parecen interesantes. Además para mí todos son iguales. *Blanca*

Uso el móvil para chatear con mis amigos y tengo algunas aplicaciones muy útiles. Además, casi siempre llevo mi tableta conmigo. La uso para ver mi serie favorita y para conectarme a las redes sociales. En mi tiempo libre leo pocos libros, para mí no es un medio muy importante.
Manuel

Nach dieser Lektion kannst du

- über Medien und (die eigene) Mediennutzung sprechen.
- jemanden auffordern, etwas nicht zu tun.
- über den Gebrauch des Internets diskutieren.
- etwas bewerten oder kommentieren.
- zum Thema Mobbing Stellung nehmen.
- Gefühle, Ratschläge, Wünsche und Hoffnungen ausdrücken.
- über Liebe sprechen.
- verschiedene Textsorten analysieren.

HACE 15 AÑOS

HACE 15 MINUTOS

Así se dice:
Los medios de comunicación y sus usos

el libro
el móvil
el ordenador
el portátil – der Laptop
el periódico (digital) – die (digitale) Zeitung
la radio
la red social – das soziale Netzwerk
la revista – die Zeitschrift
la tableta – das Tablet
la televisión

buscar información • chatear • comunicarse con
otras personas • enviar mensajes • escuchar
música • escuchar/leer/ver noticias • ver series
• jugar a los videojuegos • usar una red social •
ver películas • sacar fotos • navegar por internet
• mirar qué tiempo hace • ...

p. 25/1

1 Medios de comunicación

a Los reporteros de Buena Onda hacen entrevistas a jóvenes sobre los medios
de comunicación. Lee las preguntas y después las respuestas de los jóvenes.

1 ¿Qué medio(s) de comunicación usas y para qué lo(s) usas?
2 ¿Hay medios que usas pocas veces o que nunca usas? ¿Cuáles? ¿Por qué?

b Contesta a las preguntas de a) y compara tus respuestas con las de tu compañero/-a.
c Haced una encuesta en clase. ¿Tenéis un perfil en una o varias redes sociales?
¿Cuáles son las redes que más usáis? ¿Y las que menos usáis? Hablad después
en clase sobre por qué preferís las redes sociales que usáis.

2 En el metro

p. 154/9a

a En parejas mirad los dos dibujos y describid qué están haciendo las personas.
b Hablad en grupos. ¿Qué diferencias hay entre los dos dibujos?
¿Cómo era ir en metro hace 15 años? ¿Cómo es hoy?
c Hablad en clase. ¿Qué quiere decirnos la dibujante? ¿Pensáis que tiene razón?
¿Por qué (no)?

3 En internet

Es lunes por la mañana y Celia y Raquel están en clase.

PROFESOR: Chicos, no abráis los libros todavía. Antes de seguir con el tema de la semana pasada,
vamos a hablar sobre el uso de internet.

CELIA: ¿Sobre internet? ¡Qué bien! ¡Somos expertos en este tema!

PROFESOR: Así que expertos, ¿eh? No creáis que ya sabéis todas las cosas que hay que saber sobre
internet. Repartid estos folletos, por favor, vamos a echarles un vistazo. Celia y Raquel,
estamos en clase, no habléis ahora de vuestras cosas.

1 No des tu nombre, dirección o colegio a desconocidos/-as.

2 No pongas tu foto sin el permiso de tus padres.

3 Ten cuidado con las citas a ciegas: no quedes con nadie
desconocido sin avisar a tus padres y no vayas solo/-a a la cita.

4 No uses tu nombre y/o edad reales cuando chateas.

5 Usa contraseñas seguras y no las compartas con nadie.

6 En las redes sociales no escribas todos tus datos en tu perfil.
Usa perfiles privados.

7 No aceptes como amigos/-as a personas que no conoces.

8 No hagas nada delante de la webcam que no haces delante de tus amigos/-as.

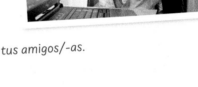

p. 25/2

a Lee el folleto. ¿Cuál es para ti el consejo más importante? ¿Cuál es el menos importante?
Haz una lista por orden de importancia.

b En parejas comparad el orden de vuestras listas y justificadlo.

p. 26/4
p. 27/5

4 A descubrir

a Mira otra vez el folleto del ejercicio 3 y busca las formas del imperativo negativo.
¿Cómo se forma? ¿Qué es diferente de las formas del presente?

b La clase de Celia y Raquel está en la sala de ordenadores. ¿Qué les dice la profesora
a los alumnos? Transforma los infinitivos en órdenes negativas.

1 Fernando – no bajar música

2 Raquel – no beber zumo aquí

3 Karim – no salir todavía de la sala

4 Ana – no sacar fotos con el móvil

5 Raúl – no leer las noticias en internet

6 Chicos – no escribir mensajes (a amigos)

7 Chicos – no comer bocadillos

8 Dani y Javier – no entrar en una red social en clase

9 Rosa y Celia – no irse todavía

10 Chicos – no levantarse antes de terminar los ejercicios

> *Ejemplo*
> *Fernando, no bajes música.*

3

5 Ángel y diablo

a Trabajad en grupos de tres. Es sábado por la mañana y dos amigos/-as y tú estáis chateando. *A* tiene que decidir algo y pregunta a sus amigos/-as. *B* es el ángel y *C* el diablo. Formulad preguntas y contestad usando el imperativo afirmativo y el negativo. Después intercambiad los papeles. ¡Ojo con los pronombres!

~~hacer los deberes ahora~~ • buscar información para la presentación • escribir ahora el texto para la clase de Alemán • leer los apuntes de Geografía • acostarse temprano • ordenar la habitación hoy • llamar por teléfono a la abuela • hacer la compra esta tarde • ayudar a un amigo en Matemáticas

> *Ejemplo*
> **A:** *¿Hago los deberes ahora?* – **Ángel B:** *Sí, hazlos.* – **Diablo C:** *No, no los hagas.*

b Inventad más situaciones.

6 Los usos de internet

a ¿Cuántas horas al día usáis internet? Y ¿para qué lo usáis? Discutid en clase.

b Celia y Gilberto chatean y charlan sobre los usos de internet. Escucha el diálogo y apunta al menos cinco usos de los que hablan en el diálogo.

CD 1/25

c Escucha otra vez y elige las frases correctas.

 p. 126    p. 135

El idioma

Viele Wörter haben im Medienkontext eine etwas andere Bedeutung, zum Beispiel:

subir – hochladen
bajar – herunterladen
compartir – (im Internet) teilen
seguir a alguien – jemandem (im Internet) folgen
la entrada – der Eintrag
el mensaje de voz – die Sprachnachricht
el/la seguidor/a – der/die Follower/in
bloquear a una persona – jdn. blockieren, sperren

1 A Gilberto le gusta …
  a buscar información en internet.
  b ir a la biblioteca.
  c jugar todo el día a los videojuegos.

2 El profe de Celia dice que …
  a hay que dejar de usar internet.
  b hay que usar internet para cosas divertidas.
  c hay que usar internet para cosas útiles.

3 El padre de Celia …
  a escucha la radio en internet.
  b lee el periódico en internet.
  c mira el tiempo en internet.

4 El hermano de Gilberto …
  a escucha radio Buena Onda.
  b no compra muchas cosas en internet.
  c ve sus series favoritas en internet.

El país y la gente

En muchos países de Latinoamérica se usan expresiones diferentes que en España para algunos medios de comunicación.

Latinoamérica	España
la computadora	el ordenador
el celular	el móvil
chequear sus e-mails	mirar sus e-mails

CD 1/26-27

7 Buena Onda conectada

San Sebastián

Rosario

Bogotá

Madrid

Una vez al mes, los chicos y chicas de Buena Onda hacen una videoconferencia. Se han conectado Iker de San Sebastián, Raquel y Celia de Madrid, Gilberto de Bogotá y Javier, el nuevo locutor del equipo argentino.

IKER: Hola a todos, bienvenidos. ¿Qué tal, Gilberto y Javier? ¿Ya despiertos?

GILBERTO: Qué va. Normalmente me gusta que quedemos, ¡pero no a las 8 de la mañana! Uff,
5 qué temprano, ¿verdad, Javier?

JAVIER: Bueno, en Rosario ya son las 10.

GILBERTO: Ah, sí, es verdad. ¡Qué suerte tienes!

IKER: Chicos, me alegro de que todos estéis conectados. Vamos a hablar sobre ideas nuevas
10 para nuestro programa. Espero que ya tengáis algunas.

GILBERTO: Sí, Javier y yo ya lo hemos hablado un poco. Pensamos que es necesario informar en Buena Onda sobre el uso correcto de internet.

15 **CELIA:** ¡Pero nuestros radioyentes ya saben navegar por internet!

JAVIER: Bueno, no todos. Por ejemplo, hay mucha información en internet y eso es genial, pero hay que tener cuidado porque también hay noticias
20 falsas, las *fake news*, que manipulan a la gente. Es muy importante saber identificarlas.

GILBERTO: Tienes razón. Cuando queremos usar alguna información de internet siempre hay que mirar la fuente y analizar el contenido detallada-
25 mente antes de compartirlo.

RAQUEL: Claro. En las redes sociales también hay que respetar algunas reglas. Podemos recomendarles a nuestros radioyentes que no comuniquen su dirección o su fecha de nacimiento.

30 **IKER:** Sí, me parece una buena idea. Además, en las redes sociales hay que elegir bien los contactos para evitar ciberacoso ... Muchos jóvenes no piensan antes de subir fotos, por ejemplo, y todos los datos que subimos a la red quedan ahí
35 para siempre ...

RAQUEL: Propongo otra cosa. ¿Qué os parece crear un foro con el título "Consejos útiles para todos"?

JAVIER: ¿Y para qué? ¿Para ayudar y dar consejos a todo el mundo? Eso no lo podemos hacer. No
40 somos expertos en todo.

RAQUEL: No, ¡claro que no! Quiero que los radioyentes se ayuden entre ellos y que nosotros lo organicemos. Cada semana podemos tener un tema diferente en el foro. Por ejemplo, "Problemas
45 en el insti" o "Problemas de amor". Y si alguien tiene un problema puede escribir en el foro, y nosotros, los locutores y los radioyentes, le damos consejos.

CELIA: Vale. A mí me molesta que en las revistas
50 para jóvenes siempre haya la típica sección: "Si tienes un problema, Fulanita te ayuda". Nosotros tenemos más experiencia con los problemas de la gente joven que los adultos. Y hay un montón de problemas. Pensad en los vuestros, por ejemplo
55 con vuestros padres: siempre os piden que hagáis un montón de cosas. Mis padres, por ejemplo, quieren que yo aprenda a tocar un instrumento, que estudie más ...

IKER: A ver, pues entonces yo recomiendo que
60 discutamos esto del foro de ayuda otro día con más calma. Así que mejor empezamos a hablar sobre la primera idea, la tuya, Gilberto. ¿Vale?

p. 143/3

a En parejas leed el texto. Escribid un título para cada una de las tres partes del texto.

 p. 126   p. 135

1 línea 1 – línea 11   **2** línea 12 – línea 35   **3** línea 36 – línea 65

p. 28/9

b Lee otra vez el diálogo y decide si las frases son verdaderas o falsas o si la información no está en el texto. Escribe también dónde está la información en el texto y corrige las frases falsas.

1 Los chicos de Buena Onda se tienen que levantar temprano porque hacen una videoconferencia.
2 Iker tiene una idea nueva para el programa.
3 A Gilberto y Javier les parece importante informar sobre el uso correcto de internet.
4 Javier nunca ha usado información falsa para una presentación.
5 Celia e Iker quieren hablar en Buena Onda sobre el uso correcto de las redes sociales.
6 Iker conoce a una chica que sufrió ciberacoso.
7 Raquel quiere crear un foro con consejos para evitar el ciberacoso.
8 El nuevo foro que propone Raquel trata de diferentes temas.
9 Raquel quiere que solo el equipo de Buena Onda dé consejos a los radioyentes.
10 Iker quiere empezar con la idea del uso correcto de internet.

c ¿Qué idea tienen Gilberto y Javier y qué propone Raquel?
¿Qué idea te gusta más? Justifica tu respuesta.

8   Tú eres importante

a Mirad el cartel y hablad en clase.
¿Qué veis en el cartel? ¿Cuál es el tema?
¿Y quiénes crees que son los valientes?
b Trabajad en grupos. ¿Qué es el acoso y qué formas puede haber? Haced un mapa mental. Podéis usar el diccionario.
c Comparad vuestros mapas mentales en clase y juntad las palabras en la pizarra. Completad vuestros mapas mentales con las expresiones que han encontrado vuestros/-as compañeros/-as.
d En parejas inventad ahora vosotros/-as un cartel contra el acoso. Usad el imperativo afirmativo y negativo y las ideas de vuestro mapa mental. Presentad el cartel en clase.

p. 153/8.2

9   Hablamos de internet

Toma apuntes sobre las ventajas y desventajas o los peligros de internet.
El texto 3 y tu lista del ejercicio 6 a) te pueden ayudar. Prepara tu charla
con ayuda de las estrategias (p. 153) y habla al menos un minuto del tema.

 p. 126   p. 135

10 A descubrir

p. 28/10

a En el texto 7 aparece un modo verbal nuevo, el presente de subjuntivo. Se usa después de ciertas expresiones. Fijaos en los verbos en verde. ¿Qué expresan? ¿Qué tienen en común?

1 Me gusta que quedemos, ¡pero no a las 8 de la mañana! *(líneas 3-4)*

2 Espero que ya tengáis algunas ideas. *(líneas 10-11)*

3 Quiero que los radioyentes se ayuden entre ellos. *(líneas 41-42)*

4 Siempre os piden que hagáis un montón de cosas. *(líneas 55-56)*

5 Quieren que aprenda a tocar un instrumento, que estudie más. *(líneas 57-58)*

6 Recomiendo que lo discutamos con calma en otro momento. *(líneas 59-61)*

El idioma

Der spanische **subjuntivo** ähnelt in der Anwendung dem *subjonctif* im Französischen und dem Konjunktiv im Lateinischen.

Quieren que **aprenda** a tocar un instrumento.
Ils veulent que j'**apprenne** à jouer d'un instrument.
Postulatis, ut vobis auxilium mittam./ne abeam.

b Ahora fijaos en los verbos en azul y comparadlos con las formas del presente de indicativo. ¿Cómo se forman los verbos regulares en presente de subjuntivo?

El idioma

Du kennst bereits die 2. Person Singular und Plural des **presente de subjuntivo**: Es sind dieselben Formen wie die des negativen Imperativs.

11 Las ideas nuevas

p. 29/11-12

Cibrán no pudo participar en la videoconferencia. Al día siguiente, Iker le cuenta cómo fue. Completa el diálogo con los verbos de las casillas en presente de subjuntivo.

 p. 127   p. 135

| dar | elegir | empezar | escribir | hacer | informarse | organizar | proponer | quedar | tener |

CIBRÁN: ¿Qué tal la videoconferencia de ayer?

IKER: Fue bastante buena. Pero Gilberto quiere que la próxima vez (1) ⁓ (nosotros) más tarde. No le gusta que las videoconferencias (2) ⁓ siempre a las ocho de la mañana en Bogotá. Por eso quedamos una hora y media más tarde el mes que viene.

CIBRÁN: ¡Me alegro de que Gilberto ya no (3) ⁓ que levantarse tan temprano! ¿De qué hablasteis?

IKER: Vamos a informar sobre el uso correcto de internet. Vamos a recomendar a nuestros radioyentes que no (4) ⁓ sus datos y que (5) ⁓ bien sus contactos en las redes sociales. Esperamos que así los fans de Buena Onda (6) ⁓ más sobre los peligros de internet.

CIBRÁN: Ah, pues me parece muy bien.

IKER: Raquel tuvo otra idea. Quiere que Buena Onda (7) ⁓ un nuevo foro de ayuda.

CIBRÁN: ¿Un foro de ayuda?

IKER: Sí. Recomienda que los radioyentes (8) ⁓ sus problemas y los otros les (9) ⁓ soluciones. Como en las revistas. Pero no queremos que lo (10) ⁓ los adultos, sino nosotros los jóvenes. ¿Qué te parece?

12 ¿Qué te gusta y qué te molesta?

a Tu intercambio español quiere conocerte mejor y te pregunta por tres cosas que te gustan y tres que te molestan de los profes, de tus compañeros/-as, del insti o de tus padres. Apúntalas.

> *Ejemplo*
> *¿Qué te molesta y qué te gusta del insti?*
> *– Me molesta que el insti esté lejos de mi casa. Me gusta que en el insti haya una sala de ordenadores.*

b En parejas preguntaos por las cosas que os molestan y por las que os gustan.

c En la clase de Celia todos hablan a la vez y no se entiende nada. Inventa cómo siguen las frases.

1 Los profes quieren que (nosotros) …
2 Recomiendo a mi compañero que …
3 Nosotros queremos que los profes …

4 Me gusta que Buena Onda …
5 A mí me molesta que mucha gente …
6 Espero que el próximo examen …

13 Espacio cultural

Vas a pasar un mes de intercambio en España y quieres informarte sobre la televisión española. Busca en internet los canales de televisión La 1, La 2, Telecinco y Antena 3 y mira los programas.

1 ¿A qué hora ponen las noticias en España?
2 ¿A qué hora ponen las películas por la noche?
3 ¿Hay series y programas que existen también en la televisión alemana?

El país y la gente

En España existen dos canales de televisión del Estado: **La 1** ofrece programas como noticias, películas, series, deportes … **La 2** es más especial y ofrece programas informativos, documentales y películas de cine más clásico. Algunos canales privados que tienen programas de todo tipo son, por ejemplo, **Antena 3**, **Cuatro**, **Telecinco** y **La Sexta**. Casi todas las comunidades autónomas tienen sus propios canales de televisión.

p. 30/13

14 ¿De quién es?

a Lee los diálogos. ¿Qué significan las palabras azules? Hablad en clase y comparad también con los determinantes posesivos que ya conocéis.

b Preguntaos en clase por los objetos que hay en el aula usando los pronombres de las casillas. Haced diálogos como en el dibujo.

mío/-a/-os/-as
tuyo/-a/-os/-as
suyo/-a/-os/-as

nuestro/-a/-os/-as
vuestro/-a/-os/-as
suyo/-a/-os/-as

CD 1/28

15 Buenayuda – el nuevo foro de ayuda

a ¿Qué problemas creéis que van a explicar los jóvenes en el nuevo foro con el tema actual "Asuntos del corazón"? Apunta tus ideas y compáralas con las de tu compañero/-a.

○ ○ ○ www.radiobuenaonda.com ← →

BUENA ONDA   INICIO   PROGRAMAS   EVENTOS   **PARTICIPA**   ¿QUIÉNES SOMOS?
> Foro

Riqui: 12 jun, 19:25	Creo que una chica de mi clase se enamoró de mí. ¡Pero a mí ella no me gusta! Cada día después de las clases viene a hablar conmigo. Un día quiere que estudiemos juntos para la clase de Matemáticas, otro día que vayamos a comer un helado juntos. Es bastante simpática, pero no quiero salir con ella. ¿Qué hago? contestar
Culé15: 12 jun, 19:41	Si es maja, ¿por qué no sales con ella? 5
Riqui: 12 jun, 20:18	Es simpática, pero no es mi tipo. No siento nada por ella. Eso es todo.
Salmón: 12 jun, 20:18	Habla con ella y dile que ya tienes novia. Es probable que así lo entienda mejor y te deje en paz.
Celuski: 12 jun, 20:26	No es necesario que mientas. Es mejor que no salgas con ella. Si lo haces, le das esperanzas. 10
Anuska: 12 jun, 20:43	¿Quién me ayuda? La semana pasada conocí a un chico en la red. Se llama Leandro. Chateamos día y noche. Hablamos de todo, me cae superbién. Y ahora quiere que quedemos. ¡Una cita a ciegas! ¿Qué hago? ¿Alguien tiene experiencia con citas a ciegas? contestar
Chiqui: 12 jun, 22:09	¿Estás segura de que es un chico de tu edad y no un adulto? Su nombre parece de telenovela. No creas todo lo que te cuentan en la red. Ten cuidado. Las citas a ciegas pueden ser peligrosas. 15
Juanma: 12 jun, 22:36	*… Este mensaje ha sido borrado por el administrador del foro. Recuerda utilizar un lenguaje correcto y un tono respetuoso hacia los demás usuarios.*[1]
Pabluz: 13 jun, 16:10	Es lógico que te quiera conocer. Si quedáis en un bar o un café no va a pasar nada. 20
Saskia: 13 jun, 16:27	Sí, es normal que queráis quedar. Lo puedes hacer pero es importante que te acompañen dos amigos. No tenéis que ir juntos, pero es necesario que te sigan y os observen. Así no puede pasar nada malo.
Shu31: 13 jun, 16:48	Las cosas que vemos en internet no siempre son lo que parecen. Es posible que estés charlando con alguien y que no sepas la verdad sobre su edad, dónde vive o simplemente quién es. Es increíble que se cuenten tantas mentiras. ¡Ojalá olvides a ese Leandro! 25
Rax: 13 jun, 17:13	Hola a todos. Ayer vi a mi novia besando a otra chica. ¿Qué hago? ¿Quién me puede dar un consejo? contestar

El idioma

Nach unpersönlichen Ausdrücken, wie **es normal/probable/posible que …** und nach **ojalá** wird der **subjuntivo** verwendet.

[1]Dieser Beitrag wurde vom Administrator des Forums entfernt. Achte auf einen korrekten und respektvollen Sprachgebrauch den anderen Nutzern gegenüber.

3

b Lee el foro y completa las frases con los nombres correctos.

p. 30/14

 p. 127   p. 136

A ¿Qué problemas tienen los chicos?

1 ~ conoció a un/a chico/-a por internet que quiere quedar con él/ella.
2 ~ vio a su novio/-a besando a otra persona.
3 ~ no sabe qué hacer porque nunca ha tenido una cita a ciegas.
4 El chico/La chica que quiere salir con ~ no es su tipo.

B ¿Qué consejos dan los jóvenes?

1 ~ le recomienda a ~ que no vaya sola a la cita.
2 ~ opina que es mejor decirle a la chica que ya tiene novia.
3 ~ le recomienda a ~ que salga con la chica.
4 ~ piensa que no es necesario mentir.

c En parejas leed otra vez el foro. ¿Qué solución os parece la mejor para cada problema y por qué? ¿Tenéis otras soluciones?

p. 151/8.1

d Discutid en grupos contestando a las preguntas y presentad vuestras respuestas en clase.

1 ¿Este tipo de foro es una ayuda de verdad?
2 ¿Creéis que los jóvenes pueden ayudar a otros jóvenes mejor que los adultos?

3 ¿Os interesa este tipo de foro? ¿Por qué (no)?
4 ¿Qué otros temas os parecen interesantes para el foro?

16 A corregir

Ina, una fan alemana de Buena Onda, escribe en el foro. Corrige los errores en tu cuaderno.

Hola, chicos. A (1) mi me parece normal que Anuska no (2) sabe qué hacer. (3) Está mejor que la dejéis en paz. Anuska, (4) me alegro que te caiga bien ese chico. Es (5) lógica que (6) querais conoceros mejor. Ojalá tengas una cita a ciegas muy (7) bonito. Pero (8) tienes mucho cuidado, ¿vale? Es probable que Leandro (9) conte mentiras. Gracias al (10) ekipo de Buena Onda por crear (11) esta foro. Es importante que nos (12) damos consejos el uno al otro. ¡Saludos (13) a Alemania!

17 Damos consejos

p. 31/16

a En el foro los jóvenes cuentan más problemas. Léelos y escribe consejos para los chicos.

Ejemplo
Llego siempre tarde a todos los lugares.
– Es mejor que salgas antes de casa.

Es posible que   Es necesario que

Es importante que   Es mejor que

1 No tengo tiempo para desayunar por la mañana.
2 Compro ropa en internet y muchas veces no me queda bien.
3 A mi padre no le gusta mi novio/-a.

4 Mi mejor amigo/-a no me habla.
5 Siempre saco malas notas en Inglés.
6 No me acuerdo de la contraseña de mi móvil.

b Inventa otros problemas. Tu compañero/-a te da un consejo. Después cambiad los papeles.

18 El problema de Rax

p. 146/6

a Lee otra vez el problema de Rax en el texto 15 y escribe un consejo de 50 palabras en el foro.

b Presentad vuestros consejos en clase y discutid cuál es el mejor consejo para Rax.

19 Palabras

p. 151/8.1a

Elige una de las palabras de la casilla y explícala con ejemplos, sinónimos, antónimos o definiciones. Tu compañero/-a adivina cuál es. Después cambiad los roles.

el foro de ayuda • la cita a ciegas • el consejo • el portátil • la red social • estar conectado/-a • dar esperanzas a alguien • dejar en paz a alguien • caerle bien a alguien • desconocido/-a

20 Una cita a ciegas

Sofía: una chica muy divertida. Conoció a un chico en un chat de internet y no deja de pensar en él.

Antonio: un chico muy tímido. Ha conocido a alguien especial, pero no sabe si quedar con ella.

Mara: la mejor amiga de Sofía. Le encanta salir y conocer gente nueva. No tiene miedo de hablar con la gente.

Rafa: el mejor amigo de Antonio. Está muy seguro de sí mismo.

¿Qué pasó?

Hace un mes Sofía y Antonio se conocieron en un chat de internet. Se llevan muy bien y hablan de todo.

Rafa le dice a Antonio que ha llegado el momento de quedar con Sofía porque seguro que, si no le pregunta ya, ella se va a cansar de esperar. Así que Antonio lo hace y ella le dice que sí.

Quedan el sábado en un café del centro. El viernes por la tarde Sofía empieza a ponerse nerviosa y llama a Mara. Quiere que Mara vaya a la cita por ella. A Antonio le pasa lo mismo, empieza a pensar que él no le va a gustar a Sofía y por eso pide a Rafa que vaya en su lugar al café.

a Describe la situación de las fotos 1 y 2 de la página 54.

b ¿Qué pasó entre la primera y la segunda foto? En parejas haced una lluvia de ideas, después escribid la historia de Sofía y Antonio desde la perspectiva de Sofía, Antonio, Rafa o Mara.

p. 146/6

c Inventa un diálogo de unas 100 palabras entre Sofía y Mara o entre Antonio y Rafa el día después de la cita. El vocabulario de la casilla te puede ayudar.

Así se dice: Asuntos del corazón

gustarle alguien a alguien – jdn. gern haben/gut finden
enamorarse de alguien – sich in jdn. verlieben
estar enamorado/-a de – verliebt sein in
quedar con alguien – sich mit jdm. treffen
la cita (a ciegas) – das (Blind) Date
ser un flechazo – Liebe auf den ersten Blick sein
sentir algo por alguien – Gefühle für jdn. haben
querer a alguien – jdn. lieben
salir con alguien – mit jdm. zusammen sein
besar a alguien – jdn. küssen
dejar a/terminar con alguien – mit jdm. Schluss machen
estar celoso/-a – eifersüchtig sein
el (primer) beso – der (erste) Kuss

CD 1/29

21 Sofía y Antonio

a Sofía llama a Mara. Escucha la llamada telefónica y elige las frases correctas.

1 Mara llama a su amiga para ...
  a contarle cómo es Antonio.
  b contarle qué pasó en el café.
  c quedar con ella.

2 Sofía está ...
  a contenta.
  b nerviosa.
  c triste.

3 Mara está ...
  a enamorada.
  b enfadada.
  c sorprendida.

b Escucha otra vez y contesta a las preguntas.

1 ¿Con quién habló Mara en el café?
2 ¿Qué hizo Antonio antes de la cita?
3 ¿Dónde estaba Antonio?
4 ¿Por qué sabía Antonio que Sofía era Sofía?
5 ¿Adónde fueron Antonio y Sofía?
6 ¿Qué va a pasar mañana?

c Completa estas frases de Mara:
"El amigo de Antonio me cae ⟶ . A lo mejor le pido una ⟶ ."

22 A tu manera

Elige una actividad.

1 En parejas haced un folleto sobre el uso correcto y los peligros de las redes sociales.
2 Busca en internet una caricatura sobre el uso de los medios de comunicación y preséntala a la clase. Explica por qué te parece interesante.
3 En grupos de tres inventad un diálogo. Vais a pasar una semana en la playa con la familia. *A* es el padre/la madre y quiere que sus hijos no usen el móvil durante las vacaciones. *B* y *C* son los hijos: a *B* le encanta el móvil y pasa mucho tiempo en internet, a *C* le gustan el deporte y hacer nuevos amigos, no le interesan las redes sociales. Repartid los roles y presentad el diálogo.

23 Entre idiomas

a Ein Freund von dir möchte gerne einer Freundin ein spanischsprachiges Buch schenken und hat diesen Text im Internet gefunden. Schau dir den Text kurz an. Wie nennt man diese Textsorte?

b Beantworte seine Fragen zu dem Text auf Deutsch.

p. 155/10

1 Wer ist die Hauptfigur und wie ist sie?
2 Worum geht es in dem Roman?
3 Ist es ein lustiges oder ein trauriges Buch?
4 Hat Teresa Torras die Geschichte gefallen? Warum (nicht)?

Y decirte alguna estupidez, por ejemplo, te quiero, de Martín Casariego

Juan es un chico normal de quince años: tiene dos buenos amigos, un hermano pequeño y saca buenas notas en el instituto. Y piensa que el amor es una estupidez. Pero cuando empieza un nuevo curso en su instituto, su vida cambia. Conoce a Sara, una chica nueva de su clase, y se enamora de ella desde el primer momento. Para Juan, Sara es perfecta: divertida, inteligente, guapísima … Pero ella no piensa eso, no se gusta nada y no es feliz. Juan quiere pasar tiempo con Sara y por eso comienza a hacer estupideces …

A mi amiga no le ha gustado nada este libro, pero a mí me ha encantado, ¡sobre todo el final! Mi amiga dice que solo leyendo el principio ya sabía lo que iba a pasar al final. A mí me ha parecido una historia muy normal que le puede pasar a cualquier chico de quince años, pero me parece muy divertida. Me encanta cómo habla Juan, cómo piensa. Y Sara también es genial, está un poco loca. Juan tiene razón: es verdad que todos hacemos estupideces cuando estamos enamorados.

Escrito por: Teresa Torras

24 Mi libro favorito

CD 3/3

a Esta semana, en su vlog Carlos presenta el libro "Caperucita en Manhattan" de Carmen Martín Gaite. Mira el vídeo y completa las frases en tu cuaderno.

 p. 128   p. 136

1 El canal de Carlos se llama …
2 Hoy Carlos trae un libro que …
3 El libro cuenta la historia de …
4 El personaje Mister Woolf es …
5 A Carlos el libro le parece …

El país y la gente

Carmen Martín Gaite (1925-2000) fue una de las escritoras españolas más importantes del siglo XX. Estudió Filología Románica en Salamanca y se doctoró en la Universidad de Madrid en 1950. Aparte de escribir novelas y obras de teatro en las que participó como actriz, colaboró en varias revistas. Fue la primera mujer que ganó el Premio Nacional de Literatura con "El cuarto de atrás" en 1978.

p. 156/11.2

b Y tú, ¿cuál es tu libro, tu película o tu video-juego favorito/-a? ¿Cómo es, qué te parece interesante y por qué te gusta tanto? Graba un vídeo o prepara una charla y preséntalo/-la en clase.

25 Eres tú

CD 1/30

a Escucha la canción de Alex Cuba. ¿Cuál es el tema de la canción? ¿Cómo se puede traducir el título?

b En la canción se describe a una persona querida con muchas metáforas. Haz una lista: ¿cuáles de las metáforas te gustan y cuáles no? Inventa tres más para describir a una persona querida.

Eres la mirada que más dura en el espejo.
Eres el momento en que no tengo complejos.
Eres la libertad y el cautiverio.
Eres la copa en que bebo mis sueños.

5 Eres la pupila de mis ojos en la playa.
Eres el bikini que me ciega con sus rayas.
Eres el carnaval de mis deseos.
Eres mi furia ladrada en un perro.

Eres tú, mi rayo de luz,
10 **la única razón de mi sonrisa.**
Eres tú, solamente tú,
con solo mirarme me acaricias.
Eres tú, yo sé que eres tú.
Mi corazón me dice: eres tú.

15 Eres la cuchilla que me afeita y no me corta.
Eres los colores de una linda mariposa.
Eres lo que yo escucho en el silencio.
Eres palabra que termina el cuento.

Eres tú, mi rayo de luz, ...

20 Y sin tu amor yo no soy nada, por eso digo que eres tú, ...

Cuba, Alex: Eres tú. Caracol Records.

---

durar (an)dauern | **el espejo** der Spiegel | **el complejo** der Komplex | **el cautiverio** die Gefangenschaft | **la copa** das Glas | **el sueño** der Traum | **cegar** blenden | **la furia** der Zorn | **ladrar** bellen | **el rayo de luz** der Lichtstrahl | **la razón** der Grund | **la sonrisa** das Lächeln | **acariciar** streicheln | **la cuchilla** die Rasierklinge | **afeitar** rasieren | **cortar** schneiden | **la mariposa** der Schmetterling

> **Resumiendo**
>
> Aquí puedes revisar lo que has aprendido en la *Unidad 3*: WES-112636-001.

Al final

Queréis participar en un concurso de Buena Onda en el que buscan la mejor fotonovela con el tema "cita a ciegas" o "amor en internet".

1 En grupos pequeños inventad la historia. Pensad en los siguientes aspectos:
   • ¿Quiénes participan?
   • ¿Qué pasa entre los personajes?
   • ¿De qué situaciones hay que sacar fotos?
   • ¿Cómo se llama la fotonovela?
2 Presentad a las personas importantes de la fotonovela con textos breves.
   ¿Cómo se llaman? ¿Cuántos años tienen? ¿Qué relación tienen entre ellos?
3 Repartid los papeles y sacad fotos de las situaciones más importantes.
   Elegid bien los fondos y los detalles de cada foto. Fijaos en los gestos y la mímica de los personajes. Haced varias fotos hasta estar contentos/-as con el resultado.
4 Elegid las fotos que queréis usar y escribid los diálogos.
5 Juntad las fotos y el texto de manera coherente y bonita.
6 Presentad vuestra fotonovela a la clase. ¿Les gusta a vuestros/-as compañeros/-as?
   ¿Por qué (no)?

El libro de los rostros

La foto que me había hecho Lucía tenía que estar bien. Medio en broma, ella me había sugerido que la colgase en Facebook. Tenía razón: mi excusa para no hacerme un perfil era siempre la foto. Pero ahora contaba con una bastante presentable ... y era una tentación. Hacía tiempo que venía dándole vueltas. A través de Facebook, a lo mejor me resultaría más fácil relacionarme con la gente. Todas las
5 cosas que me aturden de las relaciones sociales desaparecen cuando te relacionas por internet [...]. En Facebook la gente se relaciona escribiendo. Y eso sí sé hacerlo: escribir.
Si no lo había intentado antes, era por miedo. No quería llevarme otra decepción; otra más. Circulan chistes por ahí, chistes sobre gente que solo tiene agregados en Facebook a su hermano y a su perro. Bueno, en mi caso podía llegar a ser más patético aún, porque ni siquiera tengo perro.
10 Entonces me decidí. Estaba mirando la foto, y me di cuenta de que había salido realmente bien. Lucía tenía razón: parecía la foto de otra persona, de una chica mucho más interesante y atrevida que yo. El problema era que, si ponía esa foto junto a mi nombre, la gente que me conoce se reiría de mí. [...] Se me ocurrió una forma de hacerlo: podía inventarme el perfil de varias personas imaginarias y ponerlas en mi Facebook como amigas mías. Lo sé, era una idea absurda, además de deprimente y
15 probablemente ilegal. [...] Claro que había una opción más sencilla. ¿Para qué perder el tiempo inventándome varios amigos inexistentes? Podía invertir todas esas energías en crearme un perfil falso. Es decir, no falso del todo, solo lo suficientemente alejado de mi vida real para que nadie del instituto pudiese relacionarlo conmigo.
La foto estaba a contraluz, y con el maquillaje y aquel vestido era cierto que parecía de una persona
20 distinta. ¿Y si a esa persona diferente le buscaba un nombre nuevo, un nombre inventado? Sería como empezar de cero, al menos en internet. Una nueva vida con un nuevo nombre, con una nueva imagen...

Alonso, Ana y Pelegrín, Javier: El libro de los rostros. Madrid: Grupo SM 2015, pp. 10-11.

---

el rostro das Gesicht | **había hecho** *Plusquamperfekt von hacer* | **la broma** der Spaß | **sugerir** vorschlagen | **colgar** *poner* | **la tentación** die Versuchung | **aturdir** aus der Fassung bringen | **la decepción** die Enttäuschung | **el chiste** der Witz | **agregar** hinzufügen | **patético/-a** *hier:* peinlich | **ni siquiera** nicht einmal | **atrevido/-a** frech, mutig | **se reiría de** er/sie würde auslachen | **ocurrirse** einfallen | **inventar** erfinden | **sencillo/-a** *fácil* | **invertir** *usar* | **alejado/-a** *lejos* | **el maquillaje** die Schminke

---

p. 143/3

a En parejas leed el texto y contestad a las preguntas.
Apuntad también en qué líneas encontráis la información en el texto.

1 ¿Por qué hasta ahora la chica no se ha hecho un perfil en Facebook?
2 ¿Por qué le interesa la idea de hacerse un perfil?
3 ¿De qué tiene miedo la chica?
4 ¿Cómo se ve la chica en la foto?
5 ¿Por qué parece una persona diferente la chica en la foto?

b Comentad la frase de Lucía. ¿De qué cosas habla? ¿Estáis de acuerdo con ella? ¿Por qué (no)?

"Todas las cosas que me aturden de las relaciones sociales desaparecen cuando te relacionas por internet."

c Explica qué quiere hacer la chica y por qué lo quiere hacer. ¿Os parece una buena idea? ¿Qué consecuencias (positivas y negativas) puede tener su plan? Hablad en clase.

p. 146/6

d ¿Cómo sigue la historia? En grupos pequeños haced una lluvia de ideas y escribid un texto de unas 120 palabras. Presentad el texto en clase.

Telenovelas

a ¿Qué series ves en la televisión o en internet? ¿Por qué te gusta/n esa/s serie/s? ¿Y conoces series españolas o latinoamericanas? Hablad en grupos o en clase.

b ¿Qué es típico de una telenovela? Lee qué dicen las personas sobre las telenovelas y habla con tu compañero/-a. Haced una lista de las características de una telenovela.

© Disney

Me encantan las telenovelas porque disfruto con las historias de amor difíciles entre un chico rico y una chica pobre. *Alicia, Paraguay*

¡En el último capítulo de mi telenovela preferida Carlos Daniel descubre que su profesora de música es su madre! Ella lo supo por una cicatriz[1] que él tenía en el brazo. ¡Qué fuerte! No lo podía creer. *Ricardo, España*

Mi abuela ve todos los días un capítulo de su telenovela favorita. Creo que hasta ahora han sido casi 120 capítulos, pero en dos semanas va a terminar. *Camila, Costa Rica*

A mí no me gustan mucho las telenovelas. Hay tantas catástrofes, pero al final todo termina siempre bien: la pareja se casa y termina la serie. La vida real no es así. *Alberto, Honduras*

Me gusta ver telenovelas porque me encanta seguir las vidas de los personajes. Además, muchas telenovelas son de Latinoamérica y así aprendo palabras del español latinoamericano. *Lisa, Alemania*

c En grupos mirad en internet el tráiler (temporada 1) de estas tres telenovelas y elegid una de ellas. ¿Quiénes son los personajes más importantes? ¿Dónde pasa todo? ¿Cuál puede ser el tema de la telenovela? Hablad en el grupo y tomad apuntes, después presentadlos en clase.

Violetta (Argentina)   Servir y proteger (España)   La Casa de las Flores (México)

d Vais a hacer un casting para una obra de teatro en el instituto. En grupos, escribid y representad una escena de una telenovela. Podéis continuar una de las telenovelas del ejercicio c) o podéis inventar otra muy diferente. Antes de presentar vuestra escena, explicad qué pasó en el capítulo pasado, quiénes son los personajes, qué problema tienen, etc. Al final elegid en clase quién ha ganado el casting y por qué.

---

[1] **la cicatriz** die Narbe

1 Über Medien und Kommunikation sprechen

los medios:	las actividades:
la aplicación – el blog – el foro – el libro – el móvil – el ordenador – el periódico (digital) – el portátil – la radio – la red social – la revista – la tableta – la televisión – el vlog	bajar una canción – buscar información – chatear – compartir información/imágenes – comprar algo – comunicarse con otras personas – dejar un comentario – enviar un mensaje (de voz) – escribir una entrada en un blog – escuchar música – jugar a los videojuegos – leer/escuchar/ver noticias – navegar por internet – sacar fotos – subir una imagen a tu perfil – ver películas – ver series – visitar una página web

Gr
p. 16/8.9

2 Jemanden auffordern, etwas nicht zu tun

	llamar	beber	escribir	dar	estar
(tú)	no llam**es**	no beb**as**	no escrib**as**	no **des**	no **estés**
(vosotros/-as)	no llam**éis**	no beb**áis**	no escrib**áis**	no **deis**	no **estéis**

	poner	hacer	decir	ir	ser
(tú)	no **pong**as	no **hag**as	no **dig**as	no **vayas**	no **seas**
(vosotros/-as)	no **pong**áis	no **hag**áis	no **dig**áis	no **vayáis**	no **seáis**

Die regelmäßigen Formen des verneinten Imperativs leitest du aus dem Stamm der 1. Person Singular des Präsens Indikativ ab. Diese Regel gilt auch für Verben mit unregelmäßiger 1. Person Singular Präsens, mit Vokalspaltung und mit veränderter Schreibweise im **pretérito indefinido**. Die Verben **dar**, **estar**, **ir** und **ser** sind im verneinten Imperativ unregelmäßig.

pedir → No pidáis dinero a los abuelos.	**jugar** → No juegues/ no juguéis tanto.
llegar → Chicos, no lleguéis tarde a casa.	**coger** → No cojas esa mochila.
sacar → No me saques fotos.	**cerrar** → No cierres/ No cerréis la puerta.
empezar → No empieces a tocar ahora.	**dormir** → No duermas/ No durmáis tanto.

Anders als beim bejahten Imperativ werden die Pronomen beim verneinten Imperativ nicht angehängt. Sie stehen immer vor dem Verb:
Escucha el CD. Escúchalo. No lo escuches. / Levántate ya. No te levantes todavía.

Gr
p. 17/8.10

3 Wünsche, Ratschläge und Gefühle ausdrücken

Mit dem **subjuntivo** kannst du subjektive Einstellungen zu einem Sachverhalt (z. B. Wünsche, Bitten und Gefühle) ausdrücken. Er steht unter anderem nach den Ausdrücken **querer que**, **gustar que**, **esperar que**, **pedir que**, **recomendar que** ...

Die Formen des **presente de subjuntivo** leitest du von der 1. Person Singular Präsens Indikativ ab. An den Stamm werden die Endungen des **presente de subjuntivo** angehängt (siehe S. 61 oben).

Quiero escuchar música, pero mi padre quiere que ordene la habitación.

	ayud**ar**	com**er**	escrib**ir**
(yo)	ayud**e**	com**a**	escrib**a**
(tú)	ayud**es**	com**as**	escrib**as**
(él/ella)	ayud**e**	com**a**	escrib**a**
(nosotros/-as)	ayud**emos**	com**amos**	escrib**amos**
(vosotros/-as)	ayud**éis**	com**áis**	escrib**áis**
(ellos/ellas)	ayud**en**	com**an**	escrib**an**

Die Formen der 1. und 3. Person Singular sind im **presente de subjuntivo** gleich.

Damit die Aussprache erhalten bleibt, gibt es bei Verben, die auf -car, -gar, -zar und -ger enden, eine veränderte Schreibweise: **buscar → busque, pagar → pague, empezar → empiece, coger → coja**.

Verben, die in der 1. Person Singular Indikativ unregelmäßig sind, sind dies auch im **presente de subjuntivo**: **hacer → haga, conocer → conozca, poner → ponga**.

Diphthongverben behalten ihre Vokalspaltung im **presente de subjuntivo** bei: **jugar → juegue, querer → quiera, volver → vuelva**.

Folgende Verben sind unregelmäßig:

	dar	estar	haber	ir	saber	ser
(yo)	dé	esté	haya	vaya	sepa	sea
(tú)	des	estés	hayas	vayas	sepas	seas
(él/ella)	dé	esté	haya	vaya	sepa	sea
(nosotros/-as)	demos	estemos	hayamos	vayamos	sepamos	seamos
(vosotros/-as)	deis	estéis	hayáis	vayáis	sepáis	seáis
(ellos/ellas)	den	estén	hayan	vayan	sepan	sean

Gr
p. 5-6/3.4

4   Zugehörigkeit oder Besitz angeben

Um Besitzverhältnisse auszudrücken und einen Teil aus einer Gesamtmenge auszuwählen, kannst du die betonten Possessivbegleiter verwenden. Sie stehen hinter dem Bezugswort, an das sie in Zahl und Geschlecht angeglichen werden: **Raquel y Celia son amigas <u>mías</u>.** Oft stehen sie zusammen mit anderen Begleitern, z. B. unbestimmten Artikeln, Indefinitbegleitern oder Mengenangaben: <u>**Algunos alumnos suyos**</u> **no han venido a clase hoy. Javier es <u>un amigo mío</u>.**

Wenn du ein Substantiv nicht wiederholen möchtest, kannst du die Possessivpronomen verwenden. Sie setzen sich aus dem bestimmten Artikel und dem passenden Possessivbegleiter zusammen. **Nuestras ideas son buenas, pero <u>las vuestras</u>** (= **vuestras ideas**) **son mejores.**

In Kombination mit dem Verb **ser (es mío/-a, es tuyo/-a, ...)** drücken die betonten Formen Besitz aus *(das gehört mir/dir/...)*. Stehen sie mit dem Artikel, so geht es eher um die Auswahl und Identifikation eines Gegenstandes oder einer Person aus einer Gruppe von mehreren *(das ist meiner/deiner/...)*. **¿Esta carpeta es la tuya? – No, no es mía. La mía es negra.**

betonte Possessivbegleiter:

mío/-a/-os/-as
tuyo/-a/-os/-as
suyo/-a/-os/-as
nuestro/-a/-os/-as
vuestro/-a/-os/-as
suyo/-a/-os/-as

Possessivpronomen:

el/la/los/las +
   mío/-a/-os/-as
   tuyo/-a/-os/-as
   suyo/-a/-os/-as
   nuestro/-a/-os/-as
   vuestro/-a/-os/-as
   suyo/-a/-os/-as

De viaje

Ibiza

Picos de Europa

Palma de Mallorca

1 ¿Dónde te gustaría pasar las vacaciones?
 a en casa
 b en la playa
 c en la montaña
 d en una ciudad

2 ¿Con quién te gustaría pasar las vacaciones?
 a con toda la familia
 b con amigos/-as
 c con un grupo de jóvenes
 d solo/-a

3 ¿Dónde te gustaría alojarte?
 a en un camping
 b en un albergue juvenil
 c en un hotel de cinco estrellas
 d en un apartamento

4 ¿Qué te gustaría hacer en las vacaciones?
 a relajarme
 b tomar el sol
 c hacer deporte
 d ir de compras

Nach dieser Lektion kannst du

- über Ferien und Reisen sprechen.
- Wünsche formulieren.
- die eigene Meinung äußern.
- Zweifel ausdrücken.

- jugendsprachliche Ausdrücke verwenden.
- Formen und Auswirkungen des Tourismus benennen.
- über umweltbewusstes Reisen sprechen.

E

G

Figueras, Cataluña

F

República Dominicana

5 ¿Adónde te gustaría viajar?
   a a España
   b a un país latinoamericano
   c a otro continente
   d a otra región de mi país

6 ¿Cómo te gustaría viajar?
   a en avión
   b en tren
   c en barco
   d en bici

p. 35/1-2

1 Las vacaciones ideales

a Mira las fotos que los locutores de Buena Onda han puesto en el perfil de la red social de la emisora. Describe cada foto con al menos tres *hashtags*.

b En la página web de Buena Onda hay un test sobre las vacaciones ideales.
Haz el test y apunta las letras o escribe una respuesta individual en tu cuaderno.

c En parejas preguntaos por vuestras vacaciones ideales y apuntad las respuestas. Después presenta las vacaciones ideales de tu compañero/-a.

> *Ejemplo*
> *A Anton le gustaría pasar las vacaciones con un grupo de jóvenes en un camping.*

Así se dice: Expresar deseos y opiniones

- **Me/Le gustaría ...** (+ *inf.*)
- **Quiero/Quiere ...** (+ *inf.*)
- **Para mí/él/ella es importante ...** (+ *inf.*)
- **Para mí/él/ella es importante que ...** (+ *subj.*)

CD 2/1

2 Vacaciones en Buena Onda

a Iker hace una encuesta en su instituto. Escucha y decide si trata de las vacaciones pasadas, de las próximas vacaciones o de las vacaciones ideales.

b ¿A cuántos chicos entrevista Iker? Apunta sus nombres.

c Escucha otra vez y contesta para cada chico/-a a las preguntas siguientes.

1 ¿Adónde va?   2 ¿Con quién viaja?   3 ¿Cuánto tiempo va?   4 ¿Dónde se aloja?

CD 2/2-3

3 ¿Adónde vamos?

a ¿Cómo decidís en casa vuestros planes para el verano? ¿Hay discusiones? ¿Quién decide al final? Hablad en clase.

p. 36/4

b La familia de Iker está hablando de las vacaciones de verano. Lee la discusión y resume cómo quieren pasar las vacaciones la madre, el padre e Iker y qué argumentos tienen.

MADRE: Tenemos que decidir ya adónde vamos de vacaciones para no tener problemas con la reserva del hotel. ¿Qué os apetece?

PADRE: ¿Qué os parece Gran Canaria?

5 **MADRE:** No, ahí hay un montón de turistas. Yo prefiero ir a la provincia de Granada. Podemos quedarnos unos días en Granada y después ir a la costa. Mirad este anuncio que he encontrado en internet: "Nos esforzamos para conseguirles

10 las mejores vacaciones. ¡Conozca nuestro hotel y descubra con su familia Granada! ¡Diviértanse todos!"

PADRE: No creo que podamos pagar ese hotel. Es mejor alquilar un apartamento, que es más

15 barato y más cómodo para los niños.

IKER: Pero … ¿queréis ir a Granada? ¡No, por favor! Seguro que tenemos que ir a todos los museos de la ciudad. ¡Y no hay playa! Siempre lo mismo, estoy aburrido de vacaciones culturales.

20 ¡No molan nada!

MADRE: A mí me parece una ciudad muy interesante. Y un poco de cultura a veces no está mal.

PADRE: Claro que no, pero la verdad es que a

25 mí me gustaría más pasar unas vacaciones con actividades al aire libre. ¿Qué os parece La Gomera? Podemos pasar unos días en casa de mi primo Alberto, que es mucho más barato. Allí podemos relajarnos, y también hacer deporte.

30 **MADRE:** Iñaki, no creo que sea buena idea. Alberto es muy tranquilo, si vamos los cinco a su casa durante diez días, ¡se vuelve loco! Además, ¿qué podemos hacer allí? Yo necesito un poco de cultura, quiero visitar uno o dos museos, y

35 también ir un poco de compras … ¿Tú qué opinas, Iker? ¿Te apetece pasar las vacaciones en La Gomera?

IKER: No, ¡ni de broma! Yo quiero pasar unos días en Tarifa. La semana pasada vi un folleto de

40 viajes para jóvenes y me quedé alucinado con los cursos de surf en Tarifa. ¡Son una pasada! Y he pensado que …

MADRE: ¡Pero si vamos siempre todos juntos! Para mí las vacaciones en familia son muy importantes.

45 **IKER:** Sí, pero me apetecen más otras cosas, mamá. Quiero más acción.

PADRE: Bueno, la verdad es que no es tan mala idea. Creo que Iker ya tiene edad para pasar las vacaciones con otros jóvenes. Para él somos

50 aburridos, Arantxa.

MADRE: No estoy segura de que sea una buena idea. Tú solo … Y, además, ¿has pensado cómo vas a pagar el viaje? Dudo que tengamos suficiente dinero para dos viajes …

55 **IKER:** Ya he empezado a ahorrar un poco de mi paga y del dinero que me dieron los abuelos en mi cumple. Ya tengo 16 años, mamá. ¿Por qué no puedo pasar las vacaciones con otros chavales?

PADRE: Creo que te preocupas demasiado,

60 Arantxa. A mí también me gusta mucho pasar las vacaciones en familia, pero pienso que Iker puede pasar unos días con chicos de su edad.

MADRE: No sé … Por un lado creo que tienes razón pero por otro lado, sé que voy a estar más

65 tranquila si Iker se viene con nosotros.

IKER: Tengo una idea. ¿Qué os parece si …

El idioma

Verneinte Meinungsäußerungen wie **no pensar/ creer/decir que**, **no es verdad que**, sowie Ausdrücke des Zweifelns wie **no estoy seguro de que**, **dudo que** erfordern den **subjuntivo**.

c ¿Cómo crees que termina la discusión? ¿Iker va solo de vacaciones? Formad grupos de tres y escribid el final de la discusión en unas 70 palabras usando el vocabulario de "Así se dice" de la página siguiente. ¡Ojo con el subjuntivo! Presentad vuestros diálogos en clase.

Así se dice: Dar tu opinión

seine Meinung äußern:
En mi opinión ...
Para mí ...
Creo que ...
Pienso que ...
Me parece que ...
La verdad es que ...

widersprechen:
No pienso como tú.
No estoy de acuerdo con ...
No creo/No pienso que (+ *subj.*) ...
No es verdad que (+ *subj.*) ...
No estoy seguro/-a de que (+ *subj.*) ...
Dudo que (+ *subj.*) ...

abwägen:
Por un lado ..., por otro lado ...

zustimmen:
Tienes razón.
Sí, es verdad.
Estoy de acuerdo con ...

CD 2/4

p. 144/4.1

4   Pasamos las vacaciones en ...

a La familia de Iker decide por fin adónde se va de vacaciones.
Escucha el diálogo y elige la foto que corresponde mejor con sus planes.

b Escucha otra vez y completa las frases con la información que falta.

 p. 128   p. 136

1   ya ha estado en Tarifa.
2 La madre quiere ir a   porque quiere que todos estén unos días   .
3 Iker quiere pasar unos días con   .
4 Al final Iker va solo con   y una semana después   van a buscarlo.
5   va a mirar   en internet.

c ¿Qué os parece la solución de la familia de Iker y por qué? Hablad en parejas.

5   ¿Qué opinas?

a En el foro de Buena Onda los radioyentes discuten sobre cómo pasar las vacaciones.
Formad grupos de cuatro y elegid una de estas opiniones. Dos de vosotros/-as apuntan
tres argumentos a favor y los otros/las otras tres argumentos en contra.

María: Es necesario hablar el
idioma del país que visitas.

Nacho: Es mejor quedarse en un camping que en un hotel.

Alicia: Es más divertido pasar las vacaciones
en un pueblo que en una ciudad grande.

Tomás: Es más interesante viajar a otro
país que visitar una región de tu propio país.

b Discutid en vuestro grupo el tema. ¿A qué conclusión llegáis?
Usad el vocabulario de "Así se dice: Dar tu opinión".

6 Entre amigos

p. 37/7

a En el texto de la página 64 Iker usa algunas expresiones típicas de los jóvenes cuando hablan con sus amigos o su familia. En parejas relacionad cada expresión con su equivalente más formal de la derecha.

1 ¡No mola(n) nada! *(línea 19)*
2 ¡Ni de broma! *(línea 37)*
3 Me quedé alucinado. *(línea 39)*
4 ¡Son una pasada! *(línea 40)*
5 los chavales *(línea 57)*

a los niños
b los jóvenes
c No me gusta(n) nada.
d Son geniales/muy buenos.
e No, no y no.
f No me lo podía creer.
g los padres

b En parejas elegid una de las situaciones e inventad un diálogo corto de unas 60 palabras. Usad al menos dos de las expresiones de a). Representad la escena en clase.
- Hablad sobre qué vais a hacer este fin de semana juntos.
- Discutid qué película vais a ver en el cine.
- A le cuenta a B que se encontró con su cantante favorito/-a en las vacaciones.

7 En un hotel

p. 38/10

La madre de Celia está de viaje por su trabajo. En el hotel le dan muchos consejos. Completa las frases usando el imperativo afirmativo y negativo de *usted* y *ustedes*.

El idioma

Der bejahte und verneinte Imperativ von **usted/es** ist identisch mit der entsprechenden Form im **presente de subjuntivo**: (No) abra la ventana.

Señora Santos, (1) ~~ (dejar) sus cosas aquí, nosotros las llevamos a su habitación. Si sus compañeros y usted quieren ir al centro, no (2) ~~ (ir) hasta la estación, mejor (3) ~~ (bajar) por la Plaza Mayor. Y, por favor, no (4) ~~ (comer) en el bar de al lado, mejor (5) ~~ (visitar) el restaurante de nuestro hotel. Si van allí, (6) ~~ (probar) nuestras especialidades de la región. Ah, y Señora Santos, enseguida le ayudamos con la conexión al wifi, solo (7) ~~ (esperar) un momento.

8 ¡Qué guapa estás hoy!

p. 38/12

a Algunos verbos cambian su significado si los usas con *ser* o con *estar*. En parejas mirad el uso de los adjetivos *aburrido* (líneas 18 y 49) y *tranquilo* (líneas 30 y 64) en el texto 3. ¿Cuál es la diferencia? Después comparad con la gramática en la página 77.

b ¿Cómo son las personas y cómo están hoy? Completa las frases con las formas correctas de *ser* o *estar* y con las preposiciones que faltan.

1 El chico que da el curso ~~ surf tiene los ojos verdes y ~~ muy guapo.
2 Borja y Bernat ~~ bastante pesados hoy, han molestado ~~ su hermano toda la tarde.
3 El padre de Iker ~~ bastante tranquilo, casi nunca ~~ nervioso.
4 Ya es tarde e Iker no ha vuelto ~~ casa todavía, por eso su padre no ~~ tranquilo.
5 Hoy Iker ~~ un poco aburrido porque hace mal tiempo y no puede ir ~~ la playa.
6 La madre de Iker ~~ muy guapa ~~ sus pantalones nuevos.

9 Tipos de turismo

p. 39/13

a Celia prepara un programa sobre el turismo y busca información en internet. Lee las definiciones y decide de qué tipo de turismo trata cada texto. Ojo, hay un tipo que no necesitas.

turismo cultural   turismo de aventura   turismo de sol y playa   turismo rural   turismo solidario

1 Los viajeros buscan sobre todo desafíos deportivos. Practican deportes de riesgo como por ejemplo, escalada en la montaña o rafting en un río peligroso. La gente hace ese tipo de turismo normalmente en la naturaleza.

2 Los turistas se alojan en grandes hoteles en la costa y pasan mucho tiempo en la playa. Buscan calor, descanso o diversión. Muchas veces está relacionado con el "todo incluido" donde los clientes pagan un precio que incluye transporte, alojamiento y toda la bebida y comida en el hotel.

3 Los viajeros se alojan en hoteles pequeños, en casas en el campo o incluso en granjas. Disfrutan de la tranquilidad y quieren estar lejos de la vida de la ciudad. Tienen mucho contacto con la naturaleza y muchas veces también con animales. A veces tienen la posibilidad de ayudar al granjero.

4 Ese tipo de turismo permite conocer el mundo, estar en contacto con la gente de un país y trabajar como voluntario en proyectos de una ONG o una organización local. Puede ser un viaje de unos días o de algunas semanas. Hay muchas actividades posibles, por ejemplo, dar clases a los más pequeños, colaborar en las actividades de tiempo libre, ayudar en la agricultura o como monitor deportivo.

p. 156/11.1

b Para un tipo de turismo falta el texto. Investiga en internet y escribe un artículo de unas 50 palabras para ese tipo de turismo.

c ¿Qué tipo de turista eres tú? ¿Qué tipo de turismo te gusta o te gustaría hacer? Explica por qué.

10 Palabras

p. 140/1.1

a Busca en el texto 9 una palabra de la misma familia para cada una de estas palabras. ¿Qué significan las expresiones del texto? Con ayuda de las palabras de la misma familia puedes entenderlas.

el alojamiento   tranquilo/-a   la relación   viajar   divertido/-a

b En parejas trabajad con un diccionario. Buscad:
- dos palabras de las mismas familias que *turismo* y *organización*,
- un sinónimo de *tipo* y uno de *campo*,
- un antónimo de *vida* y uno de *tranquilidad*.

11 Hablar un minuto

p. 153/8.2

Habla un minuto sobre las diferentes maneras de pasar las vacaciones. Tu red de vocabulario del Cuaderno de actividades (ejercicio 1) y el test de las páginas 62 y 63 te pueden ayudar. Toma apuntes y presenta tus ideas en clase.

📁 12 Mis vacaciones ideales

Escribe una entrada para el foro de Buena Onda sobre tus vacaciones ideales.
Escribe al menos 80 palabras.

13 Espacio cultural

a Mira los logotipos de los diferentes países. ¿Cuáles te gustan, cuáles no?
Justifica tu respuesta.

b Elige uno de ellos y explica la imagen que transmite del país.

c En parejas inventad una frase para describir vuestro país y cread un logotipo
con ella para turistas hispanohablantes.

Corazón del Mundo Maya

Sorprende siempre

✏️ 14 Titulares del día

p. 42/19

a Lee estos titulares que Celia ha encontrado en algunos periódicos.
¿Cuáles hablan de aspectos positivos del turismo y cuáles de sus aspectos negativos?

La playa "El Arenal" en Mallorca

A Menos parados en la costa, pero solo en verano

B La hostelería y el turismo impulsan la economía

C Cuando los turistas duplican la población de una isla

D *Más campos de golf, más gasto de agua*

E EL TURISMO CREA EMPLEO

F ¿Sol y playa? El turismo de masas amenaza la naturaleza

G *Vacaciones ecológicas, ¿un modelo para conservar el medio ambiente?*

H EL MAR SE LLENA DE BASURA Y PLÁSTICOS

b En su programa Celia quiere hablar sobre el impacto del turismo en las Islas Baleares.
¿Cuáles de los titulares crees que son los más importantes y por qué?

CD 2/5

15 Buena Onda ecológica

a Iker y Paulina han creado un foro con el título "¿Cómo podemos viajar sin contaminar demasiado?". Antes de leerlo apunta algunas ideas contestando a la pregunta del título.

○○○　　www.radiobuenaonda.com/programas　　　← →

¿Cómo podemos viajar sin contaminar demasiado?

IKER: … ¡Os lo contamos en Buena Onda! Hola, amigos, os habla Iker desde San Sebastián. En España ha llegado el verano, y con él ¡las vacaciones! Por fin, llevamos mucho tiempo esperándolas. Seguro que algunos de vosotros ya empezáis a preparar viajes o actividades para julio o agosto. Hay que planearlos bien porque ¿sabíais que el turismo es una de las actividades más
5　dañinas para el medio ambiente? Muchas veces no nos damos cuenta de este aspecto negativo de los viajes. Desde Buena Onda os damos algunos consejos, así vuestras vacaciones van a ser divertidas y, al mismo tiempo, ecológicas:
Los aviones contaminan un montón. Recordádselo a vuestros padres si proponen viajes en avión a lugares cercanos. ¿La solución? El tren. Es el medio de transporte más respetuoso con el medio
10　ambiente y, además, es muy cómodo. Ahora los trenes son mucho más rápidos que antes pero siguen contaminando poco. Y en México, ¿cómo son? Vamos a preguntárselo a Paulina.

PAULINA: La situación aquí es un poco diferente. La gente viaja mucho más en autobús que en tren. Yo no les voy a hablar de medios de transporte, sino de cómo cuidar el medio ambiente durante las vacaciones. Por ejemplo, es importante que no usen el aire acondicionado con la
15　ventana abierta y, si van a un hotel, no tomen una toalla nueva cada día. No dejen basura en los bosques ni en las playas y, sobre todo, ¡cuidado con malgastar el agua! Prueben comidas y bebidas locales. Seguro que están ricas y no necesitan transportes en avión. Estas ideas son cosas sencillas para nosotros, pero muy importantes para el medio ambiente. Si ustedes las proponen a sus familias, seguro que están de acuerdo.
20　Y por último, ¿han oído hablar del ecoturismo? Son viajes responsables a zonas naturales que conservan el medio ambiente y mejoran el bienestar de sus habitantes. En los viajes también podemos ser respetuosos con el medio ambiente y contaminar poco o nada.

IKER: Claro, este tipo de turismo también lo hay en España, por ejemplo en los Pirineos. En Buena Onda no queremos hablar todo el tiempo de problemas, pero tenemos que cuidar nuestro planeta,
25　y sin dejar de viajar, claro. Si tenéis otras ideas para una vida más sostenible, podéis contárnoslas en nuestro foro. ¡No dudéis en participar! ¡Felices vacaciones y nos volvemos a escuchar pronto!

---

p. 42/20

b Lee el texto, relaciona las frases y complétalas con los conectores.

🚠 p. 129　　⛰ p. 136

1 Buena Onda quiere dar consejos para unas vacaciones ecológicas,		**a** Buena Onda recomienda probarlas.
2 El tren es más ecológico que el avión		**b** contamina menos.
3 En España viajar en tren es cómodo,	cuando	**c** contaminar menos el medio ambiente.
4 Es importante cerrar la ventana	para	**d** en México la gente prefiere viajar en autobús.
5 Las especialidades locales están ricas y no necesitan largos transportes,	pero	**e** es una forma de turismo respetuosa.
6 Es posible hacer viajes responsables	por eso	**f** compartir sus ideas.
7 Paulina recomienda el ecoturismo	porque	**g** Iker y Paulina han creado el nuevo foro.
8 Los radioyentes pueden participar en el foro		**h** usas el aire acondicionado.

CD 3/4

16 Un vlog de viajes

a Alicia tiene un vlog de viajes. Mira su vídeo de esta semana. ¿De qué habla?

b Mira el vídeo otra vez. ¿Qué consejos da Alicia a sus seguidores? Haz una lista.

c ¿Qué piensas de los consejos? Escribe un comentario de unas 50 palabras para el vlog y explica tu posición.

Un vlog de viajes

p. 43/21-23

17 Antes de irse de vacaciones

a La familia de Iker se va de vacaciones. Por eso hay mucho que hacer y la madre tiene muchas preguntas. Completa las respuestas con los pronombres correctos.

 p. 129   p. 137

1 Iker, ¿ya has dado la dirección a tu padre? – Sí, ~ ~ he dado.
2 Iker, ¿has enviado el e-mail al monitor? – Sí, ~ ~ he enviado.
3 Borja y Bernat, ¿habéis dado vuestras mochilas a papá? – No, todavía no ~ ~ hemos dado.
4 Iñaki, ¿has preparado la cena a los niños? – Sí, ~ ~ he preparado.
5 Borja y Bernat, ¿habéis contado vuestras ideas a Iker y a papá? – Sí, ~ ~ hemos contado.
6 Iñaki, ¿has dado las bebidas a tus hijos? – No, todavía no ~ ~ he dado.

El idioma

Treffen die indirekten Objektpronomen der 3. Person **le/les** auf die direkten Objektpronomen **lo/la/los/las**, werden **le/les** zu **se**. Das indirekte Objektpronomen steht immer vor dem direkten Objektpronomen:

¿Cuándo envías el e-mail a Iker?
~~Le~~ Se lo envío mañana.

b Antes de irse de vacaciones, Iker tiene mucho que organizar. Contesta a sus preguntas como en el ejemplo. ¡Ojo con los tiempos verbales!

> *Ejemplo*
> *Iker: Paulina, ¿ya has enviado el artículo a Gilberto?*
> *Paulina: Mañana se lo voy a enviar.*

1 Gilberto, ¿has dado la información a Cibrán? – Sí, ayer …
2 Celia, ¿has contado nuestra idea a Raquel? – Sí, hoy por la mañana …
3 Raquel, ¿cuándo vas a enviar las fotos a Alejandro? – Mañana …
4 Celia y Raquel, ¿ya habéis dado el libro a vuestros profes? – Sí, ayer …
5 Alejandro, ¿cuándo vas a repartir los folletos a tus compañeros? – Esta mañana …

18 Vacaciones en Mallorca

a ¿Habéis oído ya algo sobre Mallorca? ¿Qué cosas sabéis de la isla? ¿Cómo pasan muchas personas las vacaciones allí? Juntad vuestras ideas en la pizarra.

CD 3/5

b Mirad el vídeo y hablad en clase. ¿Corresponden las imágenes del vídeo a vuestras ideas?

c Después de ver el vídeo, ¿tenéis ganas de viajar a Mallorca? ¿Por qué (no)? Explicad también a quiénes se dirige el vídeo.

p. 155/10

19 Entre idiomas

Ein spanischer Freund von dir bereitet ein Referat über Tourismus vor und möchte unter anderem darüber sprechen, warum Mallorca bei deutschen Urlaubern so beliebt ist. Er fragt dich, ob du ihm helfen kannst. Schreibe ihm auf Grundlage dieses Blogeintrags eine E-Mail (ca. 150 Wörter), in der du die sechs Gründe erklärst, warum Deutsche gern auf Mallorca Urlaub machen.

○ ○ ○   ✎ ✉ 📎

Du warst noch nie auf Mallorca oder hast auch dieses Klischee „Ballermann" parat, sobald du das Wort „Mallorca" nur hörst? Ich habe 6 Gründe für dich, warum wir Deutschen Mallorca so sehr lieben!

1. Ganzjährig tolles Wetter und gute klimatische Bedingungen:
Die Hauptsaison auf Mallorca ist von Mai bis Anfang Oktober. Hier
5   scheint die Sonne täglich bis zu 10 Stunden. Die Durchschnitts-
temperatur in den Sommermonaten liegt bei 24 bis 30° C. Mit mehr
als 300 Sonnentagen ist Mallorca aber auch in der Nebensaison eine
Reise wert, hier sind die Temperaturen immer noch angenehm warm.
10   Wenn im Herbst die ersten Restaurants schließen, die Touristen
weniger werden und die Temperaturen etwas abkühlen, dann zieht es diejenigen auf die Insel,
die es etwas ruhiger mögen. [...]

2. Ein breites, fast endloses Angebot an Unterkünften: Die Möglichkeiten auf Mallorca
zu übernachten könnten unterschiedlicher und zahlloser nicht sein. Von Budget Hotel über
15   Luxusresorts bis zur Ferienwohnung oder eigenen Finca ist alles möglich. Je nach eigenen
Vorlieben und Geldbeutel lässt sich hier für jeden etwas Passendes finden. [...]

3. Kurze Flugzeiten und (je nach Saison) humane Flugpreise: Außerhalb der Ferien kann man
hier und da ein Flugschnäppchen ergattern [...]. Günstiger ist es meist, wenn man den 2- bis
2,5-Stunden-Flug nicht am Wochenende bucht. Die Flugpreise variieren stark, zwischen 55 Euro
20   und 350 Euro (Hin- und Rückflug).

4. Tolle Strände: Die schöne Baleareninsel hat wunderschöne Strände, je nach Jahreszeit kann
man Glück haben und noch verlassene Buchten vorfinden.

5. Vielseitige Aktivitäten: Ob Strand- oder Partyurlaub, Aktivreise oder einfach nur zur
Entspannung – die Baleareninsel ist sehr vielfältig und bietet Möglichkeiten für Jedermann.
25   Besonders schön ist Mallorca auch während der berühmten Mandelblüte im Frühjahr oder zur
Pfirsichblüte Mitte März. Ebenso für Sportler ist Mallorca immer eine Reise wert. Die größte
Insel der Balearen lädt Sportbegeisterte zum Windsurfing, Kite-
surfing und Segeln ein. Auch Wanderungen und Radtouren durch
das mediterrane Hinterland oder die zahlreichen Wanderwege im
30   Tramuntana-Gebirge erfreuen sich größter Beliebtheit. Ich bin ein
Marktfan und könnte stundenlang durch die Gassen schlendern.
Wie gut, dass Mallorca jede Menge Märkte hat, fast jeder noch so
kleine Ort hat wöchentlich einen Markttag [...].

6. Einfache Kommunikation: Fast überall auf der Insel wird Deutsch gesprochen. Auch wenn
35   man es aus anderen Urlaubsländern vielleicht gewohnt ist, sich auf Englisch zu verständigen, ist
dies hier nicht notwendig. Die auf Mallorca gesprochene Sprache ist aber natürlich Spanisch
bzw. der katalanische Dialekt Mallorquin. Je nachdem, wo man auf der Insel unterwegs ist, kann
es dennoch nicht schaden ein wenig Spanisch zu sprechen. Denn abseits der Touristengebiete,
in kleineren ruhigeren Orten, wird von den Mallorquinern meist kein Deutsch gesprochen.

Winkel, Isabelle: Baleareninsel Mallorca – Die Lieblingsinsel der Deutschen. In:
lustloszugehen. https://lustloszugehen.de/mallorca-baleareninsel/ [01.06.2021].

20 A tu manera

Elige una actividad.

1 Escribe para el foro de Buena Onda un texto de unas 120 palabras sobre el viaje más aburrido que hiciste. ¿Adónde y con quién fuiste? ¿Qué hiciste? ¿Por qué fue tan aburrido?
2 En parejas buscad en internet un proyecto de vacaciones en las Islas Baleares y presentadlo en clase.
3 En grupos de tres cread un folleto para un viaje para jóvenes a Ibiza, Mallorca o Menorca. ¿Quién puede participar en el viaje? ¿De cuánto tiempo es? ¿Cuál es el programa? Presentad el folleto en clase.

21 A descubrir

p. 44/25
p. 45/26

a En parejas leed qué cuenta Laia, la locutora de Barcelona, sobre sus vacaciones y mirad las perífrasis verbales (en rojo). Hablad de cómo se forman y qué pueden significar cada una de esas expresiones. Comparad después en clase.

Durante las vacaciones de verano, mi familia y yo siempre vamos al pueblo de mis abuelos, Llorenç. No es un destino espectacular, sin embargo, a mí me sigue gustando pasar las vacaciones en el pueblo porque puedo pasar todo el día con mis primos al aire libre. Por eso continúo viniendo cada año. Por la mañana nadamos en el río o jugamos al fútbol, y por la tarde volvemos a jugar hasta que nos llaman a cenar. Paso mis veranos disfrutando de la vida en la calle porque eso no lo puedo hacer en la ciudad. De pequeña, no salía nunca de Llorenç durante las vacaciones, pero llevo unos años haciendo excursiones cerca de Llorenç con mis primos. Creo que es típico de España pasar las vacaciones en el pueblo con la familia, la mayoría de mis amigos también lo hace. Llevo un tiempo pensando que algún día me gustaría conocer otro lugar, pero sigo yendo a Llorenç.

b ¿Qué dicen los amigos de Laia sobre sus vacaciones? Completa las frases con las perífrasis verbales de a) y con el gerundio o el infinitivo de los verbos indicados.

1 Mi familia y yo ~ tres años ~ (pasar) las vacaciones con la familia de mi amiga Laura.
2 Mi hermana ya tiene veinte años, pero le ~ (gustar) viajar con mis padres y conmigo.
3 En las vacaciones me gusta tomar el sol, pero desde hace tres días hace muy mal tiempo y hoy no podemos ir a la playa porque ~ (llover).
4 Por fin hace buen tiempo, por eso mi hermano pequeño ~ todo el día ~ (bañarse) en el mar.
5 Mi padre está muy preocupado. ~ una hora ~ (esperar) a mi hermano que no ha llegado todavía a casa de la playa.
6 ¿Cómo está tu amiga de Barcelona? ¿Cuándo ~ a ~la (ver)?

22 Los destinos favoritos

a ¿Cuáles son los destinos favoritos de los españoles para las vacaciones de verano?
En parejas mirad la lista. ¿Qué podéis decir sobre los gustos de los españoles que participaron en esta encuesta en general? ¿Qué pensáis que les gusta hacer en cada destino?

| Mallorca | Ibiza | Menorca | París | Londres |

| Tenerife | Roma | Bucarest | Nueva York | Barcelona |

Vacaciones de verano 2019: dónde ir de vacaciones. In: eDreams. www.edreams.es/tendencias-viaje/ [10.11.2020].

b Haced una encuesta en clase sobre vuestros destinos favoritos y haced una lista en la pizarra. Después describid los resultados formando frases como en el ejemplo.

> *Ejemplo*
> *En nuestra clase, el primer destino favorito es …*
> *El segundo destino favorito es …*

> **Resumiendo**
>
> Aquí puedes revisar lo que has aprendido en la *Unidad* 4: WES-112636-001.

Al final

Tu clase está haciendo un intercambio con un instituto de España que organiza un club de debate. Os invita a participar. Se van a discutir los siguientes temas:
- 1500 euros como mínimo por un billete de avión – solo así protegemos el medio ambiente.
- Vacaciones solidarias – ¡obligatorias para todos!
- Para un turismo más activo: uso gratuito de bicicletas para turistas.
- Planta un árbol. Si viajas en avión o en coche en tus vacaciones, tienes que plantar un árbol.
1 Trabajad en grupos de cuatro. Elegid uno de los temas y repartid los papeles: dos están en contra y los otros/las otras dos están a favor.
2 Preparad vuestros papeles. Buscad argumentos y escribidlos en tarjetas. El vocabulario de la página 152 os puede ayudar.
3 Presentad la discusión en clase. Los demás evalúan la discusión y después la clase decide qué grupo ha presentado los mejores argumentos.

¡Qué sencillo es el mundo!

a Discutid en parejas. ¿Has hecho un viaje solo/-a alguna vez? ¿Podéis imaginaros viajar con solo 20 euros en total? ¿Hasta dónde creéis que llegáis con 20 euros?

p. 143/3

b Lee la entrevista con Albert Casals, un joven español, y contesta a las preguntas.

1 ¿Cómo fue el primer viaje de Albert?
2 ¿Qué piensan los padres de Albert de los viajes de su hijo?
3 ¿Por qué no tiene miedo en sus viajes?
4 ¿Cómo reacciona la gente que encuentra? ¿Por qué?

A ver, Albert, preséntate a nuestros lectores. Muy bien. Me llamo Albert Casals y tengo 18 años. Vivo en Esparraguera con mis padres y mi hermana Alba. Soy viajero desde los 15 años: Europa, Asia, Sudamérica … Me gusta el manga, leer, los videojuegos …
¿Desde cuándo vas en silla de ruedas? Desde los 8 años. Tuve mononucleosis y leucemia:
5 o me trataban a saco, con riesgo de provocarme alguna discapacidad, o me moría.
Y fueron a saco … Sí. Y, ¡el resultado ha sido perfecto!
¿No te importa la silla de ruedas? ¡No hay nada que yo no pueda hacer en mi silla!
¿Con quién viajas? Me gusta viajar solo.
¿En silla de ruedas … ¡y solo!? La silla es más ventaja que desventaja: la gente te pregunta qué
10 te pasa, de dónde vienes … y así haces muchísimos amigos.
¿Desde cuándo viajas así? A los 14 años les dije a mis padres que me iba. Fue muy duro para ellos y pusieron una condición: el primer viaje lo tenía que hacer acompañado por mi padre. Fuimos a Bruselas y aprendí cosas útiles para viajar. Y, a partir de los 15 años, ya he hecho todos esos viajes yo solo.
15 **Y, ¿qué dicen hoy tus padres?** Sufren un poco, pero están contentos viéndome contento. Por suerte nunca me han dicho: "Esto no puedes hacerlo porque vas en silla de ruedas". Ellos facilitan mi felicidad.
¿Con qué dinero viajas? Con tres euros al día.
No es posible … Hace seis meses salí de casa con 20 euros para irme a Sudamérica y, ¡he vuelto
20 con 20 euros en el bolsillo!
Pero … ¿y dónde duermes, y cómo comes y … cómo lo haces? ¿Por qué nos complicamos tanto la vida? Siempre hay dónde dormir, siempre hay algo que comer. Conoces a gente, y todo se da. ¡Qué sencillo es el mundo! Lo he entendido viajando. Bastan cuatro cosas: dormir, comer, ducharse y hacer amigos.
25 **¿No te da miedo viajar solo?** ¿Qué puede pasarme peor que no realizar mis sueños?
Pueden robarte. Al poco tiempo voy a tener lo necesario, ¡seguro! Y nunca podrán robarme lo vivido.
Puedes tener un accidente, morir … Aun así, habría hecho lo que realmente quería, ¡habría sido más feliz que quedándome aquí contra mi deseo! Los adultos repiten dos preguntas: "¿De dónde sales?", "¿Y tus padres?". Un niño solo por el mundo, feliz … ¿qué tiene de malo?

*Amela, Víctor: ¡Qué sencillo es el mundo!. In: La Contra. 10.08.11. http://victoramela.com/2011/08/
la-contra-19-3-3009-albert-casals-viajero-en-silla-de-ruedas-sin-acompanantes-y-sin-dinero/ [10.11.20]*

---

la mononucleosis das Pfeiffersche Drüsenfieber | **tratar** behandeln | **a saco** ohne Rücksicht auf Verluste | **la discapacidad** die Behinderung | **la silla de ruedas** der Rollstuhl | **sufrir** leiden | **bastar** *ser suficiente* | **el sueño** der Traum | **robar** (be)rauben

c Imagina que puedes hablar con Albert. ¿Qué más quieres saber de él?
Escribe una continuación de la entrevista e inventa sus respuestas.

Vacaciones en España

p. 154/9a

a Mira los carteles y descríbelos. ¿En qué te hacen pensar?

b ¿Qué imagen de España transmiten los carteles? ¿Cuál de ellos te llama más la atención? Justifica tu respuesta.

c En parejas cread un cartel sobre una región de Alemania o sobre vuestro país favorito. Buscad una foto y pensad en un eslogan llamativo. Presentad el cartel en clase y elegid el mejor.

1 Über Reisen sprechen

los alojamientos:	las actividades:	los medios de transporte:
el albergue juvenil – el aparta-mento – el camping – la casa rural – el hotel (de 5 estrellas) – la granja	alquilar un coche/una bici – bañarse en el mar – hacer un curso de surf – pasar tiempo al aire libre – relajarse – sacar fotos – tomar el sol – visitar monu-mentos – vivir una aventura	el autobús – el avión – el barco – la bicicleta – el coche – el metro – el tren

Gr
p. 10/8.7.4

2 Die Dauer oder den Verlauf einer Handlung angeben

Um über den Verlauf einer Handlung zu sprechen, kannst du folgende **perífrasis verbales** verwenden, die mit dem konjugierten Verb + **gerundio** gebildet werden.

p. 159
p. 160
p. 163

	Die Handlung ...	
estar + **gerundio**	findet gerade statt.	**Estoy tomando el sol.** Ich sonne mich gerade.
pasar + Zeitraum + **gerundio**		**Paso todo el día tomando el sol.** Ich sonne mich den ganzen Tag.
seguir + **gerundio**	findet regelmäßig oder immer noch statt.	**Sigo/Continúo viajando todos los años a Cuba.** Ich reise immer noch jedes Jahr nach Kuba.
continuar + **gerundio**		
llevar + Zeitraum + **gerundio**	dauert über einen Zeitraum bis jetzt an.	**Llevo dos años estudiando español.** Ich lerne seit zwei Jahren Spanisch.

3 In einer Diskussion argumentieren

Así das tu opinión:	Así contradices:
Creo que **tenemos** que hablar.	**No** creo que **tengamos** que hablar.
Pienso que **puedo** ayudarte.	**No** pienso que **puedas** ayudarme.
La verdad es que la situación **es** difícil.	**No** es verdad que la situación **sea** difícil.
Estoy seguro/-a de que **existe** una solución.	**No** estoy seguro/-a de que **exista** una solución.
Seguro que Iker **va** a Tarifa solo.	Dudo que Iker **vaya** a Tarifa solo.

Gr
p. 21/8.11

Werden die Verben der Meinungsäußerungen (**creer que**, **pensar que**, **estar seguro/-a de que**, **es cierto que**, **es verdad que**, **es seguro que**) verneint, so wird der **subjuntivo** verwendet. Auch Ausdrücke des Zweifelns (z. B. **dudar que**) stehen mit dem **subjuntivo**.

Gr
p. 4/3.2

4 Wiederholungen vermeiden

Du kennst bereits die indirekten und die direkten Objektpronomen. Achte auf folgende Besonder-heit, wenn du beide zusammen in einem Satz verwendest: Vor **lo/la/los/las** werden die indirekten Objektpronomen **le** und **les** zu **se**!

le lo la
les + los las

se lo se las
se los
se la

indirekte Objektpronomen Dativ *(Wem?)*	direkte Objektpronomen Akkusativ *(Wen oder was?)*
me te ~~te~~ → se	me te lo / la
nos os ~~les~~ → se	nos os los / las

In der Regel stehen beide Pronomen vor dem Verb:

Iker, ¿me das el folleto del hotel?
– Sí, ahora te lo doy.

¿Le cuentas la historia a Paulina?
– Ya se la ha contado Gilberto.

Bei bejahten Imperativen und Infinitivkonstruktionen mit **antes de** und **después de** müssen beide Pronomen angehängt werden. Achte dabei auf die Akzentsetzung.
Si tienes alguna idea, ¡cuéntanosla! Antes de dártelos, tengo que mirar una cosa.

Bei Verbalperiphrasen können beide Pronomen entweder vor dem konjugierten Verb stehen oder an den Infinitiv/das Gerundium angehängt werden. Achte auch hier auf die korrekte Akzentsetzung.
Mañana voy a decírtelo. / Mañana te lo voy a decir.
Iker está contándoselo a Paulina. / Iker se lo está contando a Paulina.

Gr
p. 17/8.9

5   Jemanden auffordern, etwas (nicht) zu tun

Wenn du jemanden aufforderst, etwas zu tun, und du diese Person/en siezt, verwendest du den Imperativ von **usted** bzw. **ustedes**.
Der bejahte und verneinte Imperativ von **usted/es** entspricht den Formen des **presente de subjuntivo**, das heißt die Endungen für **usted** und **ustedes** sind im bejahten und verneinten Imperativ gleich und es gelten dieselben Unregelmäßigkeiten wie beim **presente de subjuntivo** (s. Seite 61).

	llev**ar**	com**er**	abr**ir**
imperativo afirmativo	Llev**e** las mochilas. Llev**en** las mochilas.	Com**a** este pescado. Com**an** este pescado.	Abr**a** la ventana. Abr**an** la ventana.
imperativo negativo	No llev**e** las mochilas. No llev**en** las mochilas.	No com**a** este pescado. No com**an** este pescado.	No abr**a** la ventana. No abr**an** la ventana.

Beim verneinten Imperativ stehen die Reflexiv- und Objektpronomen immer hinter der Verneinung und vor dem Imperativ. Beim bejahten Imperativ werden sie angehängt. Achte dabei auf die Akzentsetzung!
Señor Pérez, no se vaya, déjeme su pasaporte, por favor.

Gr
p. 9/8.2

6   Eine Person beschreiben

Einige Adjektive können mit **ser** und mit **estar** verwendet werden, je nachdem, ob man eine dauerhafte oder charakteristische Eigenschaft (**ser**) ausdrückt oder einen vorübergehenden Zustand (**estar**) betont.

p. 159

ser	estar
La madre de Iker es tranquila. Ikers Mutter ist eine ruhige Person.	**La madre de Iker no está muy tranquila por el viaje.** Ikers Mutter ist wegen der Reise aufgeregt.
Iker es muy guapo. Iker ist ein gut aussehender Junge.	**Hoy Iker está muy guapo con su gorra nueva.** Heute sieht Iker besonders gut aus mit seiner neuen Mütze.

Bei einigen Adjektiven ändert sich die Bedeutung abhängig davon, ob sie mit **ser** oder **estar** verwendet werden.
Este chico es malo. Dieser Junge ist böse. – **Este chico está malo.** Dieser Junge ist krank.
La comida de este hotel es buena. In diesem Hotel ist das Essen gut. – **La comida no está buena.** Das Essen schmeckt nicht gut.

soluciones: ver p. 209

1 Palabras desordenadas

a En parejas ordenad las palabras en cuatro categorías y escribidlas con el artículo correspondiente en vuestros cuadernos. Inventad un título para cada categoría.

ir de compras · bicicleta · móvil · revista · coche · portátil · periódico · tomar el sol · radio · albergue juvenil · hacer deporte · tableta · tren · camping · barco · apartamento · relajarse · visitar museos · avión · hotel

b Elegid una palabra de cada categoría y explícadsela a vuestro/-a compañero/-a. Él/Ella adivina cuál es.

2 Celia, no lo hagas

Esteban, un amigo de Celia, da consejos a sus amigos sobre el uso de las redes sociales, pero Raquel conoce mejor los peligros. Escribe en tu cuaderno los consejos de Esteban (en imperativo afirmativo) y los consejos de Raquel (en imperativo negativo).

> Celia, sube más fotos tuyas.

> No las subas.

1 Celia, (subir) más fotos tuyas.
2 Raúl, (escribir) tu nombre completo en tu perfil.
3 Chicos, (bajar) música de esta página.
4 Pedro, (invitar) a gente desconocida a jugar.
5 Celia y Antonio, (poner) esta foto en vuestro perfil.

6 María, (dar) tu dirección en tu perfil.
7 Celia, (aceptar) las invitaciones de gente desconocida.
8 Chicos, (hacer) comentarios sobre los profesores en internet.

3 Vivir sin internet

Cuando tus abuelos eran jóvenes no había internet ni móviles. ¿Cómo se comunicaba la gente? Escribe un texto de unas 70 palabras comparando tu vida con la vida de los jóvenes de antes.

4 A combinar

¿Qué dicen Celia y Alejandro sobre la videoconferencia y el nuevo foro?
Escribe por lo menos ocho frases en tu cuaderno.

Es importante que		*informar* sobre el uso de internet.
Es necesario que	(yo)	*dar* consejos sobre el amor.
Es posible que	(tú)	(no) *querer* quedar más tarde.
Es normal que	Iker	*crear* otro foro en Buena Onda.
Es mejor que	(nosotros)	*pensar* antes de subir fotos.
Ojalá	tú y Gilberto	*tener* problemas con los padres.
Es increíble que	Raquel y Javier	(no) *saber* navegar por internet.
Es lógico que	los radioyentes	*escuchar* los consejos de los padres.

5 El nuevo compañero de Raquel

A Raquel le gusta su nuevo compañero y se lo cuenta a Laia. Completa el e-mail con las formas correctas del presente de indicativo o de subjuntivo, con los artículos (in)determinados y con los pronombres que faltan.

○ ○ ○   ✎ ✉ 📎

Hola, Laia:
Hay (1) ___ nuevo compañero en mi insti, es francés y (2) ___ llama Enzo. Creo que (3) ___ (ser/él) muy simpático y es muy guapo. No es fácil empezar (4) ___ vida en otro país y es lógico que todavía no (5) ___ (hablar/él) mucho con nosotros, ¿no? Pero no creo que (6) ___ (ir/él) a tener muchos problemas. Ya habla (7) ___ poco de español pero es importante que (8) ___ (aprender) mejor (9) ___ idioma. ¡Ojalá (10) ___ (venir) a mi clase de Lengua! Así puedo (11) conocer ___ mejor. Y es posible que (12) ___ (necesitar) ayuda con (13) ___ deberes, ¿no crees? Estoy segura de que Celia y yo (14) ___ (poder) (15) ayudar ___. Es importante que alguien (16) ___ lo (17) ___ (explicar) todo. Espero que (18) ___ (querer) conocerme y que (19) ___ (ser) amigos. Quiero que lo (20) ___ (conocer/tú). (21) ___ verdad es que él me (22) ___ (gustar) mucho. No creo que (23) ___ (tener/él) novia. Bueno, y (24) ___ , ¿qué tal? (25) ___ beso,
Raquel

6 Problemas con la novia

CD 2/10

a Mateo, un chico de 16 años, tiene problemas con su novia y llama a un teléfono de ayuda. Escucha qué cuenta y apunta el nombre de su novia.

b Escucha otra vez el diálogo y contesta a las preguntas.

1 ¿Qué planes tiene la novia de Mateo?
2 ¿Quién es Andreas?

3 ¿A Mateo le cae bien Andreas? ¿Por qué (no)?
4 ¿Qué quiere Mateo qué haga su novia?

c Apunta dos consejos que Luisa da a Mateo.
d Hablad en parejas. ¿Qué pensáis sobre el problema de Mateo? ¿Podéis entenderlo? ¿Por qué (no)? ¿Qué os parece el consejo de Luisa?

7 La familia de Iker

La familia de Iker no siempre está de acuerdo y a veces tienen ideas diferentes.
Completa las frases de Iker con infinitivo o subjuntivo (+ que). Usa los verbos de las casillas.

ayudar   hacer   ir   levantarse   pasar   preparar   ver

1 Mi madre espera ___ (nosotros) las vacaciones todos juntos, pero yo quiero ___ un curso de surf.
2 Los domingos mi madre quiere ___ (ella) a un restaurante, pero a mi padre le gusta más ___ (todos) la cena en casa.
3 A mí me gusta ___ (yo) la televisión antes de cenar, pero mi madre quiere ___ (yo) a preparar la cena.
4 Mi padre y yo queremos ___ (nosotros) al cine, pero mi madre quiere ___ (nosotros) de compras.
5 Mi padre espera ___ (yo) los deberes el sábado por la mañana, pero a mí me gusta ___ (yo) tarde.

8 Iker llama desde Tarifa

Iker habla por teléfono con sus padres y les cuenta de sus vacaciones en Tarifa. Formula las frases de otra manera usando la perífrasis verbal correcta. Escríbelas en tu cuaderno.

empezar a + inf.   seguir + ger.   dejar de + inf.   llevar + ger.   acabar de + inf.

> *Ejemplo*
> *Practico surf en las playas de Tarifa desde hace tres días.*
> *Llevo tres días practicando surf en las playas de Tarifa.*

1 Hace una hora he terminado mi primer curso de surf.
2 Mi amigo Aitor no ha venido a Tarifa conmigo porque ya no hace surf.
3 Los monitores son muy buenos, uno de ellos hizo surf por primera vez a los cinco años.
4 ¡Es increíble! Hace surf desde hace 20 años.
5 Ya he aprendido mucho en el curso pero cada día aprendo más y más cosas nuevas.

9 Tenemos mucho trabajo

Los chicos de Buena Onda hacen una videoconferencia y reparten el trabajo.
Completa el diálogo con los pronombres de complemento directo e indirecto.

> *Ejemplo*
> *Celia: Sí, yo se la doy mañana.*

IKER: Tengo la lista de los temas para el próximo programa. Creo que Raquel la necesita.
CELIA: Sí, yo (1) ～ (a Raquel/lista) doy mañana. Nosotras estamos buscando canciones de amor para nuestro programa. ¿Tenéis alguna idea?
LAIA: Sí, tengo muchas canciones bonitas en mi móvil. Voy a mirar los títulos y (2) ～ (a vosotras/títulos) mando mañana.
IKER: Oye, Paulina, ¿ya les has enviado a Raquel y a Celia las fotos para el foro sobre el ecoturismo?
PAULINA: Sí, claro, ya (3) ～ (a ellas/fotos) he enviado esta mañana. ¿Y cuándo le das la información sobre la ONG a tu profe, Celia?
CELIA: (4) ～ (al profe/información) di ayer. Creo que también voy a explicarle el problema que tenemos con el foro. Sí, (5) ～ (a él/problema) voy a explicar mañana.
IKER: Claro, (6) explica～ (a él/problema). Y tú, Ale, ¿ya has preparado el material sobre Granada?
ALE: Sí, ¿quieres que (7) ～ (a ti/material) mande?
IKER: Yo no lo necesito. (8) ～ (a Laia y Raquel/material) puedes enviar a Laia y Raquel.

10 Hablar dos minutos

¿Cómo podemos pasar las vacaciones? ¿Qué formas de turismo hay?
Toma apuntes y presenta tus ideas en clase hablando dos minutos.

11 Un e-mail de Paulina

Paulina le escribe un e-mail a Laia. Completa el texto con las formas correctas de *ser* o *estar*, con los conectores de las casillas y con las formas correctas de los adjetivos.

además   pero   por eso   porque   también

○ ○ ○   ✎ ✉ ∅

Hola, Laia:
¿Cómo (1) ___ ? (2) ___ (yo) un poco (3) ___ (aburrido) ahora (4) ___ mis amigas no tienen tiempo para salir. (5) ___ solita en casa con mi hermana que hoy (6) ___ un poco (7) ___ (pesado). Quiere jugar conmigo, (8) ___ yo no quiero. (9) ___ pensando en el programa de Celia y Raquel. Antes de empezarlo, las dos (10) ___ muy (11) ___ (tranquilo). ¡Qué suerte tienen! Yo siempre (12) ___ nerviosa y (13) ___ hablo bastante rápido. Y Gilberto, ¿has visto qué guapo (14) ___ con la camiseta de Buena Onda? Bueno, tiene unos ojos muy (15) ___ (bonito) y (16) ___ muy guapo, ¿no? (17) ___ (18) ___ una persona tranquila y nunca se enfada con nadie. Y los (19) ___ (nuevo) temas del programa de Gilberto, ¿te gustan? No (20) ___ nada (21) ___ (aburrido), me parecen (22) ___ (interesante) y (23) ___ (actual). El nuevo locutor (24) ___ (25) ___ muy simpático. (26) ___ de Argentina, ¿verdad?
Un abrazo,
Paulina

12 Entre idiomas

Bevor dein spanischer Austauschschüler wieder zurück nach Hause fährt, bekommt er Besuch von seinen Eltern und seinem jüngeren Bruder. Er möchte seiner Familie etwas von Deutschland zeigen und hat sich für München und Umgebung entschieden. Im Internet hat er diesen Flyer gefunden, versteht aber vieles nicht so gut. Beantworte mündlich seine Fragen.

- ¿Cuánto cuesta el *Bayernticket* para los cuatro? ¿Podemos ir los cuatro con el mismo billete?
- ¿Qué tipos de trenes podemos usar?
- ¿Podemos usar el billete durante todo el día? ¿Y lo podemos usar también el fin de semana?
- ¿Con este billete podemos viajar hasta Austria, por ejemplo a Salzburgo?
- ¿Dónde lo puedo comprar?

Unsere Bayern-Tickets

Alle Vorteile auf einen Blick:

○ Bis zu 5 Personen pro Ticket.
Kinder unter 6 Jahren fahren kostenlos mit.
Neu: Bis zu 3 Kinder zwischen 6 und einschließlich 14 Jahren können kostenlos mitgenommen werden.[3]

Beliebig viele Fahrten an einem Tag.
Gilt bayernweit in allen Nahverkehrszügen, S-, U-, Straßenbahnen, Bussen und fast allen Linienbussen.[2]

Gültig auch im österreichischen Außerfern, bis Kufstein, Salzburg Hbf, Ulm Hbf, Sonneberg sowie auf den Strecken Hergatz–Kißlegg–Memmingen, Ansbach–Crailsheim und Hasloch (Main)–Lauda–Würzburg.

Bayern-Ticket 2. Klasse

€ Für Einzelreisende 25 Euro.[1]
Jeder weitere Mitfahrer (max. 4) zahlt nur 8 Euro.

Mo. bis Fr.: 9 bis 3 Uhr des Folgetags.
Sa./So. und an Feiertagen: schon ab 0 Uhr.[4]

Für beliebig viele Fahrten in der 2. Klasse[6] sowie im öffentlichen Nahverkehr.[2]

Es gelten die allgemeinen Vorteile (siehe S. 2).

Bayern-Ticket 1. Klasse

€ Für Einzelreisende 37,50 Euro.[1]
Jeder weitere Mitfahrer (max. 4) zahlt nur 20 Euro.

Mo. bis Fr.: 9 bis 3 Uhr des Folgetags.
Sa./So. und an Feiertagen: schon ab 0 Uhr.[4]

Für beliebig viele Fahrten in der 1. Klasse[6] sowie im öffentlichen Nahverkehr.[2]

Es gelten die allgemeinen Vorteile (siehe S. 2).

Bayern-Ticket Nacht 2. Klasse

€ Für Einzelreisende 23 Euro.[1]
Jeder weitere Mitfahrer (max. 4) zahlt nur 5 Euro.

Un programa sobre Argentina

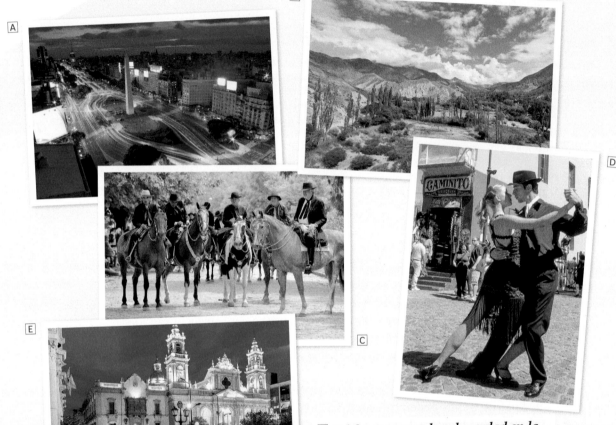

A

B

C

D

E

1 Déjate sorprender por la vista del espectacular Cerro de los Siete Colores en Purmamarca.

2 *Celebra con gauchos de verdad en la Fiesta de la Tradición en San Antonio de Areco y deja convidarte a un mate.*

3 DISFRUTA DE UN ESPECTÁCULO DE TANGO EN EL BARRIO DE LA BOCA DE BUENOS AIRES.

Nach dieser Lektion kannst du

- ein lateinamerikanisches Land vorstellen.
- die Vor- und Nachteile von Metropolen vergleichen.
- über Vergangenes sprechen.
- eine Aufforderung in indirekter Rede wiedergeben.
- Bilder und Statistiken beschreiben.

F

Argentina

Capital:	Buenos Aires (habitantes: 3 millones/17 millones en el área metropolitana)
Superficie:	2 780 400 km²
Habitantes:	45,2 millones
Moneda:	el peso
Otras ciudades importantes:	Córdoba, Rosario, Mendoza, La Plata
Idioma oficial:	español
Personas famosas:	el futbolista Lionel Messi, el escritor Jorge Luis Borges, la cantante Tini Stoessel, el cantante de tango Carlos Gardel, el humorista Quino

⑤ Ven a conocer Buenos Aires, una metrópolis llena de vida, y admira el obelisco en la Avenida 9 de Julio, el símbolo de la capital.

⑥ *Enamórate del glaciar Perito Moreno en el Lago Argentino, en uno de los parques nacionales más impresionantes del mundo, en la Patagonia.*

④ Admira la arquitectura colonial mientras disfrutas de la noche en Salta.

⑦ No te pierdas las cataratas más anchas del mundo en la frontera entre Argentina y Brasil.

1 Argentina en imágenes

a ¿Qué sabéis de Argentina? En clase haced una lluvia de ideas y juntadlas en la pizarra.

b Mirad en internet estas fotos que muestran lugares, cosas e imágenes "típicas" del país (WES-112636-004). Comparad con vuestras ideas del ejercicio a).

c En parejas leed los textos cortos 1-7 y relacionad cada uno con una foto (A-H). Ojo: Uno de los textos corresponde a dos fotos.

2 Más información

p. 49/2

a Mira el mapa en la página 214 y di dónde están los lugares de las fotos.

b Para saber más sobre Argentina, en grupos leed la información de la casilla y mirad el mapa al final del libro. También podéis buscar información en el Diccionario cultural (WES-112636-002). Preparad 10 tarjetas para otro grupo: en un lado escribid una pregunta, en el otro la respuesta correcta. Después intercambiad vuestras tarjetas con las del otro grupo y contestad a las preguntas.

¿Cuántos habitantes tiene la capital?

¿Con qué países limita Argentina?

p. 49/1

c En parejas mirad las fotos otra vez. Elegid cada uno/-a un lugar adónde os gustaría viajar y comentadlo.

🎧
CD 2/11-12

3 Buena Onda desde Argentina

ALEJANDRO: Javier, en dos semanas ya vamos a presentar el programa sobre Argentina en Buena Onda. ¡Qué bien!, ¿no? Me hace mucha ilusión prepararlo contigo.

5 **CELIA:** ¡A mí también! Antes no sabía mucho sobre Argentina, pero el año pasado estuve de vacaciones allí con mis padres para visitar a mi tío y me enamoré del país.

JAVIER: Me alegro. Gracias, chicos, por ayudarme
10 con el programa. Todavía soy nuevo en el tema de la radio y estaba un poco preocupado antes de recibir su e-mail. Me alegro mucho de no tener que hacerlo solo.

CELIA: ¿Ya sabes con qué tema quieres empezar?
15 A mí en Argentina me llamó mucho la atención la diversidad de climas y paisajes porque antes de ir no me la había imaginado: un día puedes tomar el sol en la playa de Mar del Plata, al día siguiente esquiar en Bariloche, después ver pingüinos en
20 Ushuaia ...

JAVIER: ... y al otro día monos en la selva de la provincia de Misiones, ¡así es! Los argentinos no necesitamos salir del país para tener las vacaciones de nuestros sueños, jaja. Pero ojo,
25 Misiones está a unos 4000 kilómetros de Ushuaia. ¿Quieren empezar con los aspectos turísticos del país entonces?

ALEJANDRO: Me parece buena idea. Primero hablamos de las atracciones turísticas más
30 importantes, después presentamos alguna región detalladamente. ¿Qué os parece hablar de Buenos Aires? Es una ciudad que he querido conocer desde hace años.

CELIA: Claro que sí, tenemos que tratar la capital
35 donde hay tanto que ver y hacer.

JAVIER: No voy mucho a Buenos Aires, pero tengo una tía que vive allá. Cada vez que la visito me lleva a conocer alguna atracción turística, ¡Buenos Aires es una masa!

40 **ALEJANDRO:** Otro aspecto importante del turismo es la comida típica.

JAVIER: Muy importante, es verdad. A los argentinos nos apasiona comer bien, y lo que más nos gusta es hacerlo juntos, en familia o con
45 nuestros amigos. Somos muy sociables. Podemos hablar del asado, de las empanadas, del vino de Mendoza y San Juan, de las pastas caseras ...

ALEJANDRO: Alguna vez he leído que la cocina argentina es similar a la italiana, ¿es verdad?

50 **JAVIER:** Sí, eso es por la historia argentina: en los siglos XIX y XX hubo mucha inmigración italiana, pero también de otros países europeos, y cada comunidad de inmigrantes que vino trajo sus platos típicos, sus costumbres ...

55 **CELIA:** ... y algunas palabras que luego entraron en el español de Argentina, ¿no? Por eso decís living por salón o pibe por chico.

JAVIER: Así es, la palabra pibe es de origen italiano. Pero el español argentino también tiene palabras
60 de las lenguas indígenas que la gente hablaba acá antes de la llegada de los españoles, como la cancha, el yuyo o la chaucha, que vienen del quechua. Hablamos de ese tema en el colegio la semana pasada, pero yo ya lo sabía porque me lo
65 había contado mi abuelo. Lo que no sabía es que la palabra mate también viene del quechua.

CELIA: ¡Casi me olvidaba! Tenemos que hablar del mate, a los radioyentes les va a parecer muy especial. A mí me sorprendió mucho cuando me
70 convidaron a un mate unas chicas que había conocido ese mismo día.

ALEJANDRO: Tengo otra idea que les va a interesar a todos los jóvenes: la música actual de Argentina. ¿Conocéis a Wos? ¡Me encanta! Y no podemos
75 hacer un programa sobre Argentina sin hablar del tango. A ti, ¿te gusta bailarlo, Javier?

JAVIER: ¿A mí? Jaja, no, no lo sé bailar ... El tango es un baile de salón y la verdad es que solo sé de uno de mis amigos que lo baila. En cambio, tengo
80 varios amigos músicos que lo tocan, las canciones de tango son muy famosas y Carlos Gardel es un clásico.

ALEJANDRO: Hablando de clásicos ... estoy pensando en un futbolista argentino muy famoso
85 que podemos presentar ...

JAVIER: ¿Querés hablar de Maradona? ¡Muy bueno! Más que un clásico es un héroe, en mi familia nos apasiona, jaja. Y hablando del fútbol argentino también tenemos que tratar a Lionel Messi.

90 **CELIA:** A mí no me interesa el fútbol, pero por supuesto sé quiénes son Maradona y Messi. Estoy segura de que a muchos radioyentes les va a encantar.

p. 49/3
p. 50/5
p. 51/6-7

p. 146/6b

a Javier, Celia y Alejandro hablan sobre su programa sobre Argentina. Lee el diálogo y apunta en qué orden hablan sobre los temas de la casilla y en qué líneas del texto lo hacen. Ojo: hay dos aspectos de los que no hablan.

b Lee el diálogo otra vez y escribe un resumen de 100 palabras.

c ¿Qué otros aspectos del país os parecen interesantes para el programa? Presentad vuestras ideas en clase.

> un baile · la capital · el clima · la comida típica · un deporte · el idioma · la inmigración · la moda · la música · el paisaje · la religión

4 Espacio cultural

CD 2/11-12

a El español de Argentina es diferente del español de España. Escucha otra vez el texto del ejercicio 3 y fíjate cómo habla Javier, que es argentino, en comparación con Celia y Alejandro, que son españoles. Di qué diferencias hay en la pronunciación.

El país y la gente

Argentina	España
acá	aquí
allá	allí
vos querés	tú quieres
ustedes quieren	vosotros/-as queréis

CD 2/13

b Ya sabes que entre España y Argentina hay diferencias de vocabulario. Escucha el diálogo entre Celia y Javier. ¿Para cuáles de los temas de la casilla tienen los argentinos palabras diferentes según Javier?

p. 50/4

> el tiempo · la ropa · las tiendas · las frutas y verduras · las asignaturas · los medios de transporte · el dinero · los animales · el paisaje · las habitaciones · los lápices

c En los países en los que la gente habla alemán, ¿hay nombres diferentes para algunas cosas? ¿Cuáles conoces y de qué temas son esas palabras? Habla con tu compañero/-a, después comparad en clase.

5 A descubrir

a Buscad en el texto 3 algunos ejemplos del pretérito indefinido, imperfecto y perfecto y explicad cuándo se usan estos tiempos verbales. Fijaos también en los marcadores.

b En parejas leed estas tres frases del texto y encontrad las formas del pretérito pluscuamperfecto. ¿Cómo se forma? ¿Cuándo se usa?

El idioma

Wie wird das Plusquamperfekt im Deutschen, Englischen und Französischen verwendet? Vergleiche mit dem *pluscuamperfecto*.

Celia: En Buenos Aires me convidaron a un mate unas chicas que había conocido ese mismo día.

Javier: Hablamos de ese tema en el colegio la semana pasada, pero yo ya lo sabía porque me lo había contado mi abuelo.

Celia: En Argentina me encantó la diversidad de climas y paisajes porque antes de ir no me la había imaginado.

6 ¡Qué viaje!

p. 52/8-9

a Habla de un día del viaje de Celia a Argentina. ¿Qué pasó y qué había pasado antes?

> *Ejemplo*
> *Cuando Celia **se acostó**, ya **había cenado** con su familia.*
> *Cuando **cenó** con su familia, ya **había vuelto** a casa de sus tíos.*

acostarse · cenar con su familia · volver a casa de sus tíos · ver una película en el cine · probar un mate · conocer a unas chicas muy simpáticas · comer algo · entrar en una tienda · caminar un poco por el centro · coger el autobús · saludar a sus padres · charlar con su tío · desayunar · ir a la cocina · ponerse ropa de verano · despertarse en casa de sus tíos

b Cuenta qué pasó ayer y usa el pretérito pluscuamperfecto.

Cuando	yo	despertarse	yo		desayunar
	tú	llegar al instituto	tú		preparar ...
	mis padres	abrir el cuaderno	el/la profe	ya	empezar la clase
	mi amigo/-a	volver a casa	mi novio/-a	todavía	salir de casa
	nosotros/-as	hacer los deberes	nosotros/-as	no	hablar con ...
	vosotros/-as	llamar a ...	vosotros/-as		escribirle a ...
	...	acostarse	...		llegar a ...

7 Un héroe argentino

p. 53/10-11

Javier quiere presentar a su "héroe", el futbolista Diego Maradona. Completa el texto con las formas de los verbos en pretérito indefinido, perfecto, imperfecto y pluscuamperfecto.

Diego Armando Maradona es y (1) ⌢ (ser) para mucha gente uno de los mejores futbolistas de todos los tiempos: (2) ⌢ (participar) en cuatro mundiales y (3) ⌢ (marcar) 34 goles para la selección argentina.

(4) ⌢ (nacer) el 30 de octubre de 1960 como el quinto de ocho hijos en un barrio pobre de la provincia de Buenos Aires. Cuando a los 15 años lo (5) ⌢ (contratar) Argentinos Juniors, un importante club de primera división, solo (6) ⌢ (jugar) al fútbol desde hacía 6 años. Un año después (7) ⌢ (entrar) en la selección nacional. A los 18 años, ya (8) ⌢ (ser) uno de los 25 mejores jugadores argentinos.

En 1980, Maradona (9) ⌢ (cambiar) de club y (10) ⌢ (ir) al Boca Juniors, uno de los equipos más grandes de Argentina, y dos años más tarde al Barcelona. Aunque allí casi no (11) ⌢ (poder) jugar por varias lesiones, en 1984 lo (12) ⌢ (contratar) el Napoli de Italia donde (13) ⌢ (tener) mucho éxito. (14) ⌢ (tener) su mejor partido en 1986 en México, donde la selección argentina (15) ⌢ (ganar) el mundial y Maradona (16) ⌢ (marcar) dos goles espectaculares: el "gol del siglo" y otro con la famosa "mano de dios". En 1991 la gente (17) ⌢ (conocer) su problema con la droga y el Napoli lo (18) ⌢ (echar). (19) ⌢ (volver) entonces a España para jugar con el Sevilla, y más tarde a Argentina.

Cuando (20) ⌢ (despedirse) del fútbol en 1997, con 37 años, (21) ⌢ (tener) grandes planes para su futuro y (22) ⌢ (cumplir) varios de ellos: (23) ⌢ (crear) su propio programa de televisión y (24) ⌢ (ser) director técnico de la selección argentina y otros equipos.

Maradona (25) ⌢ (morir) el 25 de noviembre de 2020, a los 60 años. Hasta el día de hoy (26) ⌢ (haber) pocos futbolistas tan admirados por la gente como Maradona.

8 Es un partido que ...

a Javier está preparando más información sobre el fútbol argentino para su programa. Haz frases usando los pronombres relativos *que*, *donde* y *lo que* como en el ejemplo.

> *Ejemplo*
> *"La mano de dios" fue el gol que hizo famoso a Diego Maradona.*

1 En 1986 Maradona fue el capitán de la selección argentina en México, ganó el mundial.
2 Empezó a tomar drogas, no le gustó nada a su club, el Napoli.
3 Cuando el Napoli lo echó, Maradona volvió a España, había jugado ya dos años.
4 De vuelta en Argentina, Maradona volvió a jugar para Boca, había sido su segundo club.
5 La Bombonera es el nombre del estadio juega Boca Juniors.
6 En la ciudad de Buenos Aires hay 14 estadios de fútbol son de 14 clubes diferentes.
7 Los clubes con más éxito son Boca y River, lleva a mucha rivalidad entre sus fans.

b Explica las siguientes palabras del texto del ejercicio 7 en español. Usa las expresiones de "Así se dice".

Así se dice: Explicar una palabra

Es algo **que** ...	tienes/necesitas cuando ...
Es una cosa **que** ...	usas para ...
Es una persona **que** ...	hace .../trabaja en .../siempre quiere ...
Es un lugar/una región **donde** ...	hay .../puedes hacer ...
Es un animal/una fruta **que** ...	tiene .../es grande/blanco/-a ...

 p. 130   p. 137

el/la director/a técnico/-a   el/la futbolista   el partido   el equipo   el estadio   la selección

9 Entre idiomas

p. 155/10

Du kommst gerade von einem Austausch mit Buenos Aires zurück und möchtest einen spanischsprachigen Podcast über Mate einsprechen. Nehme auf Grundlage dieses Textes einen Podcast auf, der folgende Fragen beantwortet: Wie bereitet man Mate zu? Und wie trinkt man ihn?

Was ist Mate eigentlich? Mate ist ein Tee, der vom Mate-Strauch gewonnen wird. Dieser ist ursprünglich in Südamerika beheimatet und auch heute sind die größten Anbaugebiete immer noch in Paraguay, Argentinien und Brasilien. Schon vor der Kolonialisierung durch die Portugiesen und Spanier haben die Ureinwohner Südamerikas Mate-Tee aufgegossen und getrunken. Allerdings war mit dem Begriff *mate* (mati bedeutet auf Quechua „Trinkgefäß") ursprünglich das Gefäß gemeint, aus
5 dem heraus man den Tee getrunken hat. Dieses Gefäß war häufig aus ausgehöhlten und getrockneten Flaschenkürbissen gefertigt oder bei Viehhirten aus einem Abschnitt eines Kuh-Horns. Der Tee selbst heißt eigentlich *yerba*.
Wie sollte ich Mate trinken? Die getrockneten Blätter werden in den Becher gefüllt und mit ca. 80 Grad warmem Wasser aufgegossen. Man trinkt dann direkt aus dem Becher mit einer *bombilla*, einem
10 Trinkhalm aus Metall oder Holz, meist schick verziert und mit einem Sieb am Ende, damit man keine Kräuter aufsaugt. In Südamerika ist Mate mehr als ein Getränk – er gehört zu jedem Treffen unter Freunden unbedingt dazu. Einer in der Runde bekommt die Thermoskanne oder den Kessel und übernimmt die Rolle des *cebador*, der den Mate nacheinander für alle aufgießt. Das Besondere am Mate ist,
15 dass auch in großen Gruppen nur ein Mategefäß herumgeht: Der *cebador* gießt jedem neues Wasser auf, aber alle trinken aus demselben Gefäß und mit derselben *bombilla*. Bedanken darf man sich beim *cebador* erst, wenn man nicht mehr möchte – ein *gracias* wird hier immer als *no, gracias* verstanden.

p. 155/9b

10 Argentina, país de inmigrantes

En los siglos XIX y XX hubo mucha inmigración en Argentina sobre todo de Italia, España y otros países europeos. Para su programa Javier está buscando más información en internet sobre la población inmigrante actual y ha encontrado esta estadística. Mira y coméntala usando las expresiones de "Así se dice". Contesta también a las preguntas.

1 ¿En qué países ha nacido la mayoría de la población inmigrante?
2 ¿Qué porcentaje de habitantes argentinos ha nacido en Europa?
3 ¿Qué porcentaje ha nacido en otro país del continente americano?

Población argentina nacida en el extranjero en 2010: países de origen

Paraguay **30,5%**
Otros* **1,9%**
Brasil **2,3%**
otros países de Europa **3,2%**
otros países de América **3,8%**
España **5,2%**
Uruguay **6,5%**
Italia **8,2%**
Perú **8,7%**
Chile **10,6%**
Bolivia **19,1%**

* China: 0,5%, otros países de Asia: 1,2%, África y Oceanía: 0,2%

Así se dice:
Describir una estadística

La estadística presenta (los resultados de) ...
Con la estadística se puede/n comparar ...
84,9% La mayoría ...
60,1% Un/El sesenta coma uno por ciento ...
49% Casi la mitad ...
33,3% Un tercio ...
25% Un cuarto ...
El número/porcentaje de ... es más alto/ más bajo que ...

CD 2/14

11 La familia de Javier

p. 144/4.1

p. 55/14

Para tratar el tema de la migración en Argentina, Javier también quiere hablar de la historia de migración de su propia familia. Escucha qué le cuenta a Celia y Alejandro y contesta a las preguntas en tu cuaderno.

p. 130   p. 137

1 ¿Por qué es para Javier su familia una familia argentina "típica"?
2 ¿De dónde eran los padres del abuelo de Javier?
3 ¿Dónde se conocieron los padres de su abuelo?
4 ¿De dónde era el padre de la abuela de Javier y por qué se fue de allí?

5 ¿Dónde trabajó el padre de su abuela?
6 ¿De dónde era la madre de su abuela y por qué emigró a Argentina?
7 ¿A qué países se fueron a vivir algunos familiares[1] de Javier durante los últimos años?

CD 2/15-17

12 Vivir en la metrópolis

a Tres jóvenes han dejado estos comentarios en la página de Buena Onda. Léelos y decide: ¿a cuál/es de las preguntas contestan todos ellos?

1 ¿Qué te gusta hacer los fines de semana?
2 ¿Cómo es vivir en Buenos Aires?

3 ¿Te gustaría vivir en otro lugar?

[1] el/la familiar der/die Verwandte

○ ○ ○   www.radiobuenaonda.com   ← →

Esteban: A mí me encanta Buenos Aires y no me puedo imaginar un lugar mejor para vivir. Lo bueno que tiene es la oferta enorme de museos, teatros, librerías, actividades culturales … pero también de bares, restaurantes y clubes. Yo soy de Villa Gesell y me vine a la capital para

5 estudiar teatro. ¡La mejor decisión de mi vida! En Buenos Aires hay muchas universidades y la mayoría de mis compañeros se vinieron de otras ciudades o pueblos porque allá no podían estudiar lo que les interesaba. Para mí lo más divertido es salir con ellos a conocer la ciudad, nos encantan los barrios de la Boca y San Telmo. Son muy turísticos y no podés

10 caminar por las calles sin que un turista te pregunte por la Feria de San Telmo o el arte callejero. Sin embargo son mis barrios favoritos porque hay tantas cosas que hacer. Aburrirse acá, ¡imposible!

Camila: Pasé toda mi vida en Buenos Aires y la verdad es que me parece difícil comparar porque es lo único que conozco. A mí me parece que no

15 está mal vivir acá: me gusta mi barrio y con mis amigos vamos a ver los partidos de Boca. ¡El estadio de Boca es una masa! Por otro lado, lo que me da mucho miedo es la inseguridad. ¡Es lo peor de vivir acá! A la mayoría de mis amigos alguna vez les robaron el celular o el bolso, por suerte hasta ahora no les pasó nada peor. Mi padre se preocupa mucho y siempre me

20 dice que tenga cuidado. Por eso antes de que él diga nada yo le prometo llamar si tengo un problema. Cuando me despido de mis amigos me dicen que les envíe un mensaje al llegar a casa para que estén tranquilos. Es que en Buenos Aires hay mucha riqueza en algunos barrios y mucha pobreza en otros, por lo cual hay mucha criminalidad. A veces estoy preocupada cómo va a seguir la cosa.

25

Joaquín: Con mis padres y mis dos hermanos vivimos en el barrio de Coghlan, el más pequeño de los 48 barrios de Buenos Aires. ¡En poco más de un km^2 viven casi 20 000 personas! Buenos Aires es enorme … Yo tengo suerte, el cole queda cerca de mi casa. Mi padre, en cambio, necesita una hora y media para llegar a su trabajo en Puerto Madero, y los trenes y

30 bondis van siempre demasiado llenos y muchas veces llegan tarde. En Buenos Aires vive un tercio de los habitantes argentinos y el transporte público no funciona muy bien. Por eso y por la suciedad y la falta de parques y zonas verdes en la ciudad, a veces no me gusta vivir acá. Por otro lado, lo espectacular de Buenos Aires es que hay de todo para todos los gustos:

35 espectáculos, exposiciones, conciertos, de todo. Los conciertos que más me gustan son los de Wos, es mi cantante favorito. Además, lo que a mí me apasiona es la arquitectura, por lo cual estoy feliz de estar donde estoy: a Buenos Aires le dicen "el París de América". Hace cien años fue una ciudad con mucha riqueza y todavía se ve en muchos edificios del centro y de los barrios del norte.

p. 143/3

p. 56/15-16
p. 57/17

b Lee los comentarios de los jóvenes y haz una tabla de las ventajas y desventajas de la vida en Buenos Aires que nombra cada uno de ellos. Ojo: alguien habla solo de aspectos positivos.

nombre	ventajas	desventajas
Esteban	*- las actividades culturales* *- las posibilidades para* *salir de fiesta* *…*	*…*

⊞ p. 131   ⏢ p. 138

c En grupos de tres cada alumno/-a elige a uno/-a de los jóvenes y describe su opinión sobre la vida en Buenos Aires. Usad la información de la tabla del ejercicio b).

5

p. 57/18

13 Lo bueno de vivir acá

a Completa estas frases según las opiniones de los jóvenes.
Puedes mirar otra vez los textos del ejercicio 12 y mira
también "El idioma".

1 Para Esteban lo más divertido de su vida en Buenos Aires es …
2 Para Camila lo peor de vivir en Buenos Aires es …
3 Para Joaquín lo espectacular de Buenos Aires es …

CD 2/18

p. 144/4.1

b Florencia vive en Piamonte en la provincia
de Santa Fe. Escucha lo que cuenta y toma
apuntes. Después escribe al menos seis
frases sobre su vida. Usa la estructura de
la derecha como en el ejemplo.

 p. 131   p. 138

El idioma

Mit **lo** werden Adjektive
(auch im Superlativ) und
Ordnungszahlen substan-
tiviert. Du kennst das auch
aus dem Deutschen,
wo man *das* verwendet:
lo primero das Erste
lo mejor das Beste

	divertido		
	práctico	su vida	
Lo	bueno	vivir en el	es …
	malo	de	pueblo
	triste	…	
	…		

> *Ejemplo*
> *Para Florencia, lo mejor de su vida en el pueblo es estar cerca de todos sus amigos.*

c Compara la vida de Florencia del ejercicio b) con la de los tres jóvenes del texto
del ejercicio 12. Toma apuntes, después hablad en parejas.

14 Mi vida en mi pueblo/mi ciudad

p. 154/9a

a Dos jóvenes argentinos han puesto fotos de los lugares donde viven en la página de
Buena Onda. Descríbelas usando algunas de las expresiones de la casilla (página 91).

Puerto Madero, Buenos Aires

Valle de Punilla, Jujuy

b Elige una de las fotos e imagina que vives en ese lugar.
Explica a tu compañero/-a lo que (no) te gusta de tu vida allí.

5

Así se dice: Describir una imagen

En la imagen/la foto	hay un/a	un hombre/una mujer	que está/n hablando ...
En primer plano	está el/la	un chico/una chica	que está/n mirando a ...
En el centro	puedo ver	dos personas	que lleva/n ...
Al fondo	podemos ver	un perro/gato ...	que tiene/n ...
Delante de/Detrás de ...		un edificio/una casa	que está/n en ...
Al lado de ...		un puente	que parece/n + *adj.*
A la izquierda/derecha de ...		un río/el mar	
Entre ... y ...		un coche/barco ...	
Arriba/Abajo			

 c Piensa ahora en tu pueblo/ciudad. ¿Qué (no) te gusta de la vida allí? Escribe un comentario de unas 120 palabras para la página web de Buena Onda y cuéntaselo a los lectores.

p. 153/8.2

15 Hablamos de la vida en la metrópolis

p. 58/21

Toma apuntes sobre las ventajas y desventajas de vivir en una metrópolis. El texto 12, tus apuntes del ejercicio 13 c) y tu comentario del ejercicio 14 c) te pueden ayudar. Prepara tu charla con ayuda de las estrategias y habla al menos un minuto del tema.

 p. 131   p. 138

16 Antes de salir

p. 59/22

a En parejas leed estas frases del texto de Camila y explicad cuándo se usa el infinitivo y cuándo el subjuntivo. Comparad después con otra pareja o en clase.

1 a Tengo que llamar a mis padres antes de que se preocupen por mí.
  b Antes de volver a casa tengo que llamar a mis padres.
2 a Mi padre no me deja salir con mis amigos sin que le prometa llamarlo.
  b Mi padre no me deja salir con mis amigos sin acompañarme hasta la estación.
3 a Cuando llego a casa les escribo a mis amigos para que estén tranquilos.
  b Cuando llego a casa veo un poco la tele para dormirme.

b Celia, Javier y Alejandro han quedado otra vez en el chat para preparar la parte del programa sobre Buenos Aires. Completa el diálogo con las formas correctas de los verbos.

CELIA: ¿Ya habéis escrito el texto para (1) ⁓ (presentar) Puerto Madero u otro barrio de la ciudad?

JAVIER: Antes de que (2) ⁓ (escribir, nosotros) ese texto quiero buscar más información en internet para que no (3) ⁓ (haber) errores.

ALEJANDRO: No te preocupes: por supuesto, no vamos a presentar el programa sin (4) ⁓ (hablar) de todos los aspectos importantes y sin que lo (5) ⁓ (leer) alguno de los otros locutores.

CELIA: Puedo enseñárselo a Raquel, por ejemplo, para que nos (6) ⁓ (dar) su opinión.

ALEJANDRO: Me parece una buena idea, pero Raquel no ha estado en Argentina, ¿verdad?

JAVIER: Mejor, si lo escucha sin (7) ⁓ (saber) mucho del país, toda la información va a ser nueva para ella como para muchos de nuestros radioyentes.

p. 155/10

17 Entre idiomas

a Du hast mit einem Austausch einen Monat in Buenos Aires verbracht. Bevor du nach Hause zurückkehrst, möchtest du Geschenke für deine Familie kaufen: Dein Vater kocht gerne, deine Mutter interessiert sich für das Matetrinken, dein Bruder mag Kleidung und du möchtest noch einmal Tangotänzer sehen. Deine argentinische Freundin Larisa hat versprochen, dich zu begleiten. Lies den Prospekt und schreibe ihr eine E-Mail von etwa 200 Wörtern, in der du erzählst, wo du gerne einkaufen gehen möchtest und warum.

Einkaufen in Buenos Aires

In Buenos Aires gibt es viele interessante Märkte, große Einkaufs-
zentren und Fachgeschäfte. Das größte und schönste Einkaufs-
zentrum der Stadt, Abasto, befindet sich in einem spektakulären
historischen Gebäude. Viele Touristen besuchen es daher nicht
5 zum Einkaufen, sondern um die beeindruckende Innenarchitektur
zu bewundern. Hier gibt es Dutzende Geschäfte, in denen man
Kleidung, Parfums und Souvenirs für jeden Geschmack finden kann.
Außerdem gibt es einen großen Food-Court und viele Spielmöglich-
keiten für Kinder, darunter sogar ein kleines Riesenrad.
10 Galerías Pacifico (siehe Foto) ist das zweitbeliebteste Einkaufszentrum der Stadt. Es liegt an der Hauptfußgängerzone und befindet
sich ebenfalls in einem Gebäude mit einer jahrhundertealten
Geschichte. Man sollte es unbedingt besuchen, um in einer der
vielen Modeboutiquen stilvolle Designerkleidung und Accessoires zu kaufen. Zudem befinden sich
15 hier einige der beliebtesten Restaurants der Stadt. In der obersten Etage gibt es Kunstgalerien,
die man kostenfrei besuchen kann. Abends versammeln sich dort die Fans des Tangos, sodass
man bis spät in die Nacht unterhalten wird.
Die Fußgängerzone in La Boca ist ein beliebtes Einkaufsparadies. Hier kaufen vor allem Touristen
Souvenirs. Unzählige Verkäufer bieten ihre Waren in Ständen direkt auf der Straße an. Hier kann
20 man handgefertigtes Kunsthandwerk kaufen, darunter eines der beliebtesten nationalen Souvenirs: Matebecher. Diese Straße ist voll von Künstlern, die gerne ein Portrait malen, und natürlich
gibt es auch hier viele beliebte Restaurants und Cafés.
Das Gebiet von Las Canitas ist ein idealer Ort für gastronomische Einkäufe. In lokalen Geschäften
werden Kunden die beliebtesten lokal produzierten Speisen und Getränke angeboten. Gourmets
25 aus aller Welt strömen hierher, zumal dieses Gebiet auch für sein Street Food sehr beliebt ist.
Auch sparsame Touristen werden hier fündig.

http://www.orangesmile.com/reiseinfos/buenos-aires/shopping--979186.htm (adaptado) [01.06.2021]

b En grupos de cuatro o cinco, corregid vuestros textos. Antes cada persona elige un criterio (por ejemplo, un/a alumno/-a corrige solo los tiempos verbales, otro/-a los adjetivos, otro/-a la ortografía, etc.) y un lápiz de color. Corregid ahora cada uno/-a todos los textos. Al final mirad las correcciones de los compañeros en vuestro texto y hablad en el grupo sobre vuestros errores más frecuentes.

18 Me dicen que ...

a Ya sabes que para repetir lo que dice otra persona usas el discurso indirecto. ¿Cómo se forma? ¿Qué partes de la frase cambian y qué otras partes quedan iguales? Habla con tu compañero/-a, inventad unas frases como ejemplos y presentad vuestras ideas en clase.

b Mira lo que dice Camila y lo que dicen su padre y sus amigas (p. 93). ¿Cómo formas el discurso indirecto del imperativo? Habla con tu compañero/-a, después comparad en clase.

¡Ten cuidado!

Cuando quiero salir, mi padre me dice que tenga cuidado.

¡Envíanos un mensaje!

Cuando me despido de mis amigas, me dicen que les envíe un mensaje.

p. 59/23

C **Alejandro está haciendo una videollamada con Celia que le pide muchas cosas. Lamentablemente hoy internet no funciona muy bien y Alejandro no puede entender todo, por eso Celia tiene que repetir mucho. Escribe las frases de la chica como en el ejemplo.**

1 Escribe un mensaje a Javier, por favor.
2 Elige un animal de la Patagonia que quieres presentar.
3 Escucha la canción que te voy a enviar más tarde.
4 Ayúdame con el tema de la música argentina, por favor.
5 Envíame lo que has escrito sobre el clima, por favor.
6 Llámame otra vez a las cinco de la tarde.

> *Ejemplo*
> *Celia: Busca más información sobre la Patagonia, por favor.*
> *Alejandro: Lo siento, ¿qué dices?*
> *Celia: Te digo que busques más información sobre la Patagonia.*

19 A tu manera

Elige una actividad.

1 En grupos haced un mapa de una región argentina (por ejemplo, la Patagonia o el noreste) con lugares y atracciones importantes, animales típicos, sus fiestas y su cocina. Mirad también el mapa de Argentina de la página 214. Escribid textos cortos y añadid fotos. Al final, presentad vuestro cartel en clase.
2 En parejas buscad en internet un/a cantante o un grupo de música argentino/-a que os guste y presentadlo/-la en clase. Podéis poner en clase también una de sus canciones.
3 Busca información sobre Lionel Messi, un futbolista argentino famoso, y escribe una biografía de unas 200 palabras.

> **Resumiendo**
>
> Aquí puedes revisar lo que has aprendido en la *Unidad* 5: WES-112636-001.

Al final

En grupos preparad un programa de radio sobre Argentina para una radio internacional de jóvenes.
1 Elegid por lo menos tres temas de esta unidad para vuestro programa.
2 Buscad información sobre estos temas y decidid cómo queréis presentarlos (entrevistas, reportajes, música ...). Para saludar, introducir los temas y despediros podéis usar este vocabulario: WES-112636-003.
3 Tenéis que hacer un programa de más o menos cinco minutos. Grabadlo y presentadlo a la clase.
4 Evaluad los programas en clase.

p. 153/8.2c

El mapa imposible

Un día de invierno, un hombre mayor está sentado en un banco de la plaza del pueblo. Está pensando en cómo durante su vida ha cambiado su nombre, o la forma de llamarle otras personas.

El anciano tenía un nombre. El mismo que le habían puesto al nacer. Aunque, con el paso del tiempo, su nombre bautismal había sufrido algunas modificaciones.

En los lejanos años en que su madre lo esperaba con los brazos extendidos mientras él daba los primeros pasos, [...] su nombre era un sonido incomprensible de tanta miel y tantos diminutivos y
5 tantas palabras para alentarlo: a ver, Juliancito, bebé precioso, amor chiquitito, venga con mamá. Cuando fue a primer grado, su nombre se transformó en una larga cadena de letras y guiones que llegaba hasta el final de la página. A veces, sin acento. A veces, sin mayúscula: Julian-julián-Julián... [...] A los veinte años, Julián tenía más jota que ninguna otra cosa. Será porque la jota tiene un sonido heroico y pasa como el viento de verano.
10 Más tarde se agregaron tres letras a su nombre. Y Julián empezó a llamarse don Julián. Era eso, o abuelo. Y no había nada que él pudiera hacer para evitarlo.

—Buenas tardes, don Julián —le dijo una vecina—. ¿Qué está haciendo en la plaza con tanto frío?

—No tengo frío. Estoy recordando, y los recuerdos son un buen abrigo.

—¡Usted siempre tan poeta! Dígame, don Julián, ¿sabe su hija que está en la plaza?

15 La vecina se marchó sin esperar la respuesta. Y don Julián pudo seguir con sus recuerdos. Sin duda, el mejor momento de su nombre había sido cuando tenía once años. Él tenía once, Diego también. Y Lila tenía diez. [...] El anciano, sentado en la plaza, estaba pensando que aquel había sido el mejor momento, porque entonces sus nombres sonaban como contraseñas. Sonaban como alias de espías o bandidos.

—¡Abuelo! —Su nieta le tocaba el hombro.— Abuelo, dice mamá que vuelvas a casa.

20 Era seguro que esa vecina charlatana había ido a cumplir con su deber de informar que don Julián estaba tomando frío en un banco de la plaza.

—Si tu madre dice que vuelva, entonces vuelvo.

El abuelo y su nieta caminaron hasta la casa tomados de la mano.

—¿Cómo me llamo? —preguntó el anciano.

25 —Abuelo.

—No te estoy preguntando cómo me llamás vos, sino cómo me llamo en verdad.

—¡Ah, eso! —La niña se quedó pensando—: don Julián.

Bodoc, Liliana: El mapa imposible. Buenos Aires: Alfaguara 2008, pp. 7-9.

---

el anciano *el hombre mayor* | **el nombre bautismal** der Taufname | **la modificación** die Veränderung | **incomprensible** unverständlich | **alentar a alguien** jdn. ermutigen | **transformarse en** werden zu | **el abrigo** der Mantel, der Schutz | **marcharse** *irse* | **el alias** der Spitzname, der Deckname | **charlatán/-ana** geschwätzig

p. 143/3

a **Lee el texto y decide si las siguientes frases son verdaderas o falsas o si la información no está en el texto. Apunta también la línea en la que encuentras cada información.**

1 De pequeño, a Julián su mamá le llamaba de muchas formas diferentes.

2 En la escuela, sus compañeros no decían bien el nombre de Julián.

3 Cuando se hizo más mayor, la gente lo llamaba don Julián.

4 La vecina está preocupada por Julián porque lo quiere mucho.

5 Cuando tenía once años, sus amigos le llamaban "el bandido".

6 De repente Julián se olvida de su nombre y por eso se lo pregunta a su nieta.

b **En la línea 13 Julián dice que "los recuerdos son un buen abrigo". Hablad en parejas y explicad qué significa la frase.**

c **En Argentina se usan muchos diminutivos y aumentativos. ¿Qué posibilidades conoces para formar un diminutivo? Y los aumentativos, ¿qué son y cómo se forman? En parejas mirad la gramática y buscad en internet, después comparad vuestras ideas en clase.**

Humor argentino

p. 156/11.1

a Argentina tiene muchos humoristas muy famosos. En parejas elegid uno de los nombres de las casillas, buscad información en internet y tomad apuntes sobre los temas siguientes. Después presentad vuestros resultados en una charla de dos minutos.

El Monumento Mafalda en Buenos Aires

- año y medio de la primera publicación[1] de su personaje principal[2]
- características del personaje principal: edad, familia, amigos, etc.
- algunos temas de las historietas[3]

Joaquín Salvador Lavado, conocido como "Quino" (1932-2020), y su personaje "Mafalda"

Agustina Guerrero (1982), y su personaje "La volátil"

Roberto Fontanarrosa (1944-2007) y su personaje "Inodoro Pereyra"

b Mira la historieta de Quino y explica qué ve y qué piensa el hombre en cada dibujo. ¿Por qué dice al final "contradictoria"?

c En parejas haced una historieta como la de Quino sobre vuestro propio país con vuestras propias ideas. Después presentadla en clase y explicad los dibujos.

---

[1] **la publicación** die Veröffentlichung [2] **principal** wichtigste/r/s [3] **la historieta** der Comic

1 Über ein Land sprechen

el paisaje:	la ciudad:	la gente:
el bosque – la catarata – el cerro – la costa – el desierto – la duna – el glaciar – el lago – el mar – la montaña – la playa – el río – la selva	el aeropuerto – el área metropolitana – la arquitectura – la atracción turística – la avenida – el bar – el barrio – el café – la calle – la capital – el casco antiguo – la catedral – el centro – el cine – el club – el concierto – el espectáculo – la estación de trenes/de metro/ de autobuses – la exposición – la iglesia – la librería – la metrópolis – el monumento – el museo – el obelisco – el restaurante – el teatro – el transporte público	la comida típica – la comunidad – las costumbres – las culturas diferentes – los días festivos – la diversidad – la especialidad – los festivales – las fiestas – los habitantes – el idioma – la lengua – el plato típico – la población – las tradiciones

Gr
p. 14/8.8.7

2 Erzählen, was vor anderen Dingen in der Vergangenheit passiert ist

el pretérito pluscuamperfecto

(yo)	había	viaj**ado** a Argentina
(tú)	habías	com**ido** un asado
(él/ella)	había	viv**ido** una aventura
(nosotros/-as)	habíamos	descub**ierto** algo interesante
(vosotros/-as)	habíais	
(ellos/-as)	habían	

Du bildest das **pretérito pluscuamperfecto** mit den Formen von **haber** im **pretérito imperfecto** und mit dem Partizip des Verbs.

Alejandro leyó en el periódico algo sobre el viaje y después llamó a Laia.

Cuando Alejandro llamó a Laia, ya había leído algo sobre el viaje en el periódico.

Wie im Deutschen drückt das **pretérito pluscuamperfecto** die **Vorvergangenheit** aus.
Die **zweite Handlung** kann im **indefinido**, im **imperfecto** oder im **perfecto** stehen.
Es kann sich auch um einen Infinitiv-Satz handeln (**antes de**).

Celia **tenía** ganas de participar en el programa porque **había estado** en Argentina con sus padres el año pasado.
Hoy **he visto** una película en la tele que ya **había visto** en el cine.
Antes de **viajar** a Buenos Aires, Celia ya **había leído** algo sobre las costumbres argentinas.
Cuando Celia **llegó** a casa, su familia todavía no **había cenado**.

Gr
p. 22/9.2

3 Wiedergeben, wozu eine andere Person aufgefordert hat (indirekte Rede)

Du weißt schon, dass du die indirekte Rede benutzt, um wiederzugeben, was andere Personen erzählt oder gefragt haben. Bei Aufforderungen leitest du den Satz mit **decir(me/te/le/...)** ein; das Verb des Nebensatzes steht im **subjuntivo**. Achte auch hier darauf, dass Verben, Pronomen, Begleiter und Angaben zu Orten und Zeiten in Abhängigkeit von der Perspektive des Sprechers/ der Sprecherin verändert werden müssen.

estilo directo	estilo indirecto
Mi padre: Ten cuidado y vuelve a casa temprano.	Mi padre me dice que tenga cuidado y que vuelva a casa temprano.
Tu madre: Llámame cuando llegues.	Tu madre te dice que la llames cuando llegues.
Su amigo: Escríbeme al llegar a tu casa, Camila.	Su amigo le dice a Camila que le escriba al llegar a su casa.

Gr
p. 8/4.3

4 Besondere Eigenschaften benennen

Mit **lo** werden Adjektive (auch im Superlativ) und Ordnungszahlen nominalisiert. Du kennst das auch aus dem Deutschen, wo man *das* verwendet.

lo primero das Erste   **lo mejor** das Beste
lo bonito das Schöne   **lo único** das Einzige

Gr
p. 22/8.11

5 Eine Einschränkung oder ein Ziel ausdrücken (*subjuntivo* im Nebensatz)

Antes de, **para** und **sin** kennst du schon in Kombination mit dem Infinitiv – dieser wird gebraucht, wenn das Subjekt dieses Nebensatzes das gleiche ist wie im Hauptsatz. Möchtest du hier ein anderes Subjekt verwenden, bildest du einen Nebensatz mit **antes de que**, **para que** oder **sin que**. Das Verb dieses Nebensatzes steht dann im **subjuntivo**.

Llámame (tú) **antes de** salir (tú) de casa.	Llámame (tú) **antes de que** salga (yo) de casa.
Voy (yo) a la fiesta **para** charlar (yo) contigo.	Voy (yo) a la fiesta **para que** charlemos (nosotros).
No quiero (yo) irme **sin** hablar (yo) con ella.	No quiero (yo) irme **sin que** ella hable conmigo.

Gr
p. 7/3.7

6 Mehr Informationen geben (die Relativpronomen)

Neben **que** *(der/die/das)* und **donde** *(wo)* lernst du in dieser *Unidad* ein weiteres Relativpronomen kennen: **Lo que** bezieht sich auf den gesamten Inhalt eines Satzes und kann mit *(das) was* übersetzt werden. Alle drei Relativpronomen können auch nach Präpositionen stehen; **que** wird in diesem Fall von einem bestimmten Artikel begleitet, der sich nach dem Bezugswort richtet.

Mi primo hizo una fiesta en un campo **por donde** pasa un río muy bonito.
Había un grupo de música que tocaba en vivo, **lo que** me gustó mucho.
En la fiesta he conocido a unos famosos **a los que** admiro desde hace años.
Además he hecho dos nuevos amigos allí, **por lo que** me lo pasé genial.
Te ha escrito un e-mail **en el que** te lo ha contado todo.

Sueños para el futuro

Así se dice

Vivir y convivir
disfrutar de la vida
vivir un tiempo en el extranjero
conocer una cultura nueva
pasar tiempo con la familia/los amigos
ayudar a otros, hacer un voluntariado

El mundo del trabajo
ser/trabajar de mecánico/-a, veterinario/-a ...
estudiar una carrera
hacer una formación profesional
ser famoso/-a, ser creativo/-a
tener éxito, ganar mucho dinero

Nach dieser Lektion kannst du

- über Träume und Zukunftspläne sprechen.
- über Berufe und Berufswünsche sprechen.
- Bedingungen formulieren.
- einen Lebenslauf und ein Anschreiben verfassen.
- ein Bewerbungsgespräch führen.
- in einem formellen Gespräch reagieren.

p. 60/1

1 Profesiones

a El tema de la semana en Buena Onda es el futuro profesional y los locutores van a presentar varias profesiones. Relaciona las profesiones con las definiciones y forma frases.

> *Ejemplo*
> *Un bombero es una persona que salva vidas y ayuda a la gente en situaciones peligrosas.*

1 el/la bombero/-a   **a** hacer muebles
2 el/la astronauta   **b** mantener y reparar coches
3 el/la periodista   **c** crear juegos para el ordenador
4 el/la carpintero/-a   **d** viajar al espacio
5 el/la programador/a de videojuegos   **e** curar las enfermedades de los animales
6 el/la veterinario/-a   **f** salvar vidas y ayudar a la gente en situaciones peligrosas
7 el/la mecánico/-a   **g** escribir artículos y hacer entrevistas

b Escribe la definición de otras profesiones que te parezcan interesantes con ayuda de un diccionario. Tu compañero/-a tiene que adivinar cuáles son.

2 ¿Cómo son?

Mira las fotos y descríbelas usando el vocabulario de la casilla "Así se dice".
¿Cómo son las personas de las fotos? ¿En qué trabajan?

> *Ejemplo*
> *En la foto D vemos a una mujer que está hablando por micrófono. Es morena y tiene el pelo rizado. Trabaja de periodista. Seguro que es una persona que sabe comunicarse bien y que ha estudiado una carrera en la universidad. Si eres periodista, puedes viajar por el mundo.*

CD 2/28-29

p. 60/2

3 El futuro profesional

Los radioyentes han escrito sobre sus planes y sueños en el foro de la radio.
Gilberto los presenta en su programa.

○ ○ ○   www.radiobuenaonda.com/programas   ← →

Buenas tardes y bienvenidos al programa *Mis planes de futuro profesional*. Gracias por sus
comentarios en nuestro foro. Es genial que haya participado bastante gente. Las profesiones
que más aparecen son policía, profesor, músico, arquitecto, carpintero, periodista, peluquero y
programador de videojuegos. Y hay muchas más. Voy a presentarles los comentarios de algunos

5 de nuestros radioyentes que sueñan con profesiones algo especiales y diferentes.

María Alejandra, por ejemplo, tiene un plan muy especial: quiere ser bombera, porque con esta
profesión puede salvar vidas y sus papás y sus hermanitos van a estar muy orgullosos de ella.
María Alejandra, seguro que es un trabajo difícil, pero muy útil. Yo creo que si lo sueñas, puedes
hacerlo. ¡Vas a tener una responsabilidad muy grande!

10 Aquí hay otra cosa interesante. Diego nos escribe: "A mi hermana y a mí nos gustaría ser
profesores y trabajar con los niños más pequeñitos. A veces cuidamos de los hijos de nuestros
vecinos y nos encanta. Después de que los chicos te regalan sus propios dibujos, ya no quieres
hacer otra cosa … Pensamos que así nunca nos vamos a aburrir porque podemos cantar, hacer
muchos trabajos manuales con nuestros alumnos, y en el recreo podemos jugar todos los días

15 al fútbol con ellos. También podemos ir de excursión. Debo decir que probablemente lo peor
es corregir los deberes. Eso no nos gusta tanto … ¿Te importa darnos tu opinión, Gilberto?"

Muchachos, yo creo que si quieren, pueden hacerlo, pero supongo que en este caso van a jugar
menos. No obstante, también deben hacer otras cosas como enseñar a leer, matemáticas,
no se pueden olvidar de los números. Espero que mi respuesta no les haya asustado y

20 que sigan queriendo ser profesores.

Y finalmente, nos llegó un comentario de Juan Manuel, de Barranquilla. Juan Manuel dice que
todavía no sabe qué quiere ser en el futuro. Como le gusta trabajar con la gente piensa que
puede hacer un trabajo social. Le gustaría hacer unas prácticas para comprobar si es la
profesión que le gustaría hacer. Eso es genial. Yo te recomiendo hacer un voluntariado, por

25 ejemplo, en la Fundación Pies Descalzos de Shakira en tu ciudad. Así puedes ayudar a los niños
necesitados y puedes ver si te gusta ese tipo de trabajo. Yo creo que, si tienes ganas, puedes
escribir una carta de presentación con tu currículum. ¡Suerte! Y escríbenos otra vez para que
sepamos qué tal te fue.

Pues yo también quiero contarles mi

30 sueño: quiero ser astronauta, así puedo
viajar al espacio y ver los planetas y las
estrellas con mis propios ojos, desde
cerca. Y si no es posible, me gustaría
ser físico, de esta manera puedo

35 trabajar en mi lugar favorito:
el Planetario.

¿Pueden darme algún consejo para
cumplir mi sueño?

El país y la gente

La cantante colombiana Shakira creó la *Fundación
Pies Descalzos* en 1997, tras su primer éxito
internacional a los 18 años. La fundación ayuda a
muchos niños y niñas que están en una situación
difícil por la violencia en su país. Pies Descalzos
trabaja para conseguir una educación pública
de calidad en Colombia.

El idioma

Das Perfekt des *subjuntivo* wird mit dem Verb **haber** im *presente de subjuntivo* und
dem Partizip des Hauptverbs gebildet. **Espero que el programa os** <u>haya gustado</u>.

a Lee el texto de Gilberto de la página 100 y completa las frases que resumen el texto.

 p. 132   p. 138

1 El texto trata de un programa de radio en el que Gilberto 〜.
2 〜 de María Alejandra es un trabajo difícil y de mucha responsabilidad.
3 Diego piensa que trabajar de profesor no es nada aburrido, pero 〜.
4 Según Gilberto 〜 no es solo diversión.
5 Juan Manuel quiere hacer unas prácticas porque 〜.
6 Gilberto le recomienda a Juan Manuel 〜.
7 〜 ser astronauta y viajar al espacio.
8 También puede imaginarse ser físico porque 〜.

b ¿Qué te parecen los consejos que da Gilberto a Diego y a Juan Manuel?
Y ¿qué le recomiendas a Gilberto para cumplir su sueño?

p. 61/3

4   Si queremos, podemos

Buena Onda ha preguntado a más jóvenes qué quieren hacer después de terminar el colegio. Lee las respuestas y forma frases condicionales con las ideas de la casilla.

> *Ejemplo*
> *Si Pablo estudia mucho, va a tener un buen trabajo.*

1 Pablo, Lima: estudiar mucho
2 Nuria, Huesca: hacer un voluntariado
3 Tito y Clara, Bilbao: viajar al extranjero
4 Eva, Santiago de Chile: trabajar en la oficina de turismo
5 Rafael, Salamanca: hacer un proyecto social
6 María, Bogotá: ir a vivir con mi mejor amigo
7 Carlota, Burgos: ser profesora

El idioma

Mit einem Bedingungssatz gibst du an, was erfüllt sein muss, damit etwas anderes passieren kann. Der Nebensatz, in dem du die Bedingung nennst, beginnt mit **si** und steht im Präsens; der Hauptsatz kann im Präsens, im Futur oder im Imperativ stehen.

Si no llueve, salgo a la calle.
Si no llueve, voy a salir a la calle.
Si no llueve, sal a la calle.

necesitar dinero • siempre estar con niños • hacer muchas cosas juntos • tener un buen trabajo • ayudar a otras personas • poder practicar su inglés • tener contacto con mucha gente

5   ¿Con qué sueñas tú?

a Y tú, ¿qué planes tienes para el futuro? ¿Con qué sueñas? Comenta tus sueños a tu compañero/-a y explica también cómo quieres conseguirlos.

Así se dice: Expresar sueños y deseos

Sueño con (+ inf.) ...
Mi sueño es (+ inf.) ...
Me gustaría/encantaría (+ inf.) ...
Deseo/Quiero (+ inf.) ...
Para conseguirlo voy a ...

> *Ejemplo*
> *Sueño con ser un bloguero famoso y viajar por todo el mundo. Para conseguirlo ...*

b Presenta uno de los sueños de tu compañero/-a en clase.

6 ¿Se han cumplido tus sueños?

CD 2/30

p. 61/4

a ¿Con qué soñabas de niño/-a? ¿Se ha cumplido? Toma apuntes, después hablad en clase.

b Escucha qué dicen Álvaro, Mercedes, Juan y Vicente de los sueños que tenían y de si se han cumplido o no. Copia la tabla en tu cuaderno y complétala con la información que escuchas.

 p. 132   p. 138

Nombre	¿Qué sueño tiene o tenía?	¿El sueño se ha cumplido? (sí/no/en parte)
Álvaro	~	~
Mercedes	~	~

7 Una gran atleta

p. 143/3

a Lee el texto sobre la deportista Omara Durand Elías. En parejas haced una tabla como la de las estrategias (página 140) con el vocabulario nuevo. Buscad las palabras que no podéis entender en un diccionario.

b Lee otra vez el texto y prepara una ficha con los siguientes datos: nombre, edad, país de origen, deporte, éxitos, personas importantes en su vida.

c Hablad en parejas. ¿Cuáles fueron los problemas que Omara tuvo en los diferentes momentos de su vida? ¿Qué soluciones ha encontrado o cómo ha vivido con ellos?

El idioma

Du weißt schon, dass die Adjektive **bueno** und **malo** meistens vor dem Substantiv stehen, auf das sie sich beziehen und dabei verkürzt werden können: un **buen/mal momento**. Einige Adjektive verändern ihre Bedeutung je nachdem, ob sie vor oder nach dem Substantiv stehen.

Omara Durand Elías es una gran atleta paralímpica especialista en las carreras de 100, 200 y 400 metros. Nació el 26 de noviembre de 1991 en Santiago de Cuba con una deficiencia visual y siempre ha soñado con ser una buena atleta profesional.

5 Su primer campeonato profesional, en el que ganó sus primeros premios, fue con solo 15 años. En 2008 fue a los Juegos Paralímpicos de Pekín con la lista de deportistas de Cuba. Tuvo muy mala suerte y no ganó ningún premio porque se había lesionado. Sin embargo, no se desilusionó: siguió

10 entrenando mucho para mejorar y ganar sus siguientes campeonatos. En 2011 consiguió dos medallas de oro en Nueva Zelanda, y en los Juegos de Londres de 2012 consiguió otra, corriendo los 100 metros en solo 12 segundos, siendo así la única atleta tán rápida con deficiencia visual.

Después del nacimiento de su hija en 2012 pasó un mal momento. Empeoraron sus problemas de

15 vista y se quedó casi ciega, por eso desde que volvió a empezar a entrenar tiene que correr con una guía, que la acompaña también en las carreras.

Participó en un campeonato en Qatar en 2015 y en los Juegos Paralímpicos de Río de Janeiro de 2016 y ganó tres medallas de oro en cada uno, en las carreras de 100, 200 y 400 metros. Además pudo batir

20 su propio récord del año 2012, corriendo los 100 metros en solo 11,48 segundos.

Miriam Ferrer, su entrenadora, la ha acompañado desde que Omara tenía siete años, cuando decidió empezar a practicar el atletismo.

Para Omara también ha sido muy importante el apoyo de sus padres y del resto de su familia. Está

25 casada con otro deportista. Le encanta compartir sus éxitos con ellos porque son personas muy importantes en su vida. Además de participar en grandes campeonatos de atletismo, Omara estudió Deporte en la universidad y desde 2018 es diputada en el Parlamento de Cuba.

p. 62/6

8 Mi sueño es ...

Más jóvenes han escrito en el foro de Buena Onda sobre sus sueños y sus planes para el futuro. Completa las frases con el adjetivo adecuado. ¡Ojo con la posición del adjetivo!

Elena, Valladolid (España): Sueño con ser campeona de escalada libre. Soy una ~ escaladora ~ y todos los fines de semana me entreno en las ~ montañas ~ de la región. Siempre voy con Tito, un ~ amigo ~. Nos conocemos desde pequeños y pasamos ~ momentos ~ juntos.

antiguo   bueno

grande

bueno   nuevo

único

Isabel, Lima (Perú): De momento no sé cómo me imagino mi vida en diez o quince años. Lo que sí sé es que quiero tener tiempo para encontrar ~ hobbies ~ en un futuro. No tengo un ~ sueño ~, me gustaría tener tiempo libre para ir de fiesta con mis ~ amigos ~ y para ir a esquiar a los Andes.

Guillermo, Rosario (Argentina): Espero que algún día gane la lotería. Mis amigos ~ están cansados de que siempre desee lo mismo, pero ... este es mi ~ sueño ~, siempre lo he tenido. Voy a hacer un viaje a México y voy a visitar las ~ pirámides ~ de Chichén Itzá. Estoy seguro de que me van a encantar.

antiguo   pobre

único

antiguo   nuevo

rico

Ángel, Quito (Ecuador): Mi sueño es viajar por todo el mundo. Siempre me ha gustado mucho conocer ~ países ~. Me encanta todo de una nueva ciudad. Los ~ edificios ~ del centro y los ~ edificios ~, modernos. Para viajar no hay que ser una ~ persona ~, solamente hay que tener ilusión.

9 Las profesiones más deseadas

p. 155/9b

a En 2018 se les preguntó a 500 jóvenes españoles de 18 a 24 años por las tres profesiones que más les interesaban. Describe la estadística. ¿Qué presenta y qué compara?

b Hablad en parejas sobre las diferencias entre las respuestas de los chicos y de las chicas. ¿Cuáles de las profesiones les gustan de forma parecida a chicos y chicas? ¿Qué profesiones les interesan mucho más o mucho menos a unos que a otros?

p. 146/6

c Haced una encuesta en clase sobre vuestras profesiones favoritas. Después escribid un artículo de unas 80 palabras para el periódico escolar de vuestro colegio español de intercambio presentando los resultados.

profesiones:	total:	chicos:	/ chicas:
bloguero/-a	22 %	18 %	24 %
médico/-a o enfermero/-a	20 %	11 %	28 %
ejecutivo/-a[1] de marketing	19 %	20 %	17 %
diseñador/a[2] de videojuegos	17 %	21 %	12 %
profesor/a	16 %	9 %	22 %
abogado/-a[3]	15 %	12 %	18 %
diseñador/a de aplicaciones	15 %	17 %	14 %
ingeniero/-a de robótica	13 %	20 %	8 %
periodista	13 %	12 %	15 %
contable[4] o asesor/a financiero/-a[5]	12 %	11 %	12 %
entrenador/a	12 %	13 %	11 %
programador/a	11 %	15 %	7 %

hecha con datos de YouGov, enero de 2018

---

[1]**el/la ejecutivo/-a** der/die Manager/in | [2]**el/la diseñador/a** der/die Designer/in |
[3]**el/la abogado/-a** der Anwalt/die Anwältin | [4]**el/la contable** der/die Wirtschaftsprüfer/in |
[5]**el/la asesor/a financiero/-a** der/die Finanzberater/in

p. 155/10

10 Entre idiomas

An deiner Schule findet bald der Zukunftstag statt. Deine spanische Austauschpartnerin hat diesen Aushang in eurer Schule gesehen. Lies den Text und beantworte mündlich ihre Fragen.

1 No he entendido bien ... ¿ese día se llama "Zukunftstag" o "Girls' Day"?
2 ¿Qué se hace entonces para ese día? Y, ¿dónde se hace?
3 Y ¿cuáles son las profesiones "típicas de hombres" y "típicas de mujeres"?

Zukunftstag für Mädchen und Jungen

In Deutschland wird im Rahmen eines bundesweiten Aktionsprogramms seit 2001 jährlich der „Girls' Day" durchgeführt. In vielen Bundesländern wird dieser Tag als „Girls' Day" veranstal-
5 tet, um speziell Mädchen für technische und naturwissenschaftliche Berufe zu motivieren. Niedersachsen hat sich entschlossen, diesen genderorientierten Tag nicht nur als „Girls' Day", sondern als „Zukunftstag für Mädchen und
10 Jungen" zu gestalten. [...] Schülerinnen und Schüler in Niedersachsen erhalten an diesem Aktionstag Einblicke in verschiedene Berufe, die geeignet sind, das traditionelle, geschlechtsspezifisch geprägte Spektrum möglicher Berufe für
15 Mädchen und Jungen zu erweitern. Sie können an Aktionen in Betrieben, Hochschulen und Einrichtungen teilnehmen und sollen so Berufe erkunden, die sie selbst meist nicht in Betracht ziehen. Dabei soll von allen Beteiligten darauf
20 geachtet werden, dass für Mädchen und Jungen getrennte Angebote vorgehalten werden. Mädchen haben so die Möglichkeit „typische Männerberufe" in Technik und Naturwissenschaft kennen zu lernen, Jungen sollen die eher
25 „typischen Frauenberufe" z. B. in Pflege und Erziehung entdecken. Schülerinnen und Schüler können an diesem Tag aber auch an Veranstaltungen der Schule teilnehmen, die der Zielsetzung des Zukunftstags dienen.
30 Statistiken belegen klar, dass nicht nur Mädchen, sondern ebenso Jungen sich aus dem über 350 verschiedene Ausbildungsberufe umfassenden Spektrum mehrheitlich auf ca. zehn typische Männer- bzw. Frauenberufe konzentrieren.
35 Insofern besteht die Notwendigkeit, den Gendergedanken als Unterrichtsprinzip in der Berufsorientierung zu verankern.

Niedersächsisches Kultusministerium: "Zukunftstag für Mädchen und Jungen". In: www.mk.niedersachsen.de [28.10.2018].

11 Las características personales

a Los siguientes símbolos representan algunas características personales que pueden ser importantes para elegir una profesión. En parejas relacionad cada símbolo con una de las características (A-J) de la página 105.

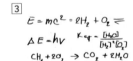

A autoridad
B capacidad de comunicación y relación social
C habilidad con las manos
D habilidad con los números
E talento para la música

F capacidad para aprender y hablar idiomas
G creatividad e imaginación
H capacidad para trabajar en equipo
I amor y respeto a la naturaleza y a los animales
J habilidad con las nuevas tecnologías

b **Busca tres profesiones y decide qué características personales son importantes para cada una.**

c **¿Cuáles de las características de a) crees que tienes tú y cuáles tiene tu compañero/-a? ¿Tienes otras características que no están en la lista? Apunta al menos tres características para cada uno/-a. Después compara con tu compañero/-a.**

12 Mi profesión ideal

Describe tu profesión ideal en un texto de 100 palabras para el foro de Buena Onda. Explica por qué has elegido esa profesión y cómo quieres cumplir ese sueño.

13 Mi solicitud

p. 64/10

a Imagina que quieres pasar el verano en España. Elige una de estas ofertas de prácticas y escribe una carta de presentación con ayuda de la página 148. Describe tus características personales y explica por qué te interesa/n esas prácticas/ese proyecto.

p. 149/6e

b Para solicitar un trabajo, normalmente también tienes que enviar un currículum. Mira las estrategias y escribe tu currículum para acompañar la carta de presentación de a).

p. 150/7

c En parejas intercambiad vuestros textos y corregidlos. ¿Tu compañero/-a ha cumplido con todas las características formales? ¿Ha puesto la información necesaria? Corregid también la gramática y la ortografía.

¿Tienes sentido del humor?
Se necesita un/a chico/-a con mucho sentido del humor para trabajar con nuestro payaso del hospital en julio o agosto. Si eres una persona divertida y tienes ganas de hacer reír a nuestros pacientes más jóvenes, envíanos tu currículum y una carta de presentación a Hospital La Paz, Paseo de la Castellana, 60 – 28043 Madrid

El bosque es tu futuro
¿Te interesa la naturaleza? Se buscan chicos y chicas para ayudar en nuestra fundación "El bosque es tu futuro" durante el verano. ¿Quieres ayudar a plantar árboles con un equipo profesional e internacional? Entonces envíanos tu solicitud a la dirección: "El bosque es tu futuro", C/Begoña, 14 – 33017 Gijón

¿Sabes idiomas?
El camping "La Playona" busca jóvenes para realizar prácticas como animadores para nuestros clientes en el mes de agosto. Los animadores van a trabajar en equipo y van a organizar actividades de tiempo libre para niños de 4 a 12 años de todos los países. Envía tu currículum y una carta de presentación a la dirección: Camping "La Playona", Avenida de la Playa, 5 – 03540 Alicante

14 Consejos para Juan Manuel

Juan Manuel, uno de los chicos del texto 3, va a hacer una entrevista en la Fundación *Pies Descalzos*. Es su primera entrevista y no sabe muy bien qué hacer. Dale consejos.

> *Ejemplo*
> *Es importante que te levantes temprano el día de la entrevista.*

es importante/necesario/
mejor/posible que ...

recomendar que

1 informarse bien sobre la Fundación *Pies Descalzos*
2 salir temprano de casa
3 llegar puntual a la entrevista
4 ponerse ropa elegante

5 no mirar el móvil durante la entrevista
6 hacerte (ellos) muchas preguntas
7 no ponerse nervioso
8 hablar despacio

15 A corregir

Kai, un fan alemán, cuenta en la página web de Buena Onda su experiencia. Corrige los errores.

○○○   ✎ ✉ ⌼

(1) Hola, chicos! Ayer (2) he tenido mi primera entrevista de trabajo. Antes yo (3) era muy nervioso, pero creo que la entrevista fue muy (4) bueno. Ahora espero que me (5) contestan rápido y que (6) puedo empezar pronto con el trabajo porque la empresa me (7) gusto mucho. Y vosotros, ¿(8) todavía habéis hecho una entrevista de trabajo? Un abrazo desde Alemania, Kai

16 Servicio social estudiantil obligatorio

a Mira el título y la foto. ¿De qué crees que trata el texto?

p. 143/3

Para que las chicas y los chicos consigan su título de bachillerato en Colombia necesitan realizar al menos 80 horas de servicio social. Una ley colombiana del año 1994 dice que todos los estudiantes, tanto de un colegio público como de un colegio privado en el décimo y undécimo curso, deben hacer el servicio social estudiantil obligatorio. 5
Los estudiantes lo realizan durante las horas de clase. La idea del servicio es que los alumnos empiecen a trabajar y a participar en proyectos que atienden diferentes necesidades educativas, culturales y sociales de la población. También ayudan al estudiante a tomar decisiones, a mejorar su creatividad y a resolver problemas.
Con ayuda del Gobierno de Colombia, los colegios buscan los lugares donde sus alumnos pueden rea- 10
lizar el servicio, por ejemplo, los estudiantes pueden ayudar a niños de bajos recursos en jardines infantiles, ayudar a proteger el medio ambiente o realizar proyectos de tiempo libre, entre otros.

b Lee el texto. ¿Qué es el servicio estudiantil obligatorio? Descríbelo en dos o tres frases.
c Hablad en clase. ¿Os parece interesante hacer el servicio social? ¿Dónde os gustaría trabajar? ¿Qué pensáis de que sea obligatorio para todos? ¿Conocéis programas parecidos en vuestro país?

CD 2/31

p. 144/4.1

17 Una experiencia única

a Paulina entrevista a Nicolás, su hermano mayor, que estuvo en Costa Rica el año pasado. Escucha la entrevista y elige las fotos que corresponden a las experiencias de Nicolás.

b Contesta a las preguntas.

1 ¿Por qué fue Nicolás dos meses a Costa Rica?
2 ¿Dónde vivía en Costa Rica?

3 ¿Qué hacía Nicolás en la escuela?
4 ¿De qué se dio cuenta después del viaje?

c Comenta la última frase de Nicolás.
¿Crees que tiene razón? ¿Por qué (no)?

"Y al final recibes mucho más de lo que das."

p. 65/13

18 A descubrir*

a Lee lo que cuenta Alejandro sobre sus planes para el futuro. Busca con la ayuda de la página "Gramática y comunicación" (p. 113, punto 5) los verbos en futuro simple. ¿Cómo se forma?

Pronto cumpliré 18 años y terminaré el instituto. Después mi mejor amigo Enrique y yo haremos un viaje por Europa. Creo que iremos en tren porque no nos gusta ir en avión. ¡Tendremos un año para hacer el viaje! Me imagino que en Navidad mis padres vendrán a visitarme, pero para Nochevieja volverán a España porque Enrique y yo la pasaremos con otros amigos en Londres. ¿Será una buena idea pasar un año fuera de España? A lo mejor echaré mucho de menos a Noelia, mi novia, pero en sus vacaciones me visitará también. Juntos descubriremos el paisaje de Finlandia mientras Enrique aprenderá finés en un curso de idiomas en Helsinki. Después del viaje yo iré a Sevilla para estudiar en la universidad. Y vosotros, ¿qué haréis después del insti? ¿Viajaréis también por Europa?

b Escribe un e-mail de unas 100 palabras a Alejandro y contesta a sus preguntas.
¿Qué harás después de terminar el instituto? Si todavía no lo sabes, lo puedes inventar.

19 A tu manera

Elige una actividad.

1 En grupos de tres o cuatro participad en un blog sobre voluntariados en España y Latinoamérica. Cada uno/-a describe su voluntariado ideal en una hoja y se la pasa a los otros del grupo (podéis inventar algo o buscar proyectos en internet). Ellos/-as le dan consejos para conseguirlo.
2 Elige una profesión que te interesa especialmente y con la ayuda de un diccionario haz una red de vocabulario. Con tu red presenta la profesión en clase. Explica por qué te interesa, qué hay que hacer, cuál es el lugar de trabajo, etc. Explica también el vocabulario a tus compañeros/-as.

*nur für Sachsen-Anhalt und Thüringen

20 Una entrevista de trabajo

a Hoy tiene lugar la entrevista de Juan Manuel en la *Fundación Pies Descalzos*.
Su parte del diálogo está desordenada. En parejas apuntad el orden correcto.

Entrevistadora:

1 Hola, Juan Manuel. Yo soy Sandra Milena Aguirre, jefa del departamento de voluntarios.

2 Por favor, siéntate, Juan Manuel. Bueno, primero vamos a hablar un poco de ti, ¿cuántos años tienes?

3 Ya veo, perfecto, porque me imagino que ya sabes que trabajamos con jóvenes a partir de los 18. En segundo lugar, me gustaría saber algo de tu formación escolar.

4 ¿Ah, sí? Interesante. Y ¿por qué quieres colaborar con nosotros?

5 Entiendo, es una buena idea.
Otra pregunta: Seguro que estudias inglés en el colegio. ¿Qué nivel tienes?

6 Perfecto. Para continuar, una pregunta personal: ¿Te gustan los niños?

7 Bien … y para terminar, ¿puedes decirme una o dos habilidades tuyas?

8 Esas habilidades son muy buenas para este trabajo. A ver … no tengo más preguntas. ¿Quieres hacerme tú alguna?

9 Pues, aquí en Barranquilla nuestra fundación tiene un colegio muy grande.
Vas a apoyar a los profesores y monitores, dar clases de inglés a los más pequeños y los vas a ayudar con sus tareas de clase.

Juan Manuel:

A Eso me parece muy interesante.

B Soy muy bueno en inglés, señora, siempre saco buenas notas. Me encanta leer libros en inglés.

C Estoy en mi último año de colegio. Voy a terminar el bachillerato dentro de unas semanas.

D 17, pero dentro de un mes cumplo 18.

E Pues … un momentito …, sí, señora, ¿me puede decir cuáles van a ser mis tareas como voluntario?

F Gracias a usted. Le deseo un buen día, señora Aguirre.

G Uhm … a ver … bueno … pues mis amigos siempre dicen que tengo mucha paciencia y que no me enfado fácilmente.

H Sí, mucho, tengo dos hermanitas, una tiene 8 y la otra 10 años. Las cuido muchas veces.

I Buenas tardes, señora Aguirre, encantado.

J Me gustaría hacer un voluntariado en su fundación porque me interesa hacer un trabajo social y ayudar a otras personas.

10 Lo es. Juan Manuel, esto es todo de momento. Gracias por venir. Te llamo la semana que viene.

CD 2/32

b Escuchad el diálogo y comprobad vuestro resultado. Representadlo en clase.

c Este diálogo es una conversación más formal. ¿Cómo se saludan y cómo se despiden Juan Manuel y la entrevistadora? ¿Cómo se presentan?

d En parejas buscad en el diálogo las palabras o expresiones correspondientes y completad la casilla "Así se dice" en el cuaderno. Comparad los resultados en clase.

Así se dice: Mantener una conversación

So kannst du in einem Gespräch Interesse und Aufmerksamkeit zeigen:

- ¿Ah, sí? ...
- ...

So kannst du deinen Beitrag gliedern:

- ...

So kannst du Zeit zum Nachdenken und Formulieren gewinnen:

- ...

> **Resumiendo**
>
> Aquí puedes revisar lo que has aprendido en la *Unidad* 6: WES-112636-001.

Al final

Os interesa hacer unas prácticas durante las vacaciones y por eso queréis prepararos bien para la entrevista.

1 En grupos de cuatro elegid uno de los anuncios del ejercicio 13. Decidid quiénes van a ser los dos candidatos y quiénes los dos entrevistadores. Pensad en cinco criterios para una buena entrevista.

2 En parejas preparad vuestro papel con la ayuda del ejercicio 19 y de las estrategias (p. 151). Los candidatos dan sus currículums a los entrevistadores.

Los candidatos	Los entrevistadores
- Leed otra vez el anuncio del trabajo.	- ¿Qué esperáis del candidato?
- ¿Qué es importante para estas prácticas?	- Leed su currículum detalladamente.
- ¿Qué preguntas os pueden hacer?	- Preparad preguntas sobre su formación.
- ¿Qué queréis saber sobre las prácticas?	- ¿Qué os puede preguntar el candidato?

3 Los dos entrevistadores hablan primero con un candidato. El otro candidato toma notas. Después entrevistan al segundo candidato y el primero toma notas.

4 Evaluad las entrevistas con la ayuda de los criterios que habéis pensado en 1. ¿Quién va a hacer las prácticas y por qué?

Casi medio año

Después de entregarnos el examen, la maestra Sofía nos ha
tenido media hora [hablándonos] del futuro. Y de que hay que
estudiar mucho para ser alguien en la vida. Yo pienso que hay
que estudiar mucho para ser alguien en el trabajo, porque en
5 la vida vamos a seguir siendo alguien aunque no estudiemos.
A veces he pensado en lo que quiero hacer cuando crezca y
me doy cuenta de que he cambiado mucho de opinión.
Cuando vivía en Zihuatanejo quería ser pescador submarino de mariscos, para llevárselos a mi padre
al restaurante. Pero como ahora vivo aquí ya no puedo, porque aquí cerca no hay agua para pescar
10 y además no conozco a nadie que tenga un restaurante para llevarle mis mariscos. Cuando iba a
primero quería ser policía o bombero o cualquiera de esas cosas que parecen tan emocionantes
cuando se es pequeño; pero ahora me he dado cuenta de que los policías de verdad no se divierten,
ni ganan mucho dinero, ni tienen novias hermosas, como los de las películas.
Y no puedo ser policía de película porque ellos solamente fingen que son policías, pero en realidad
15 no hacen nada. Luego, cuando pasé a segundo, tuve la idea de ser ladrón de bancos y la descarté
cuando supe que eso es ilegal y que en cualquier momento podría ir a parar a la cárcel. También
hubo un tiempo en que quise ser astronauta; luego agente secreto, que es como ser policía pero
mucho más elegante.
Ahora, a la pregunta de la maestra Sofía, casi todas las niñas han dicho que querían ser maestras
20 o madres de familia. ¡Qué aburrido! La única que ha dicho algo diferente ha sido María Esther, que
ha dicho que quería ser bióloga marina. Pobre; algún día se dará cuenta, como yo, de que por aquí
cerca no hay agua y tendrá que pensar en otras posibilidades.
Javier ha dicho que quería ser fabricante de embutidos, salchichas y todo eso. Es que Javier es el más
gordo de toda la clase y lo que más le gusta en la vida es comer, no le importa qué. José Manuel ha
25 dicho que él quería ser científico o presidente. La peor respuesta ha sido la de Pepe Ramírez, que
ha dicho que quería ser botones. Y el compañero que ha dicho la respuesta más inteligente, para
sorpresa de todos, ha sido Luis Arturo. Se ha levantado muy decidido y ha dicho: Voy a ser millonario.
La maestra Sofía le ha preguntado a Luis Arturo: ¿Y cómo piensas volverte millonario?
- Pues juntando muchos millones, ha contestado él.

Beltrán Brozon, Mónica: ¡Casi medio año! México: Ediciones SM 1997, pp. 76-78 (texto abreviado).

---

entregar *dar* | **el/la maestro/-a** *el/la profesor/a* | **crecer** *hier:* erwachsen werden | **fingir** vorgeben | **el/la ladrón/-ona de bancos**
der/die Bankräuber/in | **descartar** verwerfen | **la cárcel** das Gefängnis | **el embutido** die Wurst | **el botones** der Laufbursche

---

p. 143/3

a **Lee el texto y decide: ¿verdadero o falso?**
Di también en qué línea(s) encuentras la información en el texto.

1 El narrador piensa que estudiar es más importante para el trabajo que para la vida.
2 El narrador siempre ha sabido qué profesión quería hacer en el futuro.
3 Quería ser policía de película porque ganan mucho dinero y tienen novias guapas.
4 El narrador decidió no ser ladrón de bancos porque no quería ir a la cárcel.
5 Muchas chicas de su clase quieren tener la misma profesión en el futuro.
6 María Esther no quiere ser bióloga marina porque en su pueblo no hay mar.

b **Explica por qué el narrador piensa que la respuesta de Pepe Ramírez es la peor y la**
respuesta de Luis Arturo la más inteligente. ¿Qué te dicen estas opiniones sobre él?
Habla con tu compañero/-a, después comparad vuestras ideas en clase.

Física II

a ¿Los padres pueden decidir sobre la profesión y el futuro de los hijos? ¿Hay situaciones en las que os parece necesario? ¿Por qué (no)? Hablad en clase.

b Mira el texto durante un minuto y di de qué tipo de texto se trata. ¿Qué partes o aspectos del texto lo indican?

CD 3/9

p. 145/4.2

c Hoy es el cumpleaños de Jorge. Lee la información de "El país y la gente", mira el vídeo y describe la situación y el ambiente. ¿Cómo son el lugar, los personajes y el diálogo?

d Mira el vídeo otra vez y lee ahora también el texto. En parejas apuntad información uno/-a sobre el padre, el/la otro/-a sobre Jorge. ¿Cómo es, cómo se siente y qué quiere cada uno? Presentaos vuestros apuntes y comparad.

e ¿Qué creéis que va a hacer Jorge? Hablad en clase.

f Elige una actividad.

   1 Jorge le pide un consejo a su mejor amigo porque no sabe qué hacer. Escribe el diálogo de al menos 80 palabras.

   2 Jorge ha tomado una decisión y se la cuenta a su padre. Escribe el diálogo de unas 80 palabras.

   3 Ha pasado un año. Jorge escribe un e-mail de unas 100 palabras a un amigo para contarle lo que está haciendo ahora.

El país y la gente

La película **Física II** de Daniel Sánchez Arévalo trata de Jorge, que sueña con estudiar Ciencias Forestales[1]. A Jorge le ha quedado una asignatura para septiembre, Física II, y después quiere hacer los exámenes de acceso a la universidad. Su padre es portero[2] de un edificio, donde viven en un piso pequeño. Quiere que Jorge también sea portero para que puedan seguir viviendo allí cuando el padre ya no trabaje más.

Escena 14. *INT. CASA DE JORGE. COCINA. NOCHE. Vemos una olla con albóndigas cocinándose, luego aparecen Jorge (J) y su padre Andrés (A) comiendo. De fondo un pequeño televisor en el que dan el telediario.*

A: ¿Te gustan?

J: Sí, están muy buenas.

Jorge mira a su padre con inseguridad. Andrés mira la tele y luego a su hijo.

A: ¿Te pasa algo? Estás muy callado.

J: Hoy ha salido la nota de Física.

A: Ah, ¿y qué tal...?

J: *(tras una pausa)* Bien, he aprobado.

A: ¡Qué bien, me alegro!

Se levanta con su plato. Fuerza una sonrisa.

A: *(sin demasiado entusiasmo)* Qué bien. Me alegro... Al fin has terminado los estudios.

J: *(muy bajito)* No, no he terminado.

A: ¿Quieres más albóndigas?

J: Hay un examen de selectividad[3] a finales de mes.

Andrés se sirve una albóndiga. No escucha a su hijo. [...] Andrés se vuelve a sentar con su plato.

J: Papá, no me estás escuchando.

A: *(le mira, pausa)* ¿Y cuánto vas a tardar en sacar la selectividad? ¿Y vas a entrar en la carrera que quieres? ¿Y luego cuántos años vas a estar estudiando? ¿Total para qué?

Jorge conteniendo su rabia, se levanta con su plato, que lo lleva a la pila.

A: *(más suave)* He comprado tarta al whisky. Cógela, está en la nevera.

Jorge, dudando, saca la tarta de la nevera.

A: Jorge, esto[4] es algo seguro. Pero lo coges ahora o nunca. Tú verás.

Jorge coge un cuchillo para cortar la tarta.

A: Si te organizas un poco igual puedes seguir estudiando ...

Jorge se queda parado mirándolo.

A: ... en tus ratos libres.

Sánchez Arévalo, Daniel: Física II. Stuttgart: Klett Sprachen 2008, pp. 30–32.

---

[1] **las Ciencias Forestales** die Forstwissenschaften | [2] **el/la portero/-a** der/die Pförtner/in | [3] **la selectividad** Prüfung für die Aufnahme an sp. Universitäten | [4] **esto** *el trabajo de portero*

1 Über Träume und Zukunftspläne sprechen

Sueño con/Mi sueño es (+ inf.) ...
Me gustaría/encantaría (+ inf.) ...
Deseo/Quiero (+ inf.) ...
Para conseguirlo voy a/pienso ...
Para realizar/cumplir mis sueños ...
En el futuro/Algún día/De mayor quiero ...

2 Über die berufliche Zukunft sprechen

las profesiones:	la solicitud de trabajo:
el actor/la actriz – el/la arquitecto/-a – el/la astronauta – el/la bombero/-a – el/la cantante – el/la carpintero/-a – el/la deportista – el/la escritor/a – el/la físico/-a – el/la futbolista – el/la mecánico/-a – el/la médico/-a – el/la músico/-a – el/la peluquero/-a – el/la periodista – el/la pintor/a – el/la policía – el/la profesor/a – el/la programador/a – el/la vendedor/a – el/la veterinario/-a	el anuncio – el/la candidato/-a – la carta de presentación – el currículum – la entrevista de trabajo – el/la jefe/-a – la oferta – las prácticas – la solicitud – el trabajo – el voluntariado

las habilidades y características personales:

la autoridad – la capacidad (de/para/con ...) – la característica personal – la comunicación – la creatividad/ser creativo/-a – la habilidad (con ...) – la imaginación – la paciencia – la relación social – el respeto (a ...) – la responsabilidad/ser responsable (de) – el talento (para ...)/tener un talento en ... – trabajar en equipo – la tranquilidad

Gr
p. 24/9.4

3 Reale Bedingungen formulieren

Bedingungssätze geben an, was erfüllt sein muss, damit etwas anderes passieren kann.
Der Nebensatz, in dem die Bedingung formuliert wird, beginnt mit **si**.
Die realen Bedingungssätze werden verwendet, wenn eine Bedingung tatsächlich erfüllt werden kann.

Nebensatz *(Bedingung)*		Hauptsatz	
si + **presente de** **indicativo**	**Si llego** tarde a casa,	mis padres **se enfadan**.	presente de indicativo
	Si tienes tiempo,	**escribe** a los abuelos.	imperativo
	Si no tenemos muchos deberes,	mañana **vamos a visitar** el Planetario.	futuro compuesto

Der **si**-Satz kann auch hinter dem Hauptsatz stehen. In diesem Fall setzt man kein Komma.
Mis padres se enfadan si llego tarde a casa.

Gr
p. 7/4.2

4 Personen und Dinge näher beschreiben

Du weißt schon, dass im Spanischen Adjektive in der Regel hinter dem Substantiv stehen, auf das sie sich beziehen, aber dass es einige Ausnahmen gibt, die auch vor dem Substantiv stehen können.

Celia y Raquel son <u>buenas</u> amigas.
Enrique es un <u>buen</u> amigo de Alejandro.
Ese es un <u>mal</u> restaurante.

Bei einigen Adjektiven verändert sich die Bedeutung, wenn sie vor dem Substantiv stehen, zum Beispiel bei **nuevo/-a**.

Das rote Auto wurde gerade produziert.
Es ist nagelneu. Juans Auto ist nicht neu.
Für ihn selbst aber schon!

Es un coche <u>nuevo</u>.   **Es el <u>nuevo</u> coche de Juan.**

Auch bei folgenden Adjektiven ändert sich die Bedeutung – je nachdem, ob es vorangestellt ist oder nicht.

antiguo/-a	una casa antigua (ein altes Haus) mi antigua casa (mein ehemaliges Haus)
grande	un país grande (ein großes Land) un gran país (ein großartiges Land)
pobre	un hombre pobre (ein armer/besitzloser Mann) un pobre hombre (ein armer/bedauernswerter Mann)
viejo/-a	una amiga vieja (eine alte/nicht junge Freundin) una vieja amiga (eine alte/langjährige Freundin)
único/-a	un viaje único (eine einzigartige Reise) un único viaje (eine einzige Reise)

Gr
p. 15/8.8.8

5 Pläne für die Zukunft machen*

Wenn du über Träume, mögliche Handlungen oder Pläne für die Zukunft sprechen möchtest, kannst du das **futuro simple** verwenden. Das **futuro simple** bildest du, indem du an den Infinitiv der Verben die Endungen aus der Tabelle hängst.

			los verbos irregulares		
(yo) (tú) (él/ella) (nosotros/-as) (vosotros/-as) (ellos/-as)	hablar- conocer- vivir-	-é -ás -á -emos -éis -án	decir → dir- haber → habr- hacer → har- poder → podr-	poner → pondr- querer → querr- saber → sabr- salir → saldr-	tener → tendr- venir → vendr-

Im Gegensatz zum **futuro inmediato** drückt das **futuro simple** häufig Ungewissheit und Vermutungen aus und wird für offizielle Ankündigungen sowie in der Schriftsprache verwendet.

---

*nur für Sachsen-Anhalt und Thüringen

soluciones: ver p. 210

1   ¿Qué palabra es?

a Lee las definiciones y di a qué palabras de las Unidades 5 y 6 se refieren.

1 Una ciudad muy grande.
2 La moneda con la que pagan los argentinos.
3 Un baile muy famoso en Argentina.
4 Un deporte de invierno.
5 Una persona admirada por mucha gente.

6 Un lugar donde podemos encontrar muchos libros.
7 La capacidad natural de hacer algo bien.
8 Tener ideas para inventar cosas nuevas.
9 Algo que escribimos para conseguir un trabajo.

b Escribe definiciones para cuatro palabras más de las Unidades 5 y 6.
Tu compañero/-a las adivina.

2   ¿Qué dice tu tía, Gilberto?

a Gilberto tiene un chico de intercambio en casa. Se llama Tom y es alemán. Cuando Gilberto está hablando con su tía por teléfono Tom quiere saber de qué hablan. Trans-forma las frases al estilo indirecto.

1 ¿Qué le ha llamado la atención?
2 Pronto va a empezar el Festival de Teatro.
3 A mí me gusta mucho este festival.
4 Tu tío y yo fuimos hace dos años.
5 ¿Cuándo vienes con Tom a visitarnos?
6 ¿A qué hora vuelven tus padres?

¿Ya le has enseñado tu colegio a Tom?

Mi tía pregunta si ya te he enseñado mi colegio.

b ¿Qué más dice la tía de Gilberto? Transforma las frases en imperativo al estilo indirecto.

> *Ejemplo*
> *Mi tía dice que te dé un mapa de la ciudad.*
> *Dice que vayamos el domingo a Cerro Monserrate.*

1 Dale un mapa de la ciudad a Tom.
2 Vayan el domingo a Cerro Monserrate.
3 Visita con Tom el Planetario.
4 Busca el programa del Festival de Teatro en internet.

5 Enséñale también el parque Simón Bolívar.
6 Ven el sábado a mi casa y trae a Tom.
7 Tengan cuidado, especialmente por la noche.
8 Explícale a Tom dónde puede tomar el bus.

3   ¿Y tu ciudad favorita?

¿Cuál es tu ciudad favorita? Escribe un texto de unas 100 palabras para el blog de tu colegio de intercambio español. Explica por qué es tu ciudad favorita y qué se puede hacer allí.

4   Lo que había pasado antes

¿Qué les pasó a los jóvenes de Buenos Aires? Relaciona las frases correctamente usando el pretérito pluscuamperfecto.

1 Cuando Camila entró en el estadio La Bombonera
2 Antes de venir a Buenos Aires para estudiar teatro, Esteban
3 Antes de conocer el barrio la Boca, Esteban y sus compañeros
4 Cuando Camila llegó a casa envió un mensaje a su amiga
5 Camila no fue al mercado
6 El padre de Joaquín tuvo que ir en coche a su trabajo en Puerto Madero
7 Cuando Joaquín llegó al concierto de Wos

A porque ella se lo ___ (pedir).
B su novia ya ___ (entrar) en la sala.
C ya ___ (participar) en un taller de teatro de la escuela.
D el partido ya ___ (empezar).
E porque el otro día ya ___ (llegar) tarde en tren.
F ya ___ (salir) mucho en San Telmo.
G porque su madre ya ___ (hacer) la compra.

CD 2/37

5   Más metrópolis

a David y Clara, dos amigos de Celia que colaboran en Buena Onda, buscan información sobre ciudades grandes de Latinoamérica. Escucha el diálogo y apunta de qué cuatro ciudades hablan.
b Escucha otra vez el diálogo. Apunta para cada ciudad lo que dicen sobre los habitantes, la altitud y la temperatura media.

6   Para que todo salga bien

¿Qué escriben los radioyentes en el foro de Buena Onda sobre el futuro profesional? Haz frases con los elementos de las casillas.

> *Ejemplo*
> *Voy a estudiar mucho para que me acepten en alguna buena universidad.*

1 Voy a estudiar mucho
2 Hacer trabajo voluntario es una forma de pasar tiempo en el extranjero
3 Mis padres me regalan un viaje a Londres
4 Mi profesora quiere informarnos bien
5 Esta semana mi hermana mayor hace una entrevista de trabajo
6 Quiero hablar contigo
7 La ONG prepara para los voluntarios muchas actividades
8 Mi padre no me permite viajar al extranjero

antes de que
sin que
para que

a *acompañarme* mi hermano mayor.
b *practicar* inglés.
c no *estar (ellos)* aburridos.
d *ir (nosotros)* de intercambio escolar a Alemania.
e *ser* muy caro.
f *aceptarme (ellos)* en alguna buena universidad.
g *escribir (tú)* la carta de presentación.
h mis padres lo *saber*.

7 Mi viaje a Buenos Aires

Javier enseña a un amigo las fotos de un viaje a Buenos Aires. Completa las frases
con los pronombres relativos *que*, *donde* y *lo que* y con las formas correctas de
los verbos *ser*, *estar* o *haber*.

1 Ven, te voy a contar ～ hicimos en Buenos Aires estas vacaciones.
2 Mira, este ～ el apartamento ～ nos quedamos durante las vacaciones.
3 La calle ～ ves aquí me gustó mucho. ～ en la Boca, un barrio ～ hay muchos turistas.
4 ～ más me llamó la atención en la Boca fueron las casas coloridas y el arte callejero.
  ～ un ambiente único.
5 Mira, allí ～ el Museo de Arte Moderno ～ ofrece un montón de exposiciones interesantes.
6 Y esta ～ La Bombonera, el famoso estadio ～ Diego Maradona jugó su último partido.
7 Buenos Aires ～ una ciudad genial. Me gustó todo ～ vi.

8 Javier presenta

En Buena Onda Javier habla de los lugares y las cosas
más interesantes de Argentina. ¿Cómo los describe?
Forma frases. ¡Ojo con la posición de los adjetivos!

> *Ejemplo*
> *El Perito Moreno es un glaciar espectacular en la Patagonia.*

antiguo   bonito   espectacular   grande   importante   impresionante   interesante   único

1 el Perito Moreno, glaciar en la Patagonia
2 Buenos Aires, metrópolis
3 el Cerro de los Siete Colores, montaña
4 el tango, baile y música

5 Diego Maradona, futbolista
6 La Bombonera, estadio de fútbol
7 tomar mate, costumbre
8 La Boca, barrio

9 Si vienes a Argentina, ...

Javier chatea con Sofía, una amiga chilena que va a pasar las próximas vacaciones
en Argentina. ¿Qué dice Javier? Forma frases condicionales. Denke daran,
dass der Hauptsatz im Präsens, im Futur oder im Imperativ stehen kann.

1 *tener* ganas de conocer a mis amigos,
  quedar (nosotros) para tomar algo juntos
2 *gustar* las grandes ciudades, *visitar* la capital
3 *gustar* las librerías, el centro de Buenos Aires *encantar*
4 *tener* tiempo, *recomendar (yo)* que visites también el sur del país
5 *visitar* el glaciar Perito Moreno, *poder* sacar unas fotos impresionantes
6 *ir* a Ushuaia, *enviar* una postal a tu familia

> *Ejemplo*
> *Si empiezas por Rosario,*
> *puedes alojarte en mi casa.*

10 El plan de Celia

Celia habla con Raquel y le cuenta su plan para este verano. Completa el diálogo con *nada, nadie* y *nunca,* con los pronombres de complemento (in)directo y con las preposiciones.

CELIA: Raquel, este verano quiero hacer algo diferente. He pensado (1) hacer unas prácticas en el extranjero. ¿Qué (2) parece?

RAQUEL: (3) parece genial. No has hecho (4) unas prácticas, ¿verdad?

CELIA: No, va a ser la primera vez que (5) hago. Y quiero ir (6) Alemania porque no he ido (7) .

RAQUEL: ¡Qué guay! Pero ¿qué tal tu alemán?

CELIA: La verdad es que no sé (8) de alemán todavía.

RAQUEL: Bueno, eso tiene fácil solución. ¿Por qué no haces un curso antes (9) ir?

CELIA: Es una buena idea, pero no tengo (10) de dinero para (11) pagar .

RAQUEL: Tranquila, Celia. No pasa nada porque no (12) tengas. Otra posibilidad es quedar (13) una chica alemana para hablar, tú (14) ayudas con el español y ella (15) enseña alemán.

CELIA: Es perfecto, pero hay un problema: No conozco a (16) de Alemania (17) practicar. A lo mejor podemos preguntar (18) los radioyentes (19) el foro de Buena Onda.

RAQUEL: Es verdad, podemos (20) preguntar . Seguro que algún alemán quiere quedar contigo para hablar.

CELIA: Aunque tengo que estudiar (21) los exámenes finales y no tengo (22) de tiempo libre ...

RAQUEL: Ay, Celia. ¡Si no quieres quedar con (23) , no puedo (24) ayudar !

11 Hablamos del futuro *(nicht für Bayern)*

a ¿Cómo serán sus vidas a los 30 años?
Escribe frases en futuro simple como en el ejemplo.

> *Ejemplo*
> *Hoy Cibrán trabaja en Buena Onda. A los 30 años, trabajará para un periódico.*

compartir   hablar   hacer   ir   salir   tener   trabajar   viajar   vivir

Hoy
1 Celia y Raquel en bici al insti
2 Gilberto español e inglés
3 Iker con sus padres
4 Paulina con su familia
5 Laia y Carlos deporte casi nunca
6 Alejandro todos los sábados

A los 30 años
en metro al trabajo.
español, inglés y francés.
con su novia.
una casa con amigos.
deporte todos los días.
menos porque dos hijos.

b Y vosotros, ¿qué cosas haréis a los 30 años? Hablad en parejas.

Elvira Lindo: Manolito Gafotas

el abuelo

el Imbécil

Manolito Gafotas

el Orejones

© Emilio Urberuaga/Grupo Planeta

El país y la gente

Elvira Lindo es una escritora y periodista española. A los 19 años empezó a trabajar en la radio, donde creó un personaje muy popular: Manolito Gafotas. Con una serie de libros sobre este personaje empezó su carrera como escritora. Desde entonces ha escrito varios libros para niños y adultos.

1 Antes de leer el texto

a Manolito es el protagonista de una serie de libros juveniles españoles.
Mira la imagen del libro y describe a las personas. Puedes usar un diccionario.

b Gafotas, Orejones e Imbécil[1] son motes[2]. En parejas haced suposiciones sobre el significado de los motes y comprobadlos con un diccionario bilingüe.

p. 141/1.3

c ¿En vuestro instituto o vuestra familia también hay personas que tienen motes? ¿Les gustan/molestan sus motes? ¿Por qué? ¿Qué problema puede tener un mote para alguien? ¿Un mote también puede proteger de las burlas[3]? Discutid en clase.

2 Leer el texto

Aquí encuentras el vocabulario: WES-112636-005.

[1]

Los de mi barrio se quejan

Me llamo Manolito García Moreno, pero si tú entras a mi barrio y le preguntas al primer tío que pase:
–Oiga, por favor, ¿Manolito García Moreno?
5 El tío, una de dos, o se encoge de hombros o te suelta:
–Oiga, y a mí qué me cuenta.
Porque por Manolito García Moreno no me conoce ni el Orejones López, que es mi mejor
10 amigo, aunque algunas veces sea un cochino y un traidor y otras, un cochino traidor, así, todo junto y con todas sus letras, pero es mi mejor amigo y mola un pegote.
En Carabanchel, que es mi barrio, [...] todo el
15 mundo me conoce por Manolito Gafotas. Todo el mundo que me conoce, claro. Los que no me conocen no saben ni que llevo gafas desde que tenía cinco años.

a Lee la primera parte del primer capítulo y contesta a las preguntas.

1 ¿Cómo se llama Manolito Gafotas de verdad?
2 ¿Quién es el Orejones?
3 ¿Cómo se llama el barrio donde vive Manolito?
4 ¿Desde cuándo lleva gafas?

[1]**el imbécil** der Dummkopf [2]**el mote** der Spitzname [3]**la burla** der Spott

2

Me pusieron Manolito por el camión de mi padre y al camión le pusieron *Manolito* por mi padre, que se llama Manolo. A mi padre le pusieron Manolo por su padre, y así hasta el
5 principio de los tiempos. [...] Hasta el último Manolito García, que soy yo, el último mono. Así es como me llama mi madre en algunos momentos cruciales. [...] A mí me fastidia que me llame el último mono, y a ella le fastidia
10 que en el barrio me llamen el Gafotas. Está visto que nos fastidian cosas distintas aunque seamos de la misma familia.
A mí me gusta que me llamen Gafotas. En mi colegio [...] todo el mundo que es un poco
15 importante tiene un mote. Antes de tener un

mote yo lloraba bastante. Cuando un chulito se metía conmigo en el recreo siempre acababa insultándome y llamándome Cuatro-ojos o Gafotas. Desde que soy Manolito Gafotas
20 insultarme es una pérdida de tiempo. [...] Lo mismo le pasaba a mi amigo el Orejones López; desde que tiene su mote ahora ya nadie se mete con sus orejas.
Hubo un día que discutimos [...] porque él
25 decía que prefería sus orejas a mis gafas de culo de vaso y yo le decía que prefería mis gafas a sus orejas de culo de mono. Eso de culo de mono no le gustó nada, pero es verdad. Cuando hace frío las orejas se le ponen del
30 mismo color que el culo de los monos del zoo.

b Lee la segunda parte y elige las frases correctas.

1 a El padre de Manolito se llama Manolito.
 b El camión del padre se llama Manolito.
 c El abuelo de Manolito se llama Manolito.

2 a La madre llama a veces "Gafotas" a su hijo, algo que no le gusta mucho a Manolito.
 b La madre llama a veces "el último mono" a su hijo, algo que le gusta mucho a Manolito.
 c A la madre no le gusta que en el barrio llamen "Gafotas" a su hijo.

3 a En el colegio las personas importantes tienen un mote.
 b En el colegio tener un mote puede ser un problema.
 c En el colegio todos tienen un mote.

4 a A Manolito le gustaría más tener orejas grandes que llevar gafas.
 b Al Orejones le gustaría más llevar gafas que tener orejas grandes.
 c A Manolito y a López no les molestan sus motes.

3

Mi abuelo mola, mola mucho, mola un pegote. Hace tres años se vino del pueblo y mi madre cerró la terraza con aluminio visto y puso un sofá cama para que durmiéramos mi abuelo y
5 yo. Todas las noches le saco la cama. Es un rollo mortal sacarle la cama, pero me aguanto muy contento porque luego siempre me da veinticinco pesetas en una moneda para mi cerdo – no es un cerdo de verdad, es una hucha
10 – y me estoy haciendo inmensamente rico. Hay veces que me llama el príncipe heredero porque dice que todo lo que tiene ahorrado de su pensión será para mí. A mi madre no le gusta

que hablemos de la muerte, pero mi abuelo dice
15 que en los cinco años de vida que le quedan, piensa hablar de lo que le dé la gana. [...] Yo le he dicho que prefiero heredar todo lo de su pensión sin que él se muera, porque dormir con mi abuelo Nicolás mola mucho, mola un
20 pegote. Nos dormimos todas las noches con la radio puesta y si mi madre prueba a quitarnos la radio nos despertamos. Nosotros somos así. Si mi abuelo se muriera yo tendría que compartir la terraza de aluminio visto con el Imbécil y
25 eso me cortaría bastante el rollo.

→

c Lee la tercera parte (p. 119) y ordena las frases según el texto.

1 Todas las noches el abuelo le da dinero a Manolito porque él prepara la cama para los dos.

2 Manolito y su abuelo duermen juntos en un sofá cama.

3 La madre hizo de la terraza una habitación.

4 El abuelo habla con Manolito de la muerte.

5 A Manolito le gusta mucho su abuelo.

6 Manolito no quiere compartir la terraza con el Imbécil.

7 Antes de dormirse Manolito y su abuelo siempre ponen la radio.

8 Desde hace tres años el abuelo vive con la familia en Carabanchel.

4

El Imbécil es mi hermanito pequeño, el único que tengo. A mi madre no le gusta que le llame el Imbécil; no hay ningún mote que a ella le haga gracia. [...]

5 Me salió el primer día que nació. Me llevó mi abuelo al hospital; yo tenía cinco años; me acuerdo porque acababa de estrenar mis primeras gafas y mi vecina la Luisa siempre decía: "Pobrecillo, con cinco años."

10 Bueno, pues me acerqué a la cuna y le fui a abrir un ojo con la mano porque el Orejones me había dicho que si mi hermanito tenía los ojos rojos es que estaba poseído por el diablo. Yo fui a hacerlo con mi mejor intención y el tío

15 se puso a llorar con ese llanto tan falso que tiene. Entonces todos se me echaron encima como si el poseído fuera yo y pensé por primera vez: "¡Qué imbécil!", y es de esas cosas que ya no se te quitan de la cabeza. Así que

20 nadie me puede decir que le haya puesto el mote aposta; ha sido él, que ha nacido para molestar y se lo merece.

Lindo, Elvira: Manolito Gafotas. 22. Auflage. Barcelona: Editorial Planeta 2019, pp. 9-15.

d Lee la cuarta parte y ordena los dibujos según el texto. Escribe una frase por dibujo.

3 Trabajar con el texto

la madre

el abuelo

el Imbécil

el Orejones

a En parejas buscad un título para cada parte del texto.

p. 143/3

b Leed otra vez el texto completo y haced un mapa mental con toda la información sobre Manolito, el abuelo, el Orejones, el Imbécil y la madre. Fijaos también en la relación entre Manolito y el resto de los personajes y apuntadla en el mapa mental.

c Manolito usa algunas expresiones muy coloquiales[1]. Relaciona cada expresión con una de las de la derecha, que se utilizan en situaciones más formales.

1 molar un pegote *(parte 1, l. 13)*
2 un tío *(parte 1, l. 2)*
3 el último mono *(parte 2, l. 6)*
4 un chulito *(parte 2, l. 16)*
5 un rollo mortal *(parte 3, l. 6)*

A la persona menos importante
B una persona arrogante
C algo muy, muy aburrido
D ser genial/fantástico
E un chico/señor

d En grupos elegid una parte del texto y presentadla en forma de imagen congelada[2]. La clase tiene que adivinar de qué parte se trata.

e Imagínate que trabajas en una agencia de castings y estás buscando el protagonista para la película "Manolito Gafotas". Mira las fotos y elige a uno de los actores. Justifica tu decisión.

f Elige una actividad.

1 Manolito acaba de nacer y los padres todavía no han elegido el nombre. Inventa la discusión entre los padres y escríbela en tu cuaderno.
2 Manolito y su abuelo acaban de acostarse. Antes de dormirse hablan un poco del Imbécil. Mientras Manolito se queja[3] de su hermano, el abuelo habla de los aspectos positivos de tener hermanos. Escribe el diálogo.
3 Imagina que eres Manolito y tienes que escribir para el colegio un texto sobre tu familia, tus amigos y tu vida diaria.

---

[1]**coloquial** umgangssprachlich [2]**la imagen congelada** das Standbild [3]**quejarse** sich beschweren

CD 3/10

p. 145/4.2

4   La película

a Manolito está jugando con sus amigos. Por culpa de uno de los amigos se han roto las gafas de Manolito. Manolito no sabe qué hacer y habla con su amigo el Orejones. Mira estas escenas de la película sin sonido y di si las frases son verdaderas o falsas.

1 El Orejones ayuda a Manolito y quita el cristal de las gafas.
2 Manolito se encuentra con su abuelo por la calle.
3 Hay salchichas para cenar.
4 La madre de Manolito está totalmente relajada.
5 Manolito se come la salchicha que se ha caído al suelo.
6 El Imbécil derrama el ketchup en la mesa y lo come con su chupete.
7 A Manolito no le molesta que le falte un cristal en las gafas.
8 El Imbécil nota que a su hermano le falta un cristal en las gafas.

---

la culpa die Schuld | **romperse** zerbrechen | **el sonido** der Ton | **quitar** entfernen |
la salchicha das Würstchen | **derramar** verschütten | **el chupete** der Schnuller | **notar** bemerken

b En parejas dividid la parte de la película en tres escenas y elegid un título para cada escena. Justificad vuestra decisión.

Mi mejor amigo • Llega el verano • Una madre agobiada • Las gafas rotas • Una cena divertida • Una tarde en el barrio

c Elegid una escena e inventad los diálogos. Escribidlos. Después volved a ver la película sin sonido. Doblad[1] la escena con vuestros diálogos.

p. 145/4.2

d Trabajad en grupos de cuatro (A, B, C, D). Volved a ver la película, esta vez con sonido. A se fija en Manolito, B en la madre, C en el abuelo y D en el Imbécil. ¿Cómo son los personajes? ¿Qué sienten? ¿Cómo se comportan[2]? Fijaos también en los gestos, el tono de voz y la mímica.

e ¿Cómo podéis describir el ambiente y la situación en la cocina? ¿Es una situación típica de familia? Discutidlo.

f Trabajad en grupos de cuatro. Cada uno elige un personaje. Después describid la escena de la cocina desde la perspectiva de vuestro personaje. ¿Qué está pensando? La clase adivina quién sois.

g ¿Cómo sigue la escena de la cocina? En parejas inventad un diálogo entre Manolito, su hermano, el abuelo y la madre.

[1]**doblar** synchronisieren [2]**comportarse** sich verhalten

p. 143/3

1

3 Cibrán y su abuelo (página 10-11)

a Lee el texto y elige las frases correctas.

1 Cuando el abuelo de Cibrán era joven la gente …
a hablaba solo gallego.
b no podía hablar castellano en la calle.
c hablaba gallego solo en casa.

2 El pueblo del abuelo está …
a cerca de la provincia de Lugo.
b en Castilla y León.
c en el Camino de Santiago.

3 El abuelo quería ir a Santiago porque …
a su primo ya vivía allí y había más trabajo.
b sus padres vivían allí también.
c tenía una novia allí.

4 En Santiago vivía …
a cerca de la catedral.
b con su primo en un barrio moderno.
c solo en el casco antiguo.

5 De joven el abuelo …
a iba todos los domingos a la costa.
b iba de tapas con su primo.
c solo trabajaba los fines de semana.

6 La Costa de la Muerte es un lugar adonde …
a Cibrán va con sus amigos.
b el abuelo no iba nunca.
c el abuelo llevaba a Cibrán de pequeño.

13 Alejandro en Santiago de Compostela (página 16)

**b Después de encontrarse delante de la catedral Cibrán y Alejandro pasaron el día juntos.
Completa el texto con las formas correctas del pretérito imperfecto y del pretérito indefinido.
Usa los verbos de las casillas.**

buscar caminar coger contestar dar dejar escuchar estar

haber querer ser

Después de encontrarse, Alejandro y Cibrán (1) ⁓ un paseo.
Cibrán (2) ⁓ enseñarle su ciudad a Alejandro.

Mientras (3) ⁓, de repente (4) ⁓ un móvil. El móvil no
(5) ⁓ de sonar, por eso Alejandro y Cibrán lo (6) ⁓ .
(7) ⁓ en la calle y no (8) ⁓ nadie cerca.

Cibrán (9) ⁓ el móvil y (10) ⁓ . (11) ⁓ una buena idea, porque
(12) ⁓ la persona que (13) ⁓ el móvil y (14) ⁓ muy agobiada.

CD 1/8

p. 144/4.1

20 Un festival muy famoso (página 18)

d Cibrán está en el festival para hacer el reportaje para Buena Onda.
Escucha las entrevistas con los jóvenes Mateu, Nadia, Bea y Daniel.
¿A quién/es de ellos se refieren las siguientes frases?

1 Es de Santiago y le gusta bailar.
2 Toca la gaita en un grupo de música celta y ayer tuvo un concierto.
3 Le gusta poder acampar cerca de la playa.
4 Son de Murcia y es su primera vez en el festival.

5 Es de Lugo y hace dos años fue su primera vez en el festival.
6 No está en un grupo de música.
7 Les gusta el concierto de unas 400 gaitas.
8 El año pasado fue también al festival.

2

5 Entrevistas (página 27)

CD 1/15

b Escucha otra vez las entrevistas y relaciona las frases correctamente.
¡Ojo! Hay dos opciones que no necesitas.

1 A la chica le ha encantado
2 A la chica no le ha gustado
3 La chica ha hablado
4 El chico ha venido a España
5 El chico puede
6 El chico ha aprendido

a mandar un poco de dinero a su familia.
b el idioma en clase de español.
c trabajar con otros jóvenes.
d viajar por el país y hacer varias actividades.
e la familia de intercambio.
f inglés con gente de muchos países.
g mucho la comida del país.
h porque en su país no tiene futuro.

6 ¿Alguno o ninguno? (página 27)

b Alejandro está hablando con más jóvenes que viven en España.
Completa los diálogos con la forma correcta de *alguno* y *ninguno*.

> *Ejemplo*
> *¿Has conocido a algún chico de Argentina? - No, no he conocido a ninguno.*

1 ¿En el intercambio habéis tenido ～ problema? – No, no hemos tenido ～.
2 ¿Ya habéis aprendido ～ palabras en español? – Sí, hemos aprendido ～.
3 ¿Ya has visitado ～ lugares famosos de España? – Sí, he visitado ～.
4 ¿Todavía no habéis hecho ～ examen? – No, no hemos hecho ～.
5 ¿Ya has leído ～ libro ecuatoriano? – No, todavía no he leído ～.
6 ¿Ya has estado en un concierto de ～ grupo mexicano? – Sí, ya estado en ～.

p. 143/3

11 Una entrevista a Raquel (página 30)

b Lee la entrevista otra vez y elige las respuestas correctas.

1 El programa de hoy en Buena Onda habla ...
a de la fiesta de fin de curso en el instituto.
b de la celebración del Día Mundial de la Diversidad Cultural en el instituto.
c del Día Mundial de la Diversidad Cultural en Marruecos.

2 Los alumnos quieren celebrar este día en el instituto porque ...
a hay muchos estereotipos hacia otras culturas.
b hay exposiciones y muchas más sorpresas.
c no todos saben algo de otras culturas.

3 En el viaje a Marruecos Raquel ...
a solo visitó a sus primas que viven en Xauen.
b visitó a toda la familia de su madre.
c visitó a toda la familia de su padre.

4 Raquel habla ...
a español y un poco de árabe.
b español y árabe.
c solo español.

5 Muchas palabras españolas ...
a son difíciles para el padre de Raquel.
b usa también la gente en Marruecos.
c son de origen árabe.

6 Raquel invita a los radioyentes ...
a a venir a celebrar en el instituto.
b a participar en las protestas.
c a celebrar el Día Mundial de la Diversidad Cultural en casa.

13 Fátima y Raquel (página 31)

b Raquel escribe un e-mail a su prima Fátima. Complétalo con los verbos de las casillas en pretérito indefinido o pretérito perfecto. Los marcadores te ayudan a elegir el tiempo correcto.

○ ○ ○   ✎ ✉ 📎

ver   escribir   hacer   recibir

Hola, Fátima:
¿Qué tal? Esta mañana (1) ⌇ (yo) tu e-mail con las fotos que (2) ⌇ (tú) el fin de semana pasado en el cumple de Abdel. Mis padres ya las (3) ⌇ también. ¡Muchas gracias! Todavía no (4) ⌇ a Abdel, pero quiero hacerlo mañana. ¿Qué tal las clases de español? Te voy a escribir siempre en español, así puedes practicar. 😀

tener   pensar   estar

Hoy (5) ⌇ mucho en mis vacaciones en Marruecos. ¿Te acuerdas? Un día (6) ⌇ (nosotras) en el mercado de Xauen y (7) ⌇ (yo) que tomar un litro de té por el calor.

→

ser   celebrar   pensar   ayudar   hacer

La semana pasada el instituto (8) ～ el Día Mundial de la Diversidad Cultural y yo (9) ～ a organizarlo. (10) ～ muy interesante y (11) ～ en vosotros. Además, mi amiga Celia me (12) ～ una entrevista para Buena Onda.

ir   volver

¿Y vosotras? ¿Adónde (13) ～ este fin de semana? (14) ¿～ a casa de las tías?
Un beso,
Raquel

3

6 Los usos de internet (página 47)

CD 1/25

c Escucha otra vez y relaciona las dos partes de las frases.

1 A Gilberto le gusta
2 El profe de Celia dice que hay que
3 Al padre de Celia le gusta
4 Al hermano de Gilberto le gusta

a leer el periódico en internet.
b ver sus series favoritas en internet.
c usar internet para cosas útiles.
d buscar información en internet.

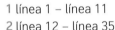
p. 143/3

7 Buena Onda conectada (página 48)

a En parejas leed el texto y elegid un título adecuado para cada una de las tres partes del texto.

1 línea 1 – línea 11
2 línea 12 – línea 35
3 línea 36 – línea 62

a Un foro de ayuda para jóvenes
b El nuevo locutor de Argentina
c Bienvenidos a la videoconferencia
d El uso correcto de internet y de las redes sociales
e Un foro sobre problemas de amor

p. 153/8.2

9 Hablamos de internet (página 49)

Trabajad en parejas. Cada uno/-a va a hablar sobre las ventajas y desventajas o los peligros de internet. *A* apunta las ventajas y *B* los peligros de internet. El texto 3 (página 48) y vuestras listas del ejercicio 6a os pueden ayudar. Juntad vuestros apuntes y practicad la presentación antes de presentarla a la clase. Una persona habla y la otra persona da consejos. Cada persona habla al menos un minuto sobre el tema.

11 Las ideas nuevas (página 50)

Cibrán de Santiago de Compostela no pudo participar en la videoconferencia
de Buena Onda. Al día siguiente, Iker le cuenta cómo fue. Completa el diálogo
con los verbos de las casillas en presente de subjuntivo.

dar   elegir   empezar   quedar   tener

CIBRÁN: ¿Qué tal la videoconferencia de ayer?

IKER: Fue bastante bien. Pero Gilberto quiere que la próxima vez (1)＿＿ (nosotros) más tarde.
No le gusta que las videoconferencias (2)＿＿ siempre a las ocho de la mañana en Bogotá.

CIBRÁN: ¡Me alegro de que Gilberto ya no (3)＿＿ que levantarse tan temprano! ¿De qué hablasteis?

IKER: Vamos a ofrecer información sobre el uso correcto de internet. Vamos a recomendar
a nuestros radioyentes que no (4)＿＿ sus datos y que (5)＿＿ bien sus contactos en
las redes sociales.

escribir   hacer   informarse   organizar   proponer

IKER: Esperamos que así los fans de Buena Onda (6)＿＿ más
sobre los peligros de internet.

CIBRÁN: Ah, pues me parece muy bien.

IKER: Raquel tuvo otra idea. Quiere que Buena Onda
(7)＿＿ un nuevo foro de ayuda.

CIBRÁN: ¿Un foro de ayuda?

IKER: Sí. Recomienda que los radioyentes (8)＿＿ sus problemas y
los otros les (9)＿＿ soluciones. Como en las revistas.
Pero no queremos que lo (10)＿＿ los adultos, sino nosotros
los jóvenes. ¿Qué te parece?

p. 143/3

15 Buenayuda – el nuevo foro de ayuda (página 52-53)

b Lee el foro y relaciona las frases correctamente.

A ¿Qué problemas tienen los chicos?

1 Anuska conoció a un chico por internet que	a no quiere ser su novio.
2 Rax ha visto a su novia cuando	b nunca ha tenido una cita a ciegas.
3 Riqui no sabe cómo decirle a una chica que	c quiere quedar con ella.
4 Anuska no sabe qué hacer porque	d no es su tipo.
5 La chica que quiere salir con Riqui	e besaba a otra chica.

B ¿Qué consejos dan los jóvenes?

1 Saskia le recomienda a Anuska que	a salga con la chica.
2 Chiqui piensa que	b ya tiene novia.
3 Salmón opina que es mejor decirle a la chica que	c no hace falta mentir.
4 Culé15 le recomienda a Riqui que	d hay que tener cuidado con las citas a ciegas.
5 Celuski piensa que	e no vaya sola a la cita.

CD 3/3

p. 145/4.2

24 Mi libro favorito (página 56)

a Esta semana, en su vlog Carlos presenta el libro "Caperucita en Manhattan" de Carmen Martín Gaite. Mira el vídeo y elige las frases verdaderas.

1 El canal de Carlos se llama ...
a "De libros y otras cosas".
b "De segundo, libro con patatas".
c "De segundos y minutos".

2 Hoy Carlos trae un libro que ...
a a veces es muy aburrido.
b ha tenido que leer en el instituto.
c no le ha gustado mucho.

3 El libro cuenta la historia de ...
a una abuela que vive en Manhattan.
b una madre que viaja mucho.
c una niña que vive en Brooklyn, Nueva York.

4 El personaje Mister Woolf es ...
a el perro de la niña y le gusta comer mucho.
b un hombre que vive en las calles de Nueva York.
c un hombre rico que tiene muchas tiendas de tartas.

5 A Carlos el libro le parece ...
a bonito, pero no muy interesante.
b interesante, pero no muy bonito.
c interesante y además, bonito.

4 4 Pasamos las vacaciones en ... (página 65)

CD 2/4

b Escucha otra vez y elige las respuestas correctas.

1 ¿Quién ha estado ya en Tarifa?
a el padre
b Iker
c la madre

2 ¿Por qué la madre quiere ir a Tarifa?
a Porque le gusta la ciudad.
b Porque quiere hacer un curso de surf.
c Porque quiere que todos vayan juntos.

3 ¿Por qué a Iker no le gusta la idea de su madre?
a Porque quiere estar solo.
b Porque quiere pasar tiempo con otros jóvenes.
c Porque su familia es muy aburrida.

4 ¿Qué propone el padre?
a Que este año no vayan juntos.
b Que Iker vaya solo y después sus padres lo vayan a buscar.
c Que vayan a hacer el curso de surf todos juntos.

5 ¿Qué quiere mirar el padre en internet?
a las direcciones
b los alojamientos
c los precios

p. 143/3

15 Buena Onda ecológica (página 69)

b **Lee el texto y relaciona las frases.**

1 Buena Onda quiere dar consejos para unas vacaciones ecológicas,

2 El tren es más ecológico que el avión

3 En España viajar en tren es cómodo,

4 Es importante cerrar la ventana

5 Las especialidades locales están ricas y no necesitan largos transportes,

6 Es posible hacer viajes responsables

7 Paulina recomienda el ecoturismo

8 Los radioyentes pueden participar en el foro

A por eso Buena Onda recomienda probarlas.

B porque es una forma de turismo respetuosa con el medio ambiente.

C porque contamina menos.

D pero en México la gente prefiere viajar en autobús.

E para compartir sus ideas.

F por eso Iker y Paulina han creado el nuevo foro.

G para contaminar menos el medio ambiente.

H cuando usas el aire acondicionado.

17 Antes de irse de vacaciones (página 70)

a **La familia de Iker se va de vacaciones y por eso hay mucho que hacer y la madre tiene muchas preguntas. Completa las respuestas con los pronombres correctos.**

> *Ejemplo*
> *Madre: Iker, ¿ya has dado la dirección a tu padre?*
> *Iker: Sí, ya se la he dado.*

El idioma

Treffen die indirekten Objektpronomen der 3. Person **le/les** auf die direkten Objektpronomen **lo/la/los/las**, werden **le/les** zu **se**. Das indirekte Objektpronomen steht immer vor dem direkten Objektpronomen:

¿Cuándo envías el e-mail a Paulina?
~~Le~~ Se lo envío mañana.

1 Iker, ¿has enviado el e-mail al monitor?
 – Sí, ∼ ∼ he enviado.

2 Borja y Bernat, ¿habéis dado vuestras mochilas a papá?
 – No, todavía no ∼ ∼ hemos dado.

3 Iñaki, ¿has preparado la cena a los niños?
 – Sí, ∼ ∼ he preparado.

4 Borja y Bernat, ¿habéis contado vuestras ideas a Iker y a papá?
 – Sí, ∼ ∼ hemos contado.

5 Iñaki, ¿has dado las bebidas a tus hijos?
 – No, todavía no ∼ ∼ he dado.

5

8 **Es un partido que ...** (página 87)

p. 151/8.1a

b Explica las palabras del texto del ejercicio 7 (1-6) relacionando cada una con una definición (A-F). Usa las expresiones de "Así se dice".

Así se dice: Explicar una palabra

Es algo/una cosa **que** ...
Es una persona/un grupo de personas **que** ...
Es un lugar/una región **donde** ...

1 el/la director/a técnico/-a
2 el equipo
3 el estadio
4 el/la futbolista
5 el partido
6 la selección

A jugar partidos contra otros equipos de otros países
B jugar al fútbol y tenerlo como profesión
C trabajar con un equipo de fútbol y decirles cómo mejorar
D encontrarse dos equipos de fútbol para jugar un partido
E jugar uno contra el otro y decidir cuál de ellos es el mejor
F hacer deporte juntos y participar en partidos contra otros clubes

CD 2/14

11 **La familia de Javier** (página 88)

p. 144/4.1

Para tratar el tema de la migración en Argentina, Javier quiere hablar de la historia de migración de su propia familia. Escucha qué le cuenta a Celia y Alejandro y elige las respuestas correctas.

1 Para Javier su familia es una familia argentina "típica" porque ...
a les gustan la cocina y las costumbres italianas.
b todos vinieron a Argentina de otros países.
c todos vinieron de Italia.

2 Los padres del abuelo de Javier ...
a eran de Italia.
b eran de Galicia.
c eran de Italia y Galicia.

3 Los padres de su abuelo se conocieron ...
a en Argentina, en el mercado.
b en Argentina, en un baile del pueblo.
c en Italia.

4 El padre de la abuela de Javier emigró ...
a para conocer el mundo y vivir aventuras.
b porque en su país había guerra.
c porque su familia era pobre y buscaba un futuro mejor.

5 El padre de su abuela trabajó ...
a en el puerto de Buenos Aires y después abrió un restaurante en Rosario.
b en el puerto de Rosario y después en la cocina de un restaurante.
c primero en un restaurante y después en el puerto de Buenos Aires.

6 La madre de su abuela ...
a era de España y vino a Argentina para trabajar en un restaurante español.
b era de Polonia y solo quería pasar las vacaciones en Argentina.
c emigró con sus padres de Polonia porque allí había empezado la guerra.

7 Durante los últimos años algunos familiares de Javier se fueron ...
a a conocer los países de donde habían venido sus abuelos.
b a vivir a España y Canadá.
c a vivir a Europa.

1 el/la familiar der/die Verwandte

p. 143/3

12 Vivir en la metrópolis (página 88-89)

b Lee los comentarios que los tres jóvenes han dejado en la página
de Buena Onda (página 89). Después relaciona a cada joven con
las ventajas y desventajas que nombra.

Esteban   Camila   Joaquín

ventajas
A el estadio de fútbol espectacular
B las universidades
C las posibilidades para salir de fiesta
D la arquitectura interesante
E las actividades culturales

desventajas
F la criminalidad
G el transporte público malo
H la inseguridad
I la falta de parques
J la suciedad
K los caminos largos

13 Lo bueno de vivir acá (página 90)

CD 2/18

b Florencia vive en Piamonte en la provincia de Santa Fe.
Escucha lo que cuenta y completa las frases 1-5 con las ideas de A-E.

> *Ejemplo*
> *Para Florencia, lo mejor de su vida en el pueblo es estar cerca de todos sus amigos.*

1 Lo práctico de tener todo tan cerca ...
2 Lo divertido de vivir cerca de los amigos ...
3 Lo malo de no tener cerca ningún club ...
4 Lo triste de estar lejos de las grandes ciudades ...
5 Lo bueno de vivir en un pueblo tan pequeño ...

A conocer a todos sus vecinos
B tener que ir en coche a otro pueblo
C poder verse sin tener que hacer planes
D poder ir en bicicleta a todos lados
E no poder ir al cine

p. 153/8.2

15 Hablamos de la vida en la metrópolis (página 91)

Trabajad en parejas. Cada uno/-a va a hablar sobre las ventajas y desventajas
de vivir en una metrópolis. El texto 12 (página 89), vuestros apuntes del
ejercicio 13c y vuestros comentarios del ejercicio 14c os pueden ayudar.
Juntad vuestros apuntes y practicad la presentación antes de presentarla
a la clase. Una persona habla y la otra persona da consejos. Cada persona
habla al menos un minuto sobre el tema.

6

3 El futuro profesional (página 100-101)

a Lee el texto de Gilberto y apunta el orden correcto de las frases que lo resumen.

A El sueño de Gilberto es ser astronauta y viajar al espacio.

B Según Gilberto la profesión de profesor no es solo diversión.

C Gilberto le recomienda a Juan Manuel escribir a una fundación de Shakira que ayuda a niños.

D El texto trata de un programa de radio en el que Gilberto habla de las profesiones más interesantes y diferentes.

E También puede imaginarse ser físico porque quiere trabajar en el Planetario.

F Diego piensa que trabajar de profesor no es nada aburrido, pero tener que corregir los deberes no le gusta nada.

G La profesión favorita de María Alejandra es un trabajo difícil y de mucha responsabilidad.

H Juan Manuel quiere hacer unas prácticas porque todavía no sabe si realmente le gusta un trabajo social.

CD 2/30

p. 144/4.1

6 ¿Se han cumplido tus sueños? (página 102)

b Escucha qué dicen estas cuatro personas de los sueños que tenían. Relaciona cada nombre con el sueño correspondiente y decide si se ha cumplido o no, o solo en parte. Ojo: Dos sueños sobran.

Álvaro   Mercedes   Juan   Vicente

los sueños:

A ser un médico famoso y ayudar a la gente

B casarse con una mujer guapa, tener varios hijos y vivir en la playa

C trabajar de periodista para un periódico famoso y hacer entrevistas a personas importantes

D hacer un viaje por el mundo

E tener por lo menos cinco hijos

F abrir su propio restaurante

Se ha cumplido.

No se ha cumplido.

Se ha cumplido en parte.

1

p. 143/3

3 Cibrán y su abuelo (página 10-11)

a Lee el texto y completa las frases en tu cuaderno.

1 Cuando el abuelo de Cibrán era joven la gente hablaba ...
2 El pueblo del abuelo está ...
3 El abuelo quería ir a Santiago porque allí había ...
4 En Santiago el abuelo vivía ...
4 De joven el abuelo iba con su primo ...
6 La Costa de la Muerte es ...

13 Alejandro en Santiago de Compostela (página 16)

b Después de encontrarse delante de la catedral, Cibrán y Alejandro pasaron el día juntos.
Mira los dibujos y describe cómo siguió su día. Escribe al menos seis frases usando
el pretérito imperfecto y el pretérito indefinido.

CD 1/8

20 Un festival muy famoso (página 18)

d Cibrán está en el festival para hacer el reportaje para Buena Onda y habla con los jóvenes
Mateu, Nadia, Bea y Daniel. Escucha las entrevistas y apunta qué llegas a saber sobre cada
persona.

2

5 Entrevistas (página 27)

CD 1/15

b Escucha otra vez las entrevistas y
completa las frases en tu cuaderno.

1 A la chica le ha encantado ...
2 A la chica no le ha gustado ...
3 La chica ha hablado inglés con ...
4 El chico ha venido a España porque ...
5 El chico puede mandar ...
6 El chico ha aprendido el idioma ...

6 ¿Alguno o ninguno? (página 27)

b Alejandro está hablando con más jóvenes que viven en España. Completa los diálogos con los verbos de las casillas en pretérito perfecto y con la forma correcta de *alguno* y *ninguno*.

> *Ejemplo*
> *¿Has conocido a algún chico de Argentina?*
> *– No, no he conocido a ninguno.*

estar   visitar   tener   leer   aprender   hacer

1 ¿En el intercambio 〜 (vosotros) 〜 problema? – No, no ...
2 ¿Ya 〜 (vosotros) 〜 palabras en español? – Sí, ...
3 ¿Ya 〜 (tú) 〜 lugares famosos de España? – Sí, ...
4 ¿Todavía no 〜 (vosotros) 〜 examen? – No, no ...
5 ¿Ya 〜 (tú) 〜 libro ecuatoriano? – No, todavía ...
6 ¿Ya 〜 (tú) en un concierto de 〜 grupo mexicano? – Sí, ...

11 Una entrevista a Raquel (página 30)

p. 143/3

b Lee la entrevista otra vez y apunta toda la información que da el texto sobre los siguientes aspectos:
  • el programa de hoy en Buena Onda,
  • la celebración del Día Mundial de la Diversidad Cultural en el instituto,
  • el viaje de Raquel a Marruecos y el árabe.

13 Fátima y Raquel (página 31)

b Raquel escribe un e-mail a su prima Fátima. Complétalo con los verbos de las casillas en pretérito indefinido o pretérito perfecto.

ayudar   celebrar

escribir   estar   hacer   ir   pensar   recibir   ser   tener   ver   volver

○○○   ✎ ✉ 📎

Hola, Fátima:
¿Qué tal? Esta mañana (1) 〜 (yo) tu e-mail con las fotos que (2) 〜 (tú) el fin de semana pasado en el cumple de Abdel. Mis padres ya las (3) 〜 también. ¡Muchas gracias! Todavía no (4) 〜 a Abdel, pero quiero hacerlo mañana. ¿Qué tal las clases de español? Te voy a escribir siempre en español, así puedes practicar. 😊
Hoy (5) 〜 mucho en mis vacaciones en Marruecos. ¿Te acuerdas? Un día (6) 〜 (nosotras) en el mercado de Xauen y (7) 〜 (yo) que tomar un litro de té por el calor.
La semana pasada el instituto (8) 〜 el Día Mundial de la Diversidad Cultural y yo (9) 〜 a organizarlo. (10) 〜 muy interesante y (11) 〜 en vosotros. Además, mi amiga Celia me (12) 〜 una entrevista para Buena Onda.
¿Y vosotras? ¿Adónde (13) 〜 este fin de semana? (14) ¿〜 a casa de las tías?
Un beso,
Raquel

3

6 Los usos de internet (página 47)

CD 1/25

c Escucha otra vez y completa las frases en tu cuaderno.

1 A Gilberto le gusta buscar …
2 El profe de Celia dice que hay que …
3 El padre de Celia …
4 El hermano de Gilberto …

7 Buena Onda conectada (página 48)

a En parejas leed el texto y dividildo en tres partes. Apuntad las líneas, escribid un título para cada parte del texto que habéis elegido y resumid el diálogo en pocas palabras.

9 Hablamos de internet (página 49)

p. 153/8.2

Toma apuntes sobre las ventajas y desventajas o los peligros de internet y y habla dos minutos del tema.

11 Las ideas nuevas (página 50)

Cibrán de Santiago de Compostela no pudo participar en la videoconferencia de Buena Onda. Al día siguiente, Iker le cuenta cómo fue. Completa el diálogo con los verbos de las casillas en presente de subjuntivo y con las palabras que faltan.

dar   elegir   empezar   escribir   hacer   informarse   organizar   proponer   quedar   tener

CIBRÁN: ¿Qué tal la videoconferencia de ayer?
IKER: Fue bastante bien. Pero Gilberto quiere (1) ∼ la próxima vez (2) ∼ (nosotros) más tarde. No (3) ∼ gusta que las videoconferencias (4) ∼ siempre a las ocho (5) ∼ mañana en Bogotá.
CIBRÁN: ¡Me alegro de que Gilberto ya no (6) ∼ que levantarse tan (7) ∼! ¿De qué hablasteis?
IKER: Vamos a ofrecer información sobre el uso correcto de internet. Vamos a recomendar a nuestros radioyentes que no (8) ∼ sus datos y que (9) ∼ bien sus contactos en las (10) ∼ sociales. Esperamos que así los fans de Buena Onda (11) ∼ más sobre los peligros de internet.
CIBRÁN: Ah, pues me parece (12) ∼ bien.
IKER: Raquel tuvo otra (13) ∼. Quiere que Buena Onda (14) ∼ un nuevo foro de ayuda.
CIBRÁN: ¿Un foro de ayuda?
IKER: Sí. Recomienda que los radioyentes (15) ∼ sus problemas y los otros les (16) ∼ soluciones. Como en las revistas. Pero no queremos que lo (17) ∼ los adultos, sino nosotros los jóvenes. ¿(18) ∼ te parece?

15 Buenayuda – el nuevo foro de ayuda (página 52-53)

b Lee el foro y contesta a las preguntas.

1 ¿Qué problemas tienen los chicos?
2 ¿Qué consejos dan los jóvenes?

CD 3/3

24 Mi libro favorito (página 56)

a Esta semana, en su vlog Carlos presenta el libro "Caperucita en Manhattan" de Carmen Martín Gaite. Mira el vídeo y toma apuntes. ¿Cómo se llama el canal de Carlos? ¿Por qué ha leído el libro que presenta esta semana? ¿Quiénes son los personajes y qué cuenta sobre la trama[1] del libro? Escribe un texto.

4

4 Pasamos las vacaciones en ... (página 65)

CD 2/4

b Escucha otra vez y contesta a las preguntas.

1 ¿Quién ha estado ya en Tarifa?
2 ¿Por qué quiere ir la madre a Tarifa?
3 ¿Por qué no le gusta a Iker la idea de su madre?
4 ¿Qué propone el padre?
5 ¿Qué quiere buscar el padre en internet?

15 Buena Onda ecológica (página 69)

p. 143/3

b Lee el texto y completa las frases.

1 Buena Onda quiere dar consejos para vacaciones ecológicas, por eso ...
2 El tren es más ecológico que el avión porque ...
3 En España viajar en tren es cómodo, pero en México ...
4 Es importante cerrar la ventana cuando ...
5 Las especialidades locales están ricas y no necesitan largos transportes, por eso ...
6 Es posible hacer viajes responsables para ...
7 Paulina recomienda el ecoturismo porque ...
8 Los radioyentes pueden participar en el foro para ...

[1]**la trama** die Handlung

17 Antes de irse de vacaciones (página 70)

a La familia de Iker se va de vacaciones y por eso hay mucho que hacer. Contesta a las preguntas de la madre sustituyendo los complementos directos e indirectos por un pronombre.

> *Ejemplo*
> *Madre: Iker, ¿ya has dado la dirección a tu padre?*
> *Iker: Sí, se la he dado.*

El idioma

Treffen die indirekten Objektpronomen der 3. Person **le/les** auf die direkten Objektpronomen **lo/la/los/las**, werden **le/les** zu **se**. Das indirekte Objektpronomen steht immer vor dem direkten Objektpronomen:

¿Cuándo envías el e-mail a Paulina?
~~Le~~ Se lo envío mañana.

1 Iker, ¿has enviado el e-mail al monitor? – Sí, …
2 Borja y Bernat, ¿habéis dado vuestras mochilas a papá? – No, todavía no …
3 Iñaki, ¿has preparado la cena a los niños? – Sí, …
4 Borja y Bernat, ¿habéis contado vuestras ideas a Iker y a papá? – Sí, …
5 Iñaki, ¿has dado las bebidas a tus hijos? – No, todavía no …

5 / **8 Es un partido que …** (página 87)

p. 151/8.1a

b Explica las siguientes palabras del texto del ejercicio 7 usando las expresiones de "Así se dice". Ojo: detrás de cada palabra en paréntesis encuentras dos palabras que NO debes usar para tu explicación.

Así se dice: Explicar una palabra

Es algo/una cosa **que** …
Es una persona/un grupo de personas **que** …
Es un lugar/una región **donde** …

el/la director/a técnico/-a (la persona, el equipo)   el partido (dos, ganar)

el equipo (el grupo, jugar)   el/la futbolista (la persona, la profesión)

el estadio (el equipo, el partido)   la selección (el equipo, el país)

CD 2/14

11 La familia de Javier (página 88)

Para tratar el tema de la migración en Argentina, Javier quiere hablar de la historia de migración de su propia familia. Escucha qué le cuenta a Celia y Alejandro y toma apuntes. ¿De dónde era cada uno de sus familiares[1]? ¿Dónde se conocieron los padres de su abuelo, y dónde los padres de su abuela? Apunta qué más has entendido.

---

[1] **el/la familiar** der/die Verwandte

12 Vivir en la metrópolis (página 88-89)

b Lee los comentarios que los tres jóvenes han dejado en la página de Buena Onda
y haz una tabla de las ventajas y desventajas de la vida en Buenos Aires que nombra
cada uno de ellos.

Esteban

Camila

Joaquín

13 Lo bueno de vivir acá (página 90)

CD 2/18

b Florencia vive en Piamonte en la provincia de
Santa Fe. Escucha lo que cuenta y toma apuntes.
Después escribe al menos seis frases sobre su
vida con *lo* + adjetivo como en el ejemplo.

> *Ejemplo*
> *Para Florencia, lo mejor de su vida en el pueblo*
> *es estar cerca de todos sus amigos.*

15 Hablamos de la vida en la metrópolis (página 91)

Toma apuntes sobre las ventajas y desventajas de vivir en una metrópolis
y habla dos minutos del tema.

6

3 El futuro profesional (página 100-101)

a Lee el texto de Gilberto y resúmelo en ocho frases. Puedes empezar así:
El texto trata de un programa de radio en el que Gilberto …

6 ¿Se han cumplido tus sueños? (página 102)

CD 2/30

p. 144/4.1

b Escucha qué cuentan estas cinco personas de sus sueños. Apunta para cada uno/-a
su nombre, el sueño que tiene o tenía y si se ha cumplido o no, o solo en parte. Apunta
también si cada persona está contenta con la situación o no. Con tus apuntes presenta
el sueño y la vida de una de las personas en clase.

Inhalt

1 Wortschatz

  1.1 Erschließen
    a Internationalismen
    b Zusammenhang
    c Wortfamilien
    d Präfixe und Suffixe
    e Zusammengesetzte Substantive

  1.2 Umschreiben

  1.3 Nachschlagen
    a Im zweisprachigen Wörterbuch
    b Im einsprachigen Wörterbuch
    c Online

  1.4 Vokabeln lernen

2 Grammatik

3 Lesen
    a Vorinformationen nutzen
    b Globales Lesen (Skimming)
    c Selektives Lesen (Scanning)
    d Detailliertes Lesen

4 Hören

  4.1 Hörverstehen
    a Vorinformationen nutzen
    b Globales Hören
    c Selektives Hören
    d Detailliertes Hören

  4.2 Hör-/Sehverstehen

5 Notizen anfertigen

6 Schreiben
    a Allgemeines
    b Das *resumen*
    c E-Mails, Postkarten, Briefe und Textnachrichten
    d Das formelle Anschreiben
    e Der Lebenslauf
    f Kreatives Schreiben

7 Textkorrektur
    a Inhalt
    b Stil
    c Sprache

8 Sprechen

  8.1 Dialogisches Sprechen
    a Gespräche führen
    b Argumentieren und diskutieren
    c Telefonieren

  8.2 Monologisches Sprechen
    a Einen Kurzvortrag/Eine Präsentation halten
    b Visuelle Hilfsmittel/Medien einsetzen
    c Einen Kurzvortrag/Eine Präsentation bewerten

9 Bilder, Grafiken und Statistiken
    a Bilder beschreiben
    b Grafiken und Statistiken auswerten

10 Sprachmittlung

11 Medien nutzen
  11.1 Informationen im Internet finden
  11.2 Ein digitales Produkt erstellen

12 Thematischer Wortschatz

1 Wortschatz

1.1 Erschließen

Unbekannte spanische Wörter kannst du dir mithilfe der folgenden Techniken erschließen.

a Internationalismen

Viele spanische Wörter haben im Englischen, Französischen oder Lateinischen eine ähnlich lautende Entsprechung oder du kennst sie als Fremdwort aus dem Deutschen.

Spanisch	Englisch	Französisch	Latein	Deutsch
el actor, la actriz	the actor, actress	l'acteur, l'actrice	actor *m.*	der/die Schauspieler/in
la educación	the education	l'éducation	educatio *f.*	die Erziehung, die Bildung
el comentario	the comment	le commentaire		der Kommentar
la opinión	the opinion	l'opinion	opinio *f.*	die Meinung

Nicht alle in zwei unterschiedlichen Sprachen ähnlich klingenden Wörter haben eine ähnliche Bedeutung, es gibt auch sogenannte „falsche Freunde" *(falsos amigos)*.

el éxito *(der Erfolg)*   the exit *(der Ausgang)*

la feria *(das Fest)*   die Ferien *(las vacaciones)*

la carta *(der Brief)*   die Karte *(la tarjeta)*

b Zusammenhang (Kontext)

Erschließe die Bedeutung eines Wortes aus dem Zusammenhang. Achte dabei auf den ganzen Satz, den Absatz, ggf. auch auf Bilder, im Gespräch auf Mimik und Gesten etc.

c Wortfamilien

Bei manchen neuen Wörtern kennst du den Wortstamm bereits von einer anderen Vokabel, die zur selben Wortfamilie gehört.

la posibilidad → posible
turístico → el turista
social → la sociedad

Vokalveränderungen bei Verben findet man häufig auch in anderen Wortarten derselben Wortfamilie wieder.

despertarse → despierto
soñar → el sueño
jugar → el juego
poner → el puesto

d Präfixe und Suffixe

Der Wortstamm wird durch Präfixe oder Suffixe (Vor- oder Nachsilben) erweitert, die dir Auskunft über Bedeutung und Wortart geben können.

Präfixe verändern die Bedeutung eines Wortes.

a- co-/com-/con- im-, in-, de(s)-, di(s)-, ir-	Gegensatz Zusammengehörigkeit üblicherweise das Gegenteil	normal – anormal colaborar, el compañero, compartir, convivir activar – desactivar, posible – imposible, regular – irregular, la seguridad – la inseguridad

Suffixe zeigen Wortart und Genus an.

-able, -ible, -ante, -ente	Adjektive	inolvidable, increíble, interesante, diferente
-dad, -tad, -tud, -ción, -sión	Substantive *(f.)*	la unidad, la amistad, la solicitud, la tradición
-ista	Substantive *(m. + f.)*	el/la turista
-ma	Substantive aus dem Griechischen *(m.)*	el tema, el idioma
-ito/-a, -illo/-a	Diminutive	el regalo → el regalito, el chico → el chiquillo
-dor/-dora, -tor/-tora	oft von Verben abgeleitete Nomen	trabajar → el/la trabajador/a escribir → el/la escritor/a

e Zusammengesetzte Substantive

Erschließe dir aus mehreren Wörtern zusammengesetzte Ausdrücke über ihre einzelnen Bestandteile. Zwei Substantive werden meist mit **de** verbunden, das Genus richtet sich nach dem ersten Substantiv.

el medio + la comunicación → el medio de comunicación = das Kommunikationsmittel
la oficina + el turismo → la oficina de turismo = die Touristeninformation

1.2 Umschreiben siehe 8.1 a

1.3 Nachschlagen

a Im zweisprachigen Wörterbuch

Mache dich zunächst mit dem Aufbau der Einträge vertraut. Meistens findest du entsprechende Erläuterungen sowie eine Erklärung der Abkürzungen auf den ersten Seiten deines Wörterbuchs.

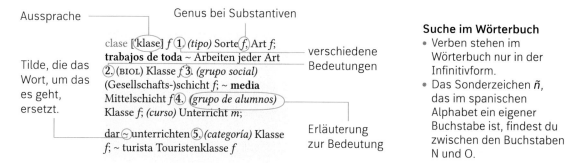

Aussprache

Genus bei Substantiven

Tilde, die das Wort, um das es geht, ersetzt.

clase ['klase] *f* ① *(tipo)* Sorte *f,* Art *f;*
trabajos de toda ~ Arbeiten jeder Art
②. (BIOL) Klasse *f* ③ *(grupo social)*
(Gesellschafts-)schicht *f;* ~ **media**
Mittelschicht *f* ④ *(grupo de alumnos)*
Klasse *f;* *(curso)* Unterricht *m;*

dar ~ unterrichten ⑤ *(categoría)* Klasse
f; ~ turista Touristenklasse *f*

verschiedene Bedeutungen

Erläuterung zur Bedeutung

Suche im Wörterbuch
• Verben stehen im Wörterbuch nur in der Infinitivform.
• Das Sonderzeichen ñ, das im spanischen Alphabet ein eigener Buchstabe ist, findest du zwischen den Buchstaben N und O.

• Lies dir den gesamten Eintrag durch und entscheide, welcher der Übersetzungsvorschläge in den jeweiligen Kontext passen könnte. Die meisten Wörterbücher bieten neben der eigentlichen Bedeutung auch zusammengesetzte Ausdrücke und häufige Redewendungen, in denen das Wort vorkommt.
• Wenn du dir unsicher bist, mache die Gegenprobe, indem du den im deutsch-spanischen Teil des Wörterbuchs gefundenen Übersetzungsvorschlag im spanisch-deutschen Teil nachschlägst.
• Mehrteilige Ausdrücke sind häufig nur unter einem Eintrag zu finden.

b Im einsprachigen Wörterbuch

Das einsprachige Wörterbuch erklärt dir die Bedeutung eines Wortes. Meistens findest du hier Worte mit ähnlicher (Synonyme) oder gegensätzlicher Bedeutung (Antonyme). Neben der korrekten Schreibweise wird dir auch die Herkunft des Wortes angezeigt. Zudem findest du Beispielsätze, die dir den Gebrauch je nach Kontext verdeutlichen.

lateinische Herkunft des Wortes

Kontext- beispiele

tristeza (del lat. *tristitia*) f. 1. Sentimiento o estado de quien se encuentra deprimido, sin ánimo y, en muchas ocasiones, con tendencia al llanto. 2. Cualidad de las cosas que muestran o producen ese sentimiento: *La tristeza de sus palabras nos conmovió.* 3. Suceso desgraciado o penoso. Se usa sobre todo en pl.: *Siempre que venía nos contaba sus tristezas.* Sin. 1. Aflicción, amargura, dolor. 1 y 3. Pena. 3. Desgracia, desdicha. Ant. 1 y 2. Alegría.

Genus

Begriffs- erklärungen

Synonyme

Antonyme

aus: Diccionario esencial Santillana de la Lengua Española, Madrid: Santillana 1991

c Online

Die Suche in Online-Wörterbüchern ist schnell und führt häufig zu einer großen Zahl an Übersetzungs- vorschlägen, die aber nicht alle richtig sein müssen. Achte deshalb darauf, dass du dir einen seriösen Anbieter aussuchst, z. B. einen Wörterbuchverlag. Am besten machst du auch hier immer die Gegen- probe. In vielen Online-Wörterbüchern kannst du dir die Vokabel vorsprechen lassen oder dir einen Vokabeltrainer anlegen.

1.4 Vokabeln lernen

Lerne nicht am Tag vor der Klassenarbeit zwei ganze Lektionen, sondern wiederhole regelmäßig eine kleine Anzahl an Vokabeln. Ein Überblick über die wichtigsten Vokabellerntechniken:

los alojamientos · los medios de transporte · **las vacaciones** · las actividades · hacer deporte

- Lerne die Wörter zusammen, die unter einen bestimmten Oberbegriff fallen, z. B. *las vacaciones*. Um sie dir optisch zu verdeutlichen und zu strukturieren, kannst du sie in einem Vokabelnetz miteinander verknüpfen.
- Ordne die Vokabeln zu Wortfamilien und lerne die Wörter mit dem gleichen Stamm zusammen.

el trabajo → trabajar
la presentación → presentar

- Denke dir eigene Merksätze (Eselsbrücken oder Reime) für schwer zu behaltende Vokabeln aus.
- Lerne Gegensatzpaare zusammen.

interesante ≠ aburrido, mucho ≠ poco, blanco ≠ negro

- Lege dir eine Lernkartei an, indem du die Vokabeln auf einzelne Karteikarten schreibst und in einer kleinen Kiste sammelst.
- Schreibe dir Vokabular für Möbel etc. auf kleine Zettel und befestige sie an den entsprechenden Gegenständen.
- Wenn du dir Dinge gut durch Hören einprägen kannst, lies dir wichtige Redewendungen und Sätze beim Lernen laut vor, nimm sie auf und höre sie dir regelmäßig an.
- Viele Sätze oder Redewendungen lassen sich gut mit einer Geste zusammen lernen. Die Bewegung erleichtert dir das Erinnern.
- Präge dir die Vokabeln nicht nur einzeln, sondern in einer festen Wendung ein.
- Wenn du gerne unterwegs und mit dem Handy lernst, kannst du die Vokabel-App passend zum Lehrwerk nutzen. Mithilfe der App kannst du dir die Vokabeln auch vorsprechen lassen, sodass du gleich die Aussprache trainierst. Außerdem kannst du die Vokabeln auf spielerische Art lernen.

Me llevo bien con mis padres.
La música me llama la atención.

2 Grammatik

- Schreibe **Gemeinsamkeiten und Unterschiede zu bereits bekannten Sprachen** auf. Beim Lernen neuer Grammatik können deine Kenntnisse aus anderen Sprachen von großem Nutzen sein. Zum Beispiel fällt die Unterscheidung zwischen dem *pretérito imperfecto* und dem *pretérito indefinido* nicht mehr so schwer, wenn du im Französischen schon die unterschiedliche Verwendung von *imparfait* und *passé composé* gelernt hast.
- Erstelle zusammen mit deinen Mitschülern **Lernplakate**, auf denen in Beispielsätzen grammatikalische Phänomene farbig markiert werden. Zur Wiederholung könnt ihr immer neue Beispielsätze zu den unterschiedlichen grammatikalischen Problemen bilden und notieren.
- Du kannst **Grammatikregeln mit deinen eigenen Worten** für dich besser verständlich umformulieren und andere Beispielsätze dazu bilden. Auch Merksprüche oder Eselsbrücken sind hilfreich.
- Entwirf mit einem Mitschüler/einer Mitschülerin selbst **Übungen** zu einem grammatikalischen Phänomen (mit den entsprechenden Lösungen, die du separat ablegst) und tauscht diese mit einem anderen Paar. Korrigiert die Aufgaben gegenseitig.
- Nutze die *Autocontroles* im *Cuaderno de actividades*. Es kann sinnvoll sein, die Lösungen nicht direkt in das *Cuaderno* zu schreiben, sondern in ein separates Heft, damit du die Übungen mehrfach machen kannst. Halte deine Fortschritte fest.
- **Übersetze** einen Teil des Lektionstextes auf Deutsch (lass die Richtigkeit am besten von deiner Lehrerin oder deinem Lehrer kontrollieren) und übersetze diesen Teil nach ein oder zwei Tagen wieder ins Spanische zurück. Nun kannst du selbst die Korrektheit deines Textes überprüfen. Wiederhole gegebenenfalls die Übersetzung ins Spanische.
- Lege dir eine **Kartei mit deinen häufigsten Fehlerquellen** an (siehe auch 7c). Notiere auf einer Karteikarte die grammatikalische Regel mit einem Beispielsatz. Auf der Rückseite kannst du einen eigenen Lückentext ergänzen, den du später mit den richtigen Formen ausfüllst. Wiederhole die Übung nach einem gewissen Zeitraum. Schaue dir diese Kartei regelmäßig an.

3 Lesen

a Vorinformationen nutzen
- Sieh dir die Textgestaltung an. Um welche Textsorte handelt es sich (Anzeige, Zeitungsartikel, ...)?
- Gibt es Fotos oder Grafiken zum Text und welche Aussagen haben sie?
- Was sagt die Überschrift über den Inhalt des Texts aus? Gibt es Zwischenüberschriften oder sind wichtige Begriffe im Text hervorgehoben?
- Wie lautet die Aufgabenstellung? Wie sieht der erste Schritt aus?

b Globales Lesen (Skimming)
Nachdem du dich mit den Vorinformationen befasst hast, verschaffst du dir beim globalen Lesen einen ersten groben Überblick über den Text.
- Überfliege den Text und konzentriere dich auf das, was du bereits verstehst, und nicht auf das neue Vokabular. Bleibe nicht an Details hängen.
- Prüfe, ob du den Text verstanden hast, indem du die wichtigsten W-Fragen zum Text beantwortest.
- Teile längere Texte in Sinnabschnitte ein und notiere dir für jeden Abschnitt ein Schlüsselwort oder eine Kurzüberschrift, um den Überblick über den ganzen Text zu behalten.

W-Fragen			
Wer?	¿Quién	**W**ann?	¿Cuándo?
Was?	¿Qué?	**W**ie?	¿Cómo?
Wo?	¿Dónde?	**W**arum?	¿Por qué?

c Selektives Lesen (Scanning)
Das selektive Lesen hilft dir, ganz bestimmte Informationen aus einem Text herauszufiltern.
- Überlege dir anhand der Aufgabenstellung, nach welchen Schlüsselbegriffen du im Text suchen möchtest.
- Durchsuche dann den Text gezielt nach den Schlüsselbegriffen und lies dir nur die Passagen, in denen sie vorkommen, detailliert durch. Mache dir Notizen.

d Detailliertes Lesen

Beim detaillierten Lesen möchtest du die Haupt- und Nebenaussagen eines Texts oder einer Textpassage verstehen. Das ist beispielsweise bei einer Gebrauchsanweisung oder einem Kochrezept der Fall.

- Lies dir hierfür den Text ggf. mehrfach durch und mache dir Notizen.
- Arbeite dich durch den ganzen Text, erschließe dir unbekannte Vokabeln (› 1.1) und verwende falls nötig ein Wörterbuch (→ 1.3).

Así se dice

Über einen Text sprechen

- Se trata de un artículo/una parte de una novela/un poema/un cuento/un texto informativo/una obra de teatro/ ... sobre ...
- El texto trata de ...
- El tema central del texto es ...
- En el texto/el poema/... se habla de ...

- El texto se puede dividir en ... partes/párrafos.
- Un título para la primera parte/el primer párrafo puede ser ...
- El texto consta de ... párrafos/escenas.
- El texto tiene una introducción/conclusión.

- El/La autor/a
- El/La narrador/a
- El/La escritor/a

  - cuenta la historia de ...
  - describe/critica ...
  - expresa sus ideas sobre ...
  - quiere sorprender/llamar la atención sobre ...
  - cuenta la historia en primera/tercera persona.

- El protagonista
- El personaje principal
- El personaje secundario

  - es simpático/serio/tranquilo/nervioso ...
  - es joven/mayor/alto/bajo/delgado/gordo/rubio/moreno ...
  - está contento/triste/agobiado ...
  - vive en ...
  - se siente solo/triste/contento/feliz ...

- La acción tiene lugar/se desarrolla en ...

- La intención del poeta/escritor es ...

el párrafo der Absatz | constar de bestehen aus | la introducción die Einleitung | la conclusión die Schlussfolgerung | el/la narrador/a der/die Erzähler/in | el personaje principal/el/la protagonista die Hauptfigur | sentirse sich fühlen | desarrollarse sich entwickeln | la intención die Absicht

4 Hören

4.1 Hörverstehen

a Vorinformationen nutzen

- Was sagt die Überschrift über den Inhalt des Hörtexts aus?
- Gibt es Fotos oder Grafiken zum Hörtext und welche Aussagen haben sie?
- Wie lautet die Situationsbeschreibung zur Aufgabe und beantwortet diese womöglich bereits eine oder mehrere W-Fragen (→ 3b)?
- Wie lautet die Aufgabenstellung? Welche Strategie ist am besten geeignet, um sie zu bearbeiten?

b Globales Hören

Du musst beim globalen Hören nicht jedes Wort verstehen.

- Konzentriere dich zunächst auf das, was du verstehst, auf den allgemeinen Inhalt und die Situation.
- Achte auf eventuelle Hintergrundgeräusche (z. B. Straßenlärm, Musik) und den Tonfall der Sprecher (z. B. freundlich, wütend, neutral).
- Versuche auch hier, so viele W-Fragen wie möglich zu beantworten (→ 3b) und mache dir Notizen.

c **Selektives Hören**

Selektive Hörverstehensaufgaben fragen nach ganz bestimmten Teilinformationen,
z. B. woher die Sprecher kommen oder zu welcher Uhrzeit sie sich verabreden.

- Achte auf die Aufgabenstellung und überlege dir, auf welche Schlüsselwörter du beim Hören besonders achten solltest.
- Mache dir Notizen, z. B. indem du dir eine Tabelle oder Mindmap zur Fragestellung anlegst (→ 5).

d **Detailliertes Hören**

Beim detaillierten Hörverstehen geht es darum, jede Einzelheit des Texts zu erfassen,
z. B. wenn dir jemand seine Telefonnummer oder Adresse diktiert.

- Höre dir den Text nach Möglichkeit mehrmals an.
- Erschließe dir nach dem ersten globalen Hören beim weiteren Anhören schrittweise alle Details und mache dir Notizen.

4.2   Hör-/Sehverstehen

Bei Filmszenen und Videos stehen dir mehrere Informationsquellen gleichzeitig zur Verfügung.
Die (bewegten) Bilder helfen dir, die sprachlichen Aussagen zu verstehen.

- Nutze auch hier zunächst die Vorinformationen aus der Überschrift, der Situationsbeschreibung und der Aufgabenstellung.
- Konzentriere dich beim ersten Ansehen einer Filmszene auf den Ort, die Personen, ihre Gestik und Mimik, mögliche Gefühlsäußerungen, die erkennbare Situation, Musik etc.
- Mache dir Notizen zu allem, was dir auffällt und stelle erste Vermutungen zur Situation und den Beziehungen der Personen untereinander an.
- Achte erst beim erneuten Anschauen auf die Dialoge, überprüfe deine Hypothesen und ergänze deine Notizen. Du musst nicht alle Äußerungen im Detail verstehen.

Así se dice

Über eine Filmszene/ein Video sprechen

- La película/el vídeo consta de ... escenas.
- Se trata de una escena en la calle/en casa de ...
- La escena narra la historia de .../muestra ...
- Se puede ver a una persona que ...
- La acción se desarrolla en ...

constar de bestehen aus | la escena die Filmszene | narrar erzählen | mostrar zeigen | la acción die Handlung | desarrollarse sich entwickeln

5   Notizen anfertigen

Notizen benötigst du z. B. als Gedächtnisstütze bei Hörverstehensaufgaben oder als Grundlage für einen mündlichen Vortrag.

- Schreibe keine ganzen Sätze, sondern beschränke dich auf Stichwörter und lasse Platz zwischen ihnen, um sie ergänzen zu können.
- Verwende Abkürzungen oder Symbole, z. B. um Zusammenhänge (+), Folgerungen (→) oder Ergebnisse (=) darzustellen.
- Arbeite ggf. mit einer Mindmap, um dir Beziehungen zu verdeutlichen oder benutze unterschiedliche Farben für deine Notizen, um Wichtiges hervorzuheben.
- Manche Aufgabenstellungen erfordern das Anlegen einer Tabelle, in die du die Informationen aus dem Hörtext schnell und übersichtlich eintragen kannst.

6 Schreiben

a Allgemeines

- Lies dir die Arbeitsanweisung gründlich durch. Welche Textsorte wird verlangt?
  Für bestimmte Textsorten, z. B. ein *resumen*, gelten bestimmte Regeln (→ 6b).
- Kläre vor dem Schreiben:
  - Welchen Zweck verfolgt der Text? An wen ist er gerichtet?
  - Welche Informationen sollten auf jeden Fall im Text enthalten sein?
  - Sollst du etwas beschreiben, erzählen, bewerten, charakterisieren, analysieren?
  - Wie lang sollte der Text sein?
- Sammle als Nächstes deine Ideen zum Thema, z. B. in einer Mindmap oder einer Stichwortliste.
  Wenn du für das Thema Informationen suchen musst, findest du hierzu Hilfe unter → 11.1.
- Bei einer Charakterisierung kann es sinnvoll sein, eine Tabelle mit Informationen
  zu den einzelnen Personen anzulegen.
- Falls du dich auf einen bereits vorhandenen Text beziehst, achte darauf, keine Sätze
  aus dem Ursprungstext zu übernehmen, sondern eigenständig zu formulieren.
- Suche dir ggf. im Buch einen Mustertext, an dessen Aufbau du dich bei deinem Text
  orientieren kannst.
- Redemittel zum Thema findest du in dem entsprechenden Abschnitt des *Vocabulario*
  oder in den Redemittel-Kästen der Lektion.
- Verwende unterschiedliche Konnektoren *(conectores/enlaces)* und variiere wenn möglich
  den Satzbau.

b Das *resumen*

Zusammenfassungen lassen sich von unterschiedlichen Textsorten anfertigen.

Ein *resumen*
- steht immer im Präsens, auch wenn der Ausgangstext in einer Vergangenheitszeit verfasst ist.
- sollte nicht mehr als ein Drittel des ursprünglichen Textes umfassen.
  Je nach Anlass kann es auch kürzer sein.
- braucht einen einleitenden Satz, der Autor, Titel und Textsorte (oder Name der Zeitung
  und Erscheinungsdatum) benennt und zum Thema hinführt. Diesen Einleitungssatz bzw.
  das zentrale Thema kannst du am besten formulieren, wenn du das restliche *resumen*
  schon geschrieben hast.
- sollte möglichst viel eigenes Vokabular enthalten und keine Textpassagen wörtlich übernehmen.
- darf keine direkte Rede und keine eigene Bewertung enthalten.

Vor dem Schreiben:
- Lies dir den Ausgangstext sorgfältig durch.
- Finde die Schlüsselwörter heraus, markiere sie bzw. schreibe sie ab.
  Orientiere dich an den W-Fragen:

  Wer? ¿Quién?   **W**as (geschieht)? ¿Qué (pasa/hace)?
  Wie? ¿Cómo?   **W**ann? ¿Cuándo?
  Wo? ¿Dónde?   **W**arum? ¿Por qué?

- Unterteile den Text in Abschnitte.
- Finde eine Überschrift oder einen Satz pro Abschnitt.

Nach dem Schreiben:
- Kontrolliere, ob alle wichtigen Informationen enthalten sind, ohne dass der Text zu lang ist.
- Achte auf den Stil: Klingt dein Text abwechslungsreich? Hast du die Sätze durch
  Verbindungselemente (Konnektoren) sinnvoll verbunden?
- Überprüfe abschließend nochmals die Grammatik und Rechtschreibung (→ 7c).

Así se dice

Wichtige Konnektoren (conectores)

- primero
- antes de (+ Inf.)
- mientras
- cuando
- además
- también
- pero
- en cambio

- por eso, por lo tanto
- porque
- por un lado, por otro lado
- sin embargo, no obstante
- por ejemplo
- para (+ Inf.)
- después, luego
- entonces
- al final, finalmente

Spanische Sonderzeichen

• Windows	• Mac
¿ = Alt + 168	¿ = Alt + ß
¡ = Alt + 173	¡ = Alt + 1
ñ = Alt + 164	ñ = Alt + n (für die Tilde) + n

c **E-Mails, Postkarten, Briefe und Textnachrichten**

E-Mails, Postkarten, Briefe und Textnachrichten formulierst du je nach Anlass und Empfänger.
Bei Postkarten und Briefen gehört auch die Adresse dazu. Vergiss bei einer spanischen Adresse nicht,
in Städten neben Straße und Hausnummer auch Stockwerk und Position der Wohnung anzugeben.

Así se dice

Briefe und E-Mails verfassen

Vertraute Anrede
- Hola, Celia:
  ¿Cómo estás? Yo …
- Querido Alejandro:
  ¿Qué tal? …
- Querida Raquel:

Sich verabschieden
- Un abrazo,
  Gilberto
- Besos/Un beso,
  Noelia
- Saludos/Un saludo

Así se dice

Abkürzungen in spanischen Adressen

- Avenida   Avda.
- Calle   C/
- Plaza   Pza.
- tercer piso 3er

- sin número   s/n
- derecha   dcha.
- izquierda   izda.

Eine spanische
Adresse:

> Noelia Marín García
> Calle Gracia 22, 3er izda.
> 18002 Granada

Achte bei E-Mails und Textnachrichten auf den passenden Gebrauch von Emojis.
Ein Arbeitsblatt über Emojis findest du zum Download unter diesem Webcode: WES-112635-006.

d Das formelle Anschreiben

Tu dirección (deine Adresse)	Rafaela Berger Krimmerstraße 13 D-58540 Meinerzhagen ra.berger@gox.de
El destinatario (der Empfänger)	Centro Andaluz de Medio Ambiente Calle Los Olivos s/n E-11140 Conil de la Frontera
Lugar y fecha (Ort und Datum)	Meinerzhagen, 01 de mayo de 2021
El asunto (der Betreff)	Asunto: Solicitud para participar en el proyecto "Playas limpias"
Saludo formal (formelle Begrüßung)	Estimados señores y señoras/Estimada señora Martínez:
A **Una carta de presentación** (ein Bewerbungs-anschreiben)	Me ha llamado mucho la atención su anuncio sobre el proyecto "Playas limpias" y me gustaría participar en él durante mis vacaciones de verano. Soy alemana, tengo 15 años y aprendo español desde hace dos años. Soy una persona abierta, me gustan la naturaleza, los animales y trabajar en equipo. Les envío adjunto mi CV con mis datos personales.
B **Una solicitud de información** (eine Anfrage)	Asunto: Solicitud de información Me llamo Rafaela Berger y soy alumna del instituto "Evangelisches Gymnasium" en Meinerzhagen, Alemania. Les escribo para pedir información sobre Buenos Aires. Estoy preparando una exposición sobre los diferentes barrios de esa metrópolis para la clase de español y me gustaría saber el número actual de habitantes de cada uno de los barrios. Muchas gracias de antemano[1].
Despedida formal (formelle Verabschiedung)	En espera de sus noticias, les saluda atentamente[2]
Tu firma (deine Unterschrift)	*Rafaela Berger*
Adjunto (Anhang)	Adjunto: currículum vítae

[1]**de antemano** im Voraus | [2]**atentamente** mit freundlichen Grüßen

e Der Lebenslauf

CURRÍCULUM VÍTAE
DATOS PERSONALES

Nombre: Rafaela
Apellido(s):   Berger
Lugar de nacimiento: Meinerzhagen (Alemania)
Fecha de nacimiento: 05 de marzo de 2006
Dirección: Krimmerstraße 13
                                     D-58540 Meinerzhagen
Teléfono de contacto: 0049-(0)2354-92 83 69
Dirección de correo electrónico: r.berger@gox.de
Nacionalidad: alemana

FORMACIÓN ESCOLAR
Desde 2016:   Evangelisches Gymnasium, Meinerzhagen

IDIOMAS
                                     alemán (lengua materna[1]), inglés, francés, español

EXPERIENCIA LABORAL
Desde 2019:   Clases particulares[2] de matemáticas para niños de entre
                                     7 y 10 años.

CONOCIMIENTOS INFORMÁTICOS   Word, Powerpoint, Excel, Photoshop

HOBBIES   teatro, fotografía digital

Meinerzhagen, 01 de mayo de 2021

Rafaela Berger

f Kreatives Schreiben

Beim kreativen Schreiben erhältst du ein Bild oder einen Ausgangstext und gestaltest dazu einen
eigenen Text oder eine Fortsetzung.

- Schaue dir den Text oder das Bild genau an. Welche Situation wird dargestellt? Wie ist die Stimmung?
  Welche Personen sind beteiligt und in welcher Beziehung stehen sie zueinander?
- Versetze dich in die Situation bzw. die Personen und mache dir Notizen.
  Denke nicht lange darüber nach, sondern versuche zunächst, frei zu assoziieren.
- Bringe danach deine Notizen in eine grobe Struktur und beginne mit dem Schreiben.
- Beachte beim Schreiben den Stil deines Ausgangstexts.
- Versuche vor der Abwandlung von Gedichten oder Liedern ein Gespür für den Rhythmus der Verse
  und die Reimfolge zu bekommen.

---

7 Textkorrektur

a Inhalt
- Ist die Themenstellung richtig erfasst?
- Ist der Text sinnvoll gegliedert?
- Sind alle wichtigen Aspekte berücksichtigt?

b Stil
- Hast du darauf geachtet, manche Sätze durch Konnektoren sinnvoll zu verbinden?
- Hast du die Regeln für die jeweilige Textsorte (*resumen*, Brief etc.) eingehalten?
- Variieren deine Satzanfänge?

c Sprache
Überprüfe die sprachliche Richtigkeit. Erstelle dir hierfür eine Checkliste mit deinen häufigsten Fehlern. Notiere dir auf dieser Liste stichwortartig, worauf du bei der Korrektur besonders achten solltest und füge kurze Beispiele hinzu. Ergänze diese Checkliste regelmäßig mit für dich schwierigen Phänomenen, die du neu gelernt hast.

Häufige Fehlerquellen

1 Angleichung • von Artikel, Substantiv und Adjektiv	el tema actual, l**os** tem**as** actual**es** l**as** grand**es** ide**as**
• von Subjekt und Verb	la chica habl**a**, los chicos habl**an** la gente trabajab**a**, mis amigos trabajab**an**
2 Artikel	**la** foto, **el** tema, **la** verdad
3 Rechtschreibung/Akzente	q**u**ince, el prog**r**ama, la can**ción**, los j**ó**venes, el m**ó**vil, intere**s**ante
4 richtige Anwendung von *ser, estar + hay*	En esta calle hay un hotel. Es muy grande y está cerca del cine nuevo.
5 Präpositionen (mit/ohne Artikelverschmelzung)	Juego **al** fútbol. La entrevista **del** abuelo. Llamo **a** mis padres.
6 Pronomen	El chico **se** llama Gilberto. A Gilberto **le** gusta mucho bailar. **La** ayudo.
7 Formenbildung der Verben	conozco, leyendo, hice, hizo
8 Zeitenverwendung	Ayer **escribí** una carta. Por aquel entonces los niños **jugaban** en la calle. Hoy por la mañana **he escrito** un e-mail.
9 *indicativo/subjuntivo*	**Quiero** que **me escribas**. **No creo** que **venga** a mi fiesta. **Creo** que **viene** a mi fiesta.

> 💡 Im Spanischen gibt es außer cc, ll und rr keine weiteren Doppelkonsonanten.

Weitere mögliche Fehlerquellen sind Ausdruck, falsche Wort- und Satzgliedstellung und Konjunktionen. Wenn du regelmäßig mit deiner Checkliste arbeitest, merkst du dir schnell die wichtigen Punkte und achtest in Klassenarbeiten automatisch darauf. Gib deinen Text zusätzlich auch einem Mitschüler/einer Mitschülerin zur Korrektur. So profitierst du von weiteren Verbesserungsvorschlägen.

8 Sprechen

8.1 Dialogisches Sprechen

a Gespräche führen

Wenn du dich auf Spanisch unterhältst, kommt es darauf an, dass du deine Gesprächspartner verstehst und selbst verstanden wirst.
- Achte auf die Mimik und Gestik deiner Gesprächspartner.
- Frage nach, wenn dir etwas unklar ist.

Así se dice

Nachfragen bei Unklarheiten

- Lo siento, pero no te entiendo.
  ¿Puedes repetirlo, por favor?
- Más despacio, por favor.
- ¿Qué significa (la palabra) ... ?
- ¿Qué es ... ?
- ¿Puedes explicarlo con otras palabras?
- ¿Cómo se dice ... en alemán/español?

(siehe auch unter Hablar en clase, S. 170)

Así se dice

Umschreiben unbekannter Wörter

- Es como ...
- Es muy parecido a ...
- Es una cosa/algo para ...
- Es una cosa que ...
- Es un lugar donde ...
- Es lo contrario de ...
- Es otra palabra para ...

---

lo contrario (de) das Gegenteil (von)

Así se dice

Ein Gespräch führen

Interesse und Aufmerksamkeit zeigen
- ¿Ah, sí?
- ¿En serio?
- Cuéntame.
- Interesante.
- Perfecto.
- Bien.
- Entiendo.
- Ya veo.

Zeit gewinnen
- Bueno, ...
- Pues ...
- Un momentito ...
- A ver ...

Den Beitrag gliedern
- Primero ...
- En segundo lugar ...
- Para continuar ...
- Para terminar ...

Förmliches Begrüßen/Verabschieden
- Buenos días/Buenas tardes, señor/a Aguirre.
- Encantado/-a.
- Gracias (por venir/por la entrevista/...).
- Gracias a usted/ti.
- Le/Te deseo un buen día.

---

b Argumentieren und diskutieren

Vor der Diskussion:
Wenn du deine Meinung in einer Diskussion überzeugend vertreten möchtest, solltest du dich darauf vorbereiten.
- Überlege dir passend zum Thema dein Diskussionsziel.
- Bereite eine stichpunktartige Liste mit allen Pro- und Kontraargumenten vor und ordne diese nach Wichtigkeit.
- Notiere dir konkrete Beispiele, die deine eigenen Argumente anschaulich belegen.
- Indem du dir vorab die möglichen Argumente der Gegenseite vor Augen führst, kannst du dir rechtzeitig überlegen, wie diese zu entkräften sind.
- Vielleicht musst du deinen Gesprächspartnern auch in einigen Punkten entgegenkommen. Wie könnte ein möglicher Kompromiss aussehen?

→

Während der Diskussion:
- Höre den anderen aufmerksam zu, frage bei Unklarheiten nach und reagiere sachlich und höflich auf die Gegenargumente.
- Bleibe ruhig und sprich langsam, damit deine Argumente verstanden werden.
- Greife niemanden persönlich an und lasse andere zu Wort kommen.
- Sei hart in der Sache, aber sanft zu den Personen.

Así se dice

Argumentieren und diskutieren

Ein Problem darstellen
- Es que …
- El problema es que …

Die Meinung äußern
- En mi opinión …
- Es interesante/importante/normal/posible/probable que … (+ subj.)
- Estoy en contra de …
- Creo que/Pienso que …
- Me parece que …

Nach der Meinung fragen
- ¿Qué opinas?
- ¿Estás de acuerdo?
- ¿Qué piensas sobre …?

Verschiedene Standpunkte gegenüberstellen und vergleichen
- Por un lado …, por otro lado …
- A pesar de …
- En cambio …
- En comparación con …

Zustimmen
- Tienes razón.
- Sí, es verdad.
- Estoy de acuerdo con …
- De acuerdo.
- Claro que sí.

Widersprechen
- No estoy de acuerdo contigo.
- Eso no me parece correcto/lógico.
- Eso no es verdad.
- No creo que/No pienso que … (+ subj.)

Zeit gewinnen
- Pues …
- Entonces …
- Bueno …
- A ver …
- Un momentito …

---

a pesar de trotz | **en comparación con** im Vergleich mit

c **Telefonieren**
In den spanischsprachigen Ländern meldet man sich am Telefon üblicherweise nicht mit dem Namen.

Así se dice

Telefongespräche führen

Sich am Telefon melden

in Spanien	*in Lateinamerika*
¿Sí?	¿Aló?
Dígame.	¿Hola?
¿Diga?	¿Sí?
Hola.	¿Bueno? (Mexiko)

Sich als Anrufer melden
- Hola, soy …

Sich als Anrufer vorstellen
- Hola, me llamo …

Nach jemandem fragen
- ¿Puedo hablar con …?
- ¿Está …, por favor?

Sich erkundigen, wer der Anrufer ist
- ¿Quién es?
- ¿Quién llama?

Sich verabschieden
- Hasta luego.
- Adiós.
- Chau.

8.2 Monologisches Sprechen

a Einen Kurzvortrag/Eine Präsentation halten

- Fertige zunächst eine stichwortartige Ideensammlung an, in der du möglichst viele Aspekte des Themas berücksichtigst. Du kannst dir einfache Notizen machen (→ 5) oder die Stichwörter in einer Mindmap, in einer Tabelle oder in einem Stichwortgeländer anordnen.
  Wenn du für deinen Vortrag Informationen sammeln möchtest, findest du Hilfe unter → 11.1.
- Lege die Gliederung fest. Welches sind die wichtigsten Ideen und in welcher Reihenfolge möchtest du sie präsentieren?
- Bilder, Karten oder Grafiken lassen deine Präsentation anschaulicher und lebendiger werden.
- Formuliere deinen Vortrag schriftlich aus. Denke hierbei daran, was für deine Zuhörer interessant ist.
- Entscheide, welche neuen Wörter du erklären musst (siehe Redemittel unter → 8.1).
- Schreibe dir aus deinem ausformulierten Vortrag die wichtigsten Stichwörter übersichtlich auf einen Zettel oder Karteikarten.
- Übe das freie Vortragen zu Hause alleine oder mit einem Freund/einer Freundin.
- Sprich frei, deutlich und langsam, halte Blickkontakt zu deinen Zuhörern und verwende Gesten, um das Gesagte zu unterstreichen.
- Gib deinen Zuhörern abschließend die Gelegenheit, Fragen zu stellen.

Así se dice

Einen Kurzvortrag halten

Einleitung

- El tema de mi presentación es …
- Voy a hablar sobre …
- Quiero presentar …

Estructurar

- Primero voy a explicar …, después …
- Primero/segundo/tercero …
- Al principio …/Después …
- Luego …
- Al final …

Schluss

- Por último …
- Para terminar …
- ¿Tenéis preguntas?
- Ahora podéis hacer preguntas.

---

al principio zu Beginn

b Visuelle Hilfsmittel/Medien einsetzen

- Durch ein Plakat, Bilder, Grafiken und/oder eine Präsentation mit dem Computer kannst du deine Präsentation visuell anschaulich gestalten. Deine Mitschüler können dir so besser folgen.
- Notiere auf dem Plakat/der Folie kurze und knappe Stichworte, die den Zuhörern die Struktur deiner Präsentation und die wichtigsten Inhalte verdeutlichen.
- Bei einer Computerpräsentation kannst du die einzelnen Punkte chronologisch aufrufen und vorstellen. Zeige nur die wichtigsten Informationen → 11.2.
- Sie sollte ebenfalls klar gegliedert und einheitlich gestaltet sein und ohne exzessive Animationen oder Geräuscheffekte auskommen. Der Hintergrund bzw. das Hintergrundbild sollte kontrastreich zum Text sein. Gut lesbar ist eine dunkle Schrift auf hellem Hintergrund. Achte auf ein ausgewogenes Verhältnis zwischen Text und informativen oder auflockernden Bildern und Grafiken.

c Einen Kurzvortrag/Eine Präsentation bewerten

Bevor ihr gegenseitig eure Präsentationen und Vorträge bewertet, einigt euch in der Klasse auf die wichtigsten Kriterien. Erstellt daraus einen Bewertungsbogen, den ihr kopiert und vor jedem Vortrag austeilt. Ihr könnt im Laufe des Schuljahrs weitere Kriterien hinzufügen. Ein Beispiel für einen Bewertungsbogen findet ihr auf S. 154.

Hoja de evaluación	☺	☹	☹
La presentación es interesante/divertida/original.	☐	☐	☐
El/La compañero/-a presenta información importante.	☐	☐	☐
La presentación tiene una estructura clara y lógica.	☐	☐	☐
Hay fotos, mapas u otro material interesante.	☐	☐	☐
No hay (o hay pocos) errores.	☐	☐	☐
El/La compañero/-a habla despacio y en frases cortas y claras.	☐	☐	☐
Mira a los oyentes.	☐	☐	☐
Explica bien el nuevo vocabulario.	☐	☐	☐
Da tiempo para hacer preguntas.	☐	☐	☐

Comentario

---

la hoja de evaluación der Bewertungsbogen | **el/la oyente** der/die Zuhörer/in

9   Bilder, Grafiken und Statistiken

a Bilder beschreiben
- Sieh dir alle dargestellten Details genau an.
- Beginne deine Beschreibung mit einem Einleitungssatz. Erwähne die Art des Bildmaterials (Foto, Werbebroschüre, Zeichnung, …), den Künstler, ggf. die Quelle und die Situation, die dargestellt wird.
- Gehe bei der Beschreibung der Einzelheiten systematisch vor, z. B. vom Allgemeinen zum Detail, vom Auffälligen zum weniger Auffälligen, von oben nach unten, von der Mitte nach außen etc.
- Wenn Personen sichtbar sind, beschreibe sie und ihr Tun.
- Interpretiere abschließend das Bild. Welche Bedeutung haben einzelne Teile oder Elemente? Welche Absicht wird mit der Darstellung verfolgt? Wie wirkt das Bild auf dich? Welche Bedürfnisse sollen (z. B. bei einer Werbeanzeige) bei den Adressaten geweckt werden?

 Denke an die richtige Verwendung von **ser, estar** und **hay**!

Así se dice

Bilder beschreiben

- Es una foto/un cómic/un folleto/un dibujo/un cuadro/… de …
- En la foto/el cómic/…
- En el centro ┐
- Al fondo/En primer plano │ veo/vemos (a) …
- Arriba/Abajo/A la izquierda/A la derecha ── podemos ver (a) …
- Al lado de │ hay un/a …
- Cerca de │ está el/la …
- Detrás de/Delante de ┘

- La/s persona/s ── es/son …
  está/n (+ gerundio)

- El cuadro/… presenta/expresa/simboliza …
- Me parece interesante/genial/fantástico/bonito/feo …

---

el cuadro das Bild

b Grafiken und Statistiken auswerten

Zahlen und Prozentwerte werden üblicherweise in Form von Tabellen oder Diagrammen dargestellt. Wenn du eine Statistik vorstellst, benenne zunächst in einem Einleitungssatz die Form der Darstellung und das Thema. Erläutere anschließend die dargestellten Mengenverhältnisse mit deinen Worten und interpretiere sie.

Así se dice

Eine Statistik beschreiben

- La estadística presenta (los resultados de) ...
- La estadística muestra/permite comparar ...
- La mayoría/Una minoría de la gente/de los españoles/...
- El/Un ... % (por ciento) de ...
- Casi el ... % (por ciento) de ...
- Más de la mitad de ...
- Aproximadamente uno de cada tres/cuatro ...
- La mitad/Un tercio/Un cuarto de ...
- El número/porcentaje de ... es más alto/bajo que ...
- Casi tantos hombres como mujeres ...

---

la minoría die Minderheit | **aproximadamente** ungefähr

10 Sprachmittlung

Du weißt bereits, dass du als Sprachmittler/in normalerweise nicht den ganzen Ausgangstext übersetzen musst. Häufig geht es um eine zusammenfassende und sinngemäße Wiedergabe eines Textes (z. B. *Unidad* 5, Übung 9). Oder es müssen bestimmte, für die Adressaten interessante Teilinformationen in die Zielsprache übertragen werden.

- Lies dir die Fragestellung aufmerksam durch und überlege dir, welche Informationen von Bedeutung für die Adressaten sind.
- Suche im Ausgangstext gezielt nach diesen Informationen und mache dir Notizen. Du kannst dazu die W-Fragen (→ 3b) nutzen.
- Wende die dir bekannten Techniken an, um unbekanntes Vokabular zu erschließen. (→ 1.1)
- Beantworte die Fragen mit deinen eigenen Worten. Füge, falls für die Adressaten sinnvoll, zusätzliche Erklärungen und Hintergrundwissen hinzu, auch wenn diese in der Form nicht im Ausgangstext gegeben werden.
- Arbeite mit Umschreibungen, wenn dir ein Wort nicht einfällt (→ 8.1).
- Nur ganz selten ist es notwendig, Ausdrücke wörtlich zu übersetzen.
- Überprüfe am Ende deinen Text auf Vollständig- und Verständlichkeit.

11 Medien nutzen

11.1 Informationen im Internet finden

Bevor du im Internet Informationen suchst (z. B. für ein Referat), überlege dir geeignete Suchbegriffe, die du in die Suchmaschine eingeben kannst. Möchtest du nur spanischsprachige Ergebnisse angezeigt bekommen, kannst du das bei den meisten Suchmaschinen in den Sucheinstellungen auswählen. Achte bei der Auswahl der Suchergebnisse auf seriöse Quellen (zum Beispiel offizielle Websites von Festivals, Museen oder Städten) und prüfe nach Möglichkeit, wann die Seite zuletzt aktualisiert wurde. Prüfe außerdem, ob es sich nicht doch versteckt um eine persönliche Meinung handelt. Wenn du dir unsicher bist, gleiche die Information mit den Informationen anderer Websites ab. Möchtest du die Informationen verwenden, notiere dir immer die Quelle, also den Namen der Internetseite, den genauen Link und das Datum deines Zugriffs. Informiere dich auch darüber, ob du die Bilder/Videos/Musik herunterladen und weiterverwenden darfst oder ob du lieber gemeinfreies Material oder Material, das unter einer Creative-Commons-Lizenz (CC) steht, verwendest. Nenne aber auch hier immer den Urheber.
Ein Arbeitsblatt zur Nutzung von Suchmaschinen findest du zum Download unter diesem Webcode: WES-112635-007.

11.2 Ein digitales Produkt erstellen

Es gibt mehrere Möglichkeiten, um ein Arbeitsergebnis digital zu präsentieren.

- **Video:** Plane gut, was du erzählen bzw. zeigen möchtest und was du dafür benötigst. Mache dir Notizen und arbeite diese zu einer umfangreichen Beschreibung der Szenen aus. Überlege dir auch, wie lange die Szenen dauern sollen und wo die Kamera stehen soll. Diese sollte, wenn möglich, auf einem Stativ montiert werden. Wenn du selbst in die Kamera sprichst, bedenke, dass du nichts abliest und der Text nicht auswendig gelernt klingt. Nach dem Dreh kannst du das Video noch mit einem Computerprogramm oder einer App für Filmschnitt bearbeiten. Speichere es dann in einem Video-Dateiformat, z. B. MP4, ab. Arbeitsblätter zum Erstellen von Videos findest du zum Download unter diesem Webcode: WES-112635-008.

- **Audio:** Mache dir Notizen zu dem Thema, über das du sprechen möchtest, und arbeite sie zu einem Text aus. Übe dann, den Text fehlerfrei und gut betont vorzulesen. Wenn du dabei merkst, dass ein Satz schwierig zu lesen ist, formuliere ihn um. Am einfachsten sind kurze, nicht verschachtelte Sätze, in denen du bekannte Vokabeln verwendest. Für die Aufnahme kannst du zum Beispiel dein Smartphone nutzen. Mit einem passenden Computerprogramm oder einer App kannst du die Hördatei anschließend bearbeiten (zum Beispiel kleine Versprecher oder Räusperer herausschneiden). Speichere es dann in einem Audio-Dateiformat, z. B. MP3, ab.

- **digitale Präsentation:** Deine Präsentation (siehe Seite 153) kannst du mit digitalen Folien visuell unterstützen. Verwende aber nicht zu viele Folien und fasse dich kurz: Verwende nur Schlüssel-wörter oder Stichpunkte und niemals ganze Sätze. Achte darauf, dass du eine große Schrift verwendest, die man gut lesen kann. Auf den Folien kannst du auch Fotos, Grafiken und Videos präsentieren. Bedenke, dass das Gezeigte immer zu dem passen sollte, was du gerade erzählst. Ein Arbeitsblatt zur Erstellung einer digitalen Präsentation findest du zum Download unter diesem Webcode: WES-112635-009.

12 Thematischer Wortschatz

La literatura

el texto literario der literarische Text
el texto informativo der Sachtext
la novela der Roman
el relato corto die Kurzgeschichte
la novela juvenil der Jugendroman
el cuento die Erzählung
la obra de teatro das Theaterstück
el poema das Gedicht
la canción das Lied
la película der Film
el cortometraje der Kurzfilm
el artículo de periódico der Zeitungsartikel
el anuncio publicitario die Werbeanzeige
el/la autor/a der/die Autor/in
el/la escritor/a der/die Schriftsteller/in
el/la narrador/a der/die Erzähler/in
el/la poeta der/die Dichter/in
el/la protagonista der/die Protagonist/in
la acción die Handlung
el personaje die Figur
el párrafo der Absatz

La canción

el/la cantante der/die Sänger/in
el disco, el CD die CD
la estrofa die Strophe
el estribillo der Refrain
el grupo die Gruppe
el instrumento das Instrument
la letra der Text
la música die Musik
la melodía die Melodie
el ritmo der Rhythmus
rítmico/-a rhythmisch
cambiar el ritmo den Rhythmus ändern
el sonido der Klang
sonar klingen
el título der Titel
la voz die Stimme

El poema

el/la poeta der/die Dichter/in
el título der Titel
la estrofa die Strophe
el verso der Vers
la rima der Reim
(no) tener rima, (no) rimar sich (nicht) reimen
la metáfora die Metapher
el yo lírico das lyrische Ich

La prensa

el periódico die Zeitung
la revista die Zeitschrift
el artículo de periódico der Zeitungsartikel
el/la periodista der/die Journalist/in
la portada das Titelblatt
el título der Titel
el titular die Schlagzeile
el reportaje die Reportage
el/la reportero/-a der/die Reporter/in
la noticia die (Zeitungs)nachricht
la entrevista das Interview
entrevistar interviewen

Los medios de comunicación

el blog der Blog
el libro das Buch
el móvil das Handy
el ordenador der Computer
el periódico die Zeitung
el portátil der Laptop
la radio das Radio
la red social das soziale Netzwerk
la revista die Zeitschrift
el/la reportero/-a der/die Reporter/in
la tableta das Tablet
la televisión das Fernsehen
el vlog der Vlog

El cine

el actor/la actriz der/die Schauspieler/in
el/la guionista der/die Drehbuchautor/in
el/la director/a der/die Regisseur/in
el papel die Rolle
la escena die Szene
el rodaje die Dreharbeiten
rodar (o → ue) drehen
la cámara die Kamera
el guion das Drehbuch
el tráiler der Trailer
el subtítulo der Untertitel
la comedia die Komödie
el drama das Drama
el documental der Dokumentarfilm
**la película de amor/miedo/acción/
aventura/ciencia ficción/dibujos animados/
suspense** der Liebes-/Horror-/Action-/
Abenteuer-/Science-Fiction-/Zeichtrickfilm/
Thriller

Zeitliche Strukturierung

primero zuerst, zunächst
en primer/segundo/... lugar erstens/
zweitens/...
al principio am Anfang
luego dann
después danach
después de (+ infinitivo) nach
antes de (+ infinitivo) vor
antes de que (+ subjuntivo) bevor
hasta que bis
entonces dann
mientras während
por último schließlich, zu guter Letzt
para terminar abschließend
al final am Ende
finalmente endlich, schließlich

Aufzählung

y (e) und
o (u) oder
o ... o (u) ... entweder ... oder ...
no ... (ni) ... ni ... weder ... noch ...
además außerdem
también auch
incluso sogar
aparte de abgesehen von

Grund und Konsequenz

porque, ya que weil (nicht am Satzanfang)
como da, weil (am Satzanfang)
por, a causa de auf Grund von, wegen
así que sodass
pues also
por eso daher, deshalb
para que (+ subjuntivo) damit
en consecuencia folglich, als Folge
por lo cual weshalb
por lo tanto daher, also

Gegensatz und Vergleich

pero aber
a pesar de trotz
a pesar de todo trotz allem
sino sondern
no solo ... sino también ... nicht nur ...,
    sondern auch ...
en cambio im Gegensatz (dazu)
en comparación con im Vergleich zu
como wie (im Vergleich)
así como (eben)so wie
aunque obwohl
por un lado ... por otro lado ... einerseits ...,
anderseits ...
no obstante trotzdem
sin embargo trotzdem, jedoch

Verbos

1 Die Hilfsverben **Los verbos auxiliares**

infinitivo	ser	estar	haber
presente de indicativo	soy eres es somos sois son	estoy estás está estamos estáis están	he has ha (hay) hemos habéis han
gerundio	siendo	estando	habiendo
participio	sido	estado	habido
pretérito indefinido	fui fuiste fue fuimos fuisteis fueron	estuve estuviste estuvo estuvimos estuvisteis estuvieron	hube hubiste hubo hubimos hubisteis hubieron
pretérito imperfecto	era eras era éramos erais eran	estaba estabas estaba estábamos estabais estaban	había habías había habíamos habíais habían
imperativo afirmativo	sé sed	está estad	– –
imperativo negativo	no seas no seáis	no estés no estéis	– –
presente de subjuntivo	sea seas sea seamos seáis sean	esté estés esté estemos estéis estén	haya hayas haya hayamos hayáis hayan
futuro simple	seré serás será seremos seréis serán	estaré estarás estará estaremos estaréis estarán	habré habrás habrá habremos habréis habrán

2 Die regelmäßigen Verben auf *-ar/-er/-ir*
Los verbos regulares en *-ar/-er/-ir*

infinitivo	hablar	comer	vivir	¡Ojo!
presente de indicativo	hablo hablas habla hablamos habláis hablan	como comes come comemos coméis comen	vivo vives vive vivimos vivís viven	coger: cojo, coges, coge, cogemos, cogéis, cogen enviar: envío, envías, envía, enviamos, enviáis, envían continuar: continúo, continúas, continúo, continuamos, continuáis, continúan
gerundio	hablando	comiendo	viviendo	creer: creyendo leer: leyendo
participio	hablado	comido	vivido	abrir: **abierto** creer: creído escribir: **escrito** leer: leído descubrir: **descubierto**
pretérito indefinido	hablé hablaste habló hablamos hablasteis hablaron	comí comiste comió comimos comisteis comieron	viví viviste vivió vivimos vivisteis vivieron	creer: creí, creíste, creyó, creímos, ... leer: leí, leíste, leyó, leímos, leísteis, ... -**car**: busqué, buscaste, buscó, ... (bus**car**, expli**car**, planifi**car**, practi**car**, publi**car**, sa**car**, sacrifi**car**, signifi**car**, to**car**) -**gar**: llegué, llegaste, llegó, llegamos, ... (lle**gar**, entre**gar**, nave**gar**, pa**gar**) -**zar**: crucé, cruzaste, cruzó, cruzamos, ... (cru**zar**, organi**zar**)
pretérito imperfecto	hablaba hablabas hablaba hablábamos hablabais hablaban	comía comías comía comíamos comíais comían	vivía vivías vivía vivíamos vivíais vivían	
imperativo afirmativo	habla hablad	come comed	vive vivid	
imperativo negativo	no hables no habléis	no comas no comáis	no vivas no viváis	
presente de subjuntivo	hable hables hable hablemos habléis hablen	coma comas coma comamos comáis coman	viva vivas viva vivamos viváis vivan	-**car**: busque, busques, busque, ... -**gar**: llegue, llegues, llegue, lleguemos, ... -**ger**: coja, cojas, coja, cojamos, cojáis, ... -**zar**: cruce, cruces, cruce, crucemos, ... convencer: convenza, convenzas, ... enviar: envíe, envíes, envíe, enviemos, ... esquiar: esquíe, esquíes, esquíe, ... reunir: reúna, reúnas, reúna, reunamos, ...
futuro simple	hablaré hablarás hablará hablaremos hablaréis hablarán	comeré comerás comerá comeremos comeréis comerán	viviré vivirás vivirá viviremos viviréis vivirán	

3 Gruppenverben **Grupos de verbos**

3.1 Diphthongverben **Los verbos con diptongación** e → ie

infinitivo	pensar	entender	preferir	¡Ojo!
presente de indicativo	pienso piensas piensa pensamos pensáis piensan	entiendo entiendes entiende entendemos entendéis entienden	prefiero prefieres prefiere preferimos preferís prefieren	
gerundio	pensando	entendiendo	prefiriendo	
participio	pensado	entendido	preferido	
pretérito indefinido	pensé pensaste pensó pensamos pensasteis pensaron	entendí entendiste entendió entendimos entendisteis entendieron	preferí preferiste prefirió preferimos preferisteis prefirieron	querer: **quise**, **quis**iste, **quiso**, **quis**imos, **quis**isteis, **quis**ieron **-zar**: empec**é**, empezaste, empez**ó**, empezamos, empezasteis, empezaron
pretérito imperfecto	pensaba pensabas pensaba pensábamos pensabais pensaban	entendía entendías entendía entendíamos entendíais entendían	prefería preferías prefería preferíamos preferíais preferían	
imperativo afirmativo	piensa pensad	entiende entended	prefiere preferid	
imperativo negativo	no pienses no penséis	no entiendas no entendáis	no prefieras no prefiráis	
presente de subjuntivo	piense pienses piense pensemos penséis piensen	entienda entiendas entienda entendamos entendáis entiendan	prefiera prefieras prefiera prefiramos prefiráis prefieran	
futuro simple	pensaré pensarás pensará pensaremos pensaréis pensarán	entenderé entenderás entenderá entenderemos entenderéis entenderán	preferiré preferirás preferirá preferiremos preferiréis preferirán	querer: querr**é**, querr**á**s, querr**á**, querr**e**mos, querr**é**is, querr**á**n
otros verbos	cerrar, despertarse, empezar, recomendar, sentarse	atender, perder, querer	divertirse, mentir, sentir	

Diphthongverben **Los verbos con diptongación** o → ue / u → ue

infinitivo	aprobar	volver	dormir	¡Ojo!
presente de indicativo	apruebo apruebas aprueba aprobamos aprobáis aprueban	vuelvo vuelves vuelve volvemos volvéis vuelven	duermo duermes duerme dormimos dormís duermen	jugar: **jue**go, **jue**gas, **jue**ga, jugamos, jugáis, **jue**gan
gerundio	aprobando	volviendo	durmiendo	poder: p**u**diendo
participio	aprobado	**vuelto**	dormido	morir: muerto
pretérito indefinido	aprobé aprobaste aprobó aprobamos aprobasteis aprobaron	volví volviste volvió volvimos volvisteis volvieron	dormí dormiste d**u**rmió dormimos dormisteis d**u**rmieron	poder: **pude**, **pud**iste, **pudo**, **pud**imos, **pud**isteis, **pud**ieron ju**gar**: ju**gu**é, jugaste, jugó, jugamos, ... esforzarse: me esfor**c**é, te esforzaste, se esforzó, nos esforzamos, ...
pretérito imperfecto	aprobaba aprobabas aprobaba aprobábamos aprobabais aprobaban	volvía volvías volvía volvíamos volvíais volvían	dormía dormías dormía dormíamos dormíais dormían	
imperativo afirmativo	aprueba aprobad	vuelve volved	duerme dormid	
imperativo negativo	no apruebes no aprobéis	no vuelvas no volváis	no duermas no durmáis	
presente de subjuntivo	apruebe apruebes apruebe aprobemos aprobéis aprueben	vuelva vuelvas vuelva volvamos volváis vuelvan	duerma duermas duerma durmamos durmáis duerman	jugar: **jue**gue, **jue**gues, **jue**gue, ju**gu**emos, ju**gu**éis, **jue**guen esforzarse: me esf**ue**r**c**e, te esf**ue**r**c**es, se esf**ue**r**c**e, nos esfor**c**emos, os esfor**c**éis, se esf**ue**r**c**en
futuro simple	aprobaré aprobarás aprobará aprobaremos aprobaréis aprobarán	volveré volverás volverá volveremos volveréis volverán	dormiré dormirás dormirá dormiremos dormiréis dormirán	poder: po**dr**é, po**dr**ás, po**dr**á, po**dr**emos, po**dr**éis, po**dr**án
otros verbos	acostarse, contar, costar, encontrar(se), esforzarse, mostrar, jugar, probar, recordar, soñar, volar	llover, moverse, poder, soler	morir	

Verbos

3.2 Verben mit Vokalschwächung Los verbos con debilitación vocálica e → i

infinitivo	pedir	¡Ojo!
presente de indicativo	pido pides pide pedimos pedís piden	seguir: **sigo**, sigues, sigue, seguimos, seguís, siguen elegir: **elijo**, eliges, elige, elegimos, elegís, eligen
gerundio	pidiendo	
participio	pedido	
pretérito indefinido	pedí pediste pidió pedimos pedisteis pidieron	
pretérito imperfecto	pedía pedías pedía pedíamos pedíais pedían	
imperativo afirmativo	pide pedid	
imperativo negativo	no pidas no pidáis	
presente de subjuntivo	pida pidas pida pidamos pidáis pidan	**-gir**: elija, elijas, elija, elijamos, elijáis, elijan
futuro simple	pediré pedirás pedirá pediremos pediréis pedirán	
otros verbos	conseguir, corregir, despedirse, elegir, seguir, repetir, servir, vestirse	

Verbos

3.3 Verben auf -ocer, -acer, -ecer, -ucir
Los verbos en -ocer, -acer, -ecer, -ucir
c → zc

infinitivo	conocer	¡Ojo!
presente de indicativo	conozco conoces conoce conocemos conocéis conocen	
gerundio	conociendo	
participio	conocido	
pretérito indefinido	conocí conociste conoció conocimos conocisteis conocieron	traducir: traduje, tradujiste, tradujo, tradujimos, tradujisteis, tradujeron producir: produje, produjiste, ...
pretérito imperfecto	conocía conocías conocía conocíamos conocíais conocían	
imperativo afirmativo	conoce conoced	
imperativo negativo	no conozcas no conozcáis	
presente de subjuntivo	conozca conozcas conozca conozcamos conozcáis conozcan	
futuro simple	conoceré conocerás conocerá conoceremos conoceréis conocerán	
otros verbos	aparecer, apetecer, nacer, ofrecer, parecer, producir, reconocer, traducir	

3.4 Verben auf -uir
Los verbos en -uir
i → y

infinitivo	constuir
presente de indicativo	construyo construyes construye construímos construís construyen
gerundio	construyendo
participio	construido
pretérito indefinido	construí construíste construyó construimos construisteis construyeron
pretérito imperfecto	construía construías construía construíamos construíais construían
imperativo afirmativo	construye construid
imperativo negativo	no construyas no construyáis
presente de subjuntivo	construya construyas construya construyamos construyáis construyan
futuro simple	construiré construirás construirá construiremos construiréis construirán
otros verbos	incluir

4   Die unregelmäßigen Verben **Los verbos irregulares**

infinitivo	caer	dar	decir	hacer	ir	oír	poner
presente	caigo caes cae caemos caéis caen	doy das da damos dais dan	digo dices dice decimos decís dicen	hago haces hace hacemos hacéis hacen	voy vas va vamos vais van	oigo oyes oye oímos oís oyen	pongo pones pone ponemos ponéis ponen
gerundio	cayendo	dando	diciendo	haciendo	yendo	oyendo	poniendo
participio	caído	dado	dicho	hecho	ido	oído	puesto
pretérito indefinido	caí caíste cayó caímos caísteis cayeron	di diste dio dimos disteis dieron	dije dijiste dijo dijimos dijisteis dijeron	hice hiciste hizo hicimos hicisteis hicieron	fui fuiste fue fuimos fuisteis fueron	oí oíste oyó oímos oísteis oyeron	puse pusiste puso pusimos pusisteis pusieron
pretérito imperfecto	caía caías caía caíamos caíais caían	daba dabas daba dábamos dabais daban	decía decías decía decíamos decíais decían	hacía hacías hacía hacíamos hacíais hacían	iba ibas iba íbamos ibais iban	oía oías oía oíamos oíais oían	ponía ponías ponía poníamos poníais ponían
imperativo afirmativo	cae caed	da dad	di decid	haz haced	ve id	oye oíd	pon poned
imperativo negativo	no caigas no caigáis	no des no déis	no digas no digáis	no hagas no hagáis	no vayas no vayáis	no oigas no oigáis	no pongas no pongáis
presente de subjuntivo	caiga caigas caiga caigamos caigáis caigan	dé des dé demos deis den	diga digas diga digamos digáis digan	haga hagas haga hagamos hagáis hagan	vaya vayas vaya vayamos vayáis vayan	oiga oigas oiga oigamos oigáis oigan	ponga pongas ponga pongamos pongáis pongan
futuro simple	caeré caerás caerá caeremos caeréis caerán	daré darás dará daremos daréis darán	diré dirás dirá diremos diréis dirán	haré harás hará haremos haréis harán	iré irás irá iremos iréis irán	oiré oirás oirá oiremos oiréis oirán	pondré pondrás pondrá pondremos pondréis pondrán

infinitivo	reír	saber	salir	tener	traer	venir	ver
presente de indicativo	río ríes ríe reímos reís ríen	sé sabes sabe sabemos sabéis saben	salgo sales sale salimos salís salen	tengo tienes tiene tenemos tenéis tienen	traigo traes trae traemos traéis traen	vengo vienes viene venimos venís vienen	veo ves ve vemos veis ven
gerundio	riendo	sabiendo	saliendo	teniendo	trayendo	viniendo	viendo
participio	reído	sabido	salido	tenido	traído	venido	visto
pretérito indefinido	reí reíste rio reímos reísteis rieron	supe supiste supo supimos supisteis supieron	salí saliste salió salimos salisteis salieron	tuve tuviste tuvo tuvimos tuvisteis tuvieron	traje trajiste trajo trajimos trajisteis trajeron	vine viniste vino vinimos vinisteis vinieron	vi viste vio vimos visteis vieron
pretérito imperfecto	reía reías reía reíamos reíais reían	sabía sabías sabía sabíamos sabíais sabían	salía salías salía salíamos salíais salían	tenía tenías tenía teníamos teníais tenían	traía traías traía traíamos traíais traían	venía venías venía veníamos veníais venían	veía veías veía veíamos veíais veían
imperativo afirmativo	ríe reíd	sabe sabed	sal salid	ten tened	trae traed	ven venid	ve ved
imperativo negativo	no rías no riáis	no sepas no sepáis	no salgas no salgáis	no tengas no tengáis	no traigas no traigáis	no vengas no vengáis	no veas no veáis
presente de subjuntivo	ría rías ría riamos riáis rían	sepa sepas sepa sepamos sepáis sepan	salga salgas salga salgamos salgáis salgan	tenga tengas tenga tengamos tengáis tengan	traiga traigas traiga traigamos traigáis traigan	venga vengas venga vengamos vengáis vengan	vea veas vea veamos veáis vean
futuro simple	reiré reirás reirá reiremos reiréis reirán	sabré sabrás sabrá sabremos sabréis sabrán	saldré saldrás saldrá saldremos saldréis saldrán	tendré tendrás tendrá tendremos tendréis tendrán	traeré traerás traerá traeremos traeréis traerán	vendré vendrás vendrá vendremos vendréis vendrán	veré verás verá veremos veréis verán

Das Alphabet **El alfabeto**

Buchstabe	Lesart	Lautschrift/Aussprache	Beispiel
A a	a	[a]	amiga
B b	be	[b] am Wortanfang wie Berge	barrio
		[β] in der Wortmitte **weicher**, zwischen b und v	trabajar
C c	ce	[k] vor a, o und u wie Kino	cantante, Colombia, cuatro
		[θ] vor e und i wie englisch "thick"	Celia, cinco
Ch ch	che	[tʃ] wie **tsch**üss	chico
D d	de	[d] im Anlaut und nach n und l wie Dach; [ð] sonst etwas schwächer als englisch "the"	¿dónde? vida
E e	e	[e]	el
F f	efe	[f] wie Ferien	fantástico
G g	ge	[g] vor a, o und u wie Gans[1]	gafas, gordito, guapo
		[X] vor e und i wie a**ch**t	genial, Gilberto
H h	hache	wird **nicht ausgesprochen**	hoy
I i	i	[i]	idea
J j	jota	[X] wie a**ch**t	jugar
K k	ka	[k] wie Kino	kilo
L l	ele	[l] wie Lampe	leer
Ll ll	elle	[ʎ] ähnlich wie ja	me llamo
M m	eme	[m] wie Mutter	Madrid
N n	ene	[n] wie nein	no
Ñ ñ	eñe	[ɲ] etwa wie n und j, wie Cognac	España
O o	o	[o]	Buena Onda
P p	pe	[p] wird **nicht gehaucht**	palabra
Q q	cu	[k] wie Kino, das u wird nicht ausgesprochen	quince
R r	ere	[r] wird **gerollt**	para
	erre	[rr] wird am Wortanfang und als Doppelbuchstabe **stärker gerollt**	radio, aburrido
S s	ese	[s] wird **stimmlos** ausgesprochen wie Maus	sí
T t	te	[t] wird **nicht gehaucht**	tocar
U u	u	[u]	uno
V v	uve	[b] am Wortanfang wie Berge	vale
		[β] wie B b, in der Wortmitte **weicher**, zwischen b und v	nueve
W w	uve doble	häufig wie das spanische v ([b]/[β])	web
X x	equis	[x] wie ks in Keks oder stimmloses s in Maus	explicar
Y y	ye	[j] wie ja	playa
Z z	zeta	[θ] wie englisch "thick"	plaza

Vokale werden im Spanischen kürzer und offener als im Deutschen ausgesprochen. Konsonanten klingen weicher.

---

[1] Den [g]-Laut vor einem e oder i schreibt man **gue** oder **gui**, das u wird nicht ausgesprochen, z. B. al**gui**en, Mi**guel**.

Vokalfolgen

bienvenido, soy, Buena Onda, Paulina, ciudad	Vokalfolgen mit den schwachen Vokalen *i* und *u* bilden einen Diphthong und werden als eine Silbe gesprochen.
seis, euro	Anders als im Deutschen behalten dabei beide Vokale ihren Klang, auch bei *ei* und *eu*.
tío, continúo	Trägt ein schwacher Vokal in einer Vokalfolge einen Akzent, wird kein Diphthong gebildet und die Vokalfolge als zwei Silben gesprochen.
el aeropuerto, la idea, el vídeo, el poeta	Vokalfolgen aus zwei starken Vokalen, also *a*, *e*, und *o*, bilden keinen Diphthong und werden als zwei Silben gesprochen.

Die Betonung und Akzentsetzung La acentuación

hermano, nombre, Paulina, gracias, buscan	Wörter, die auf Vokal, -n oder -s enden, werden auf der vorletzten Silbe betont.[1]
genial, ciudad, humor	Wörter, die auf Konsonant (außer -n und -s) enden, werden auf der letzten Silbe betont.[1]
está, también, teléfono, matemáticas	Alle Wörter, deren Betonung nicht einer dieser beiden Regeln entspricht, tragen einen Akzent auf dem betonten Vokal.
la canción / las canciones el examen / los exámenes	Damit die Betonung im Singular und Plural immer gleich bleibt, verlieren manche Wörter im Plural den Akzent, andere hingegen bekommen einen dazu.
deja + la → déjala lleva + los → llévalos buscando + los → buscándolos	Damit die Betonung gleich bleibt, tragen manche Imperative und Gerundien mit angehängtem Pronomen einen Akzent.
¿Qué? ¿Cómo? ¿Dónde? ¿Cuántos/-as? ¡Qué bien! ¡Qué horror!	Frage- und Ausrufewörter tragen immer einen Akzent.
el – él der – er mi – mí mein – mich/mir tu – tú dein – du se – sé sich – ich weiß si – sí ob – ja que – ¿qué? dass – was? donde – ¿dónde? wo – wo? hablo – habló ich spreche – er sprach	Es gibt Wörter mit gleicher Schreibweise, aber verschiedenen Bedeutungen. Der Akzent dient hier der Bedeutungsunterscheidung.

Die Rechtschreibung La ortografía

Im Spanischen werden Substantive in der Regel kleingeschrieben. Ausnahmen sind Eigennamen, Schulfächer, Bezeichnungen für Festtage und geografische Namen von Ländern, Regionen, Städten, Straßen und Flüssen sowie das Wort für Gott (Dios).

Alejandro Álvarez Sanz	Namen
Física y Química, Matemáticas	Schulfächer
Navidad, Semana Santa	Festtage
España, Guanajuato, calle Gracia, el río Urumea	geografische Bezeichnungen

[1] Ein Diphthong zählt als eine Silbe.

Apunta/Apuntad las letras o la respuesta individual en el cuaderno.
Busca/Buscad en el texto todas las formas del verbo/ las palabras clave/los errores.
Cambiad los papeles.
Comenta/Comentad las siguientes frases.
Compara/Comparad ... con ...
Completa/Completad con la forma correspondiente del verbo.
Comprueba/Comprobad tus/vuestras respuestas.
Conjuga/Conjugad el verbo.
Contesta/Contestad a las preguntas.
Continúa/Continuad como en el ejemplo.
Corrige/Corregid las frases falsas/los resúmenes falsos.
Cuenta/Contad ...
Describe/Describid ... Tu compañero/-a adivina qué es.
Di/Decid lo contrario.
Dibuja/Dibujad ...
Discutid en parejas/en clase sobre ...
Diseña/Diseñad un folleto.
Elige/Elegid la frase correcta/una actividad.
Escribe/Escribid el texto en el orden correcto.
Escucha/Escuchad otra vez el diálogo/la canción.
Explica/Explicad por qué ...
Fíjate/Fijaos en ...
Forma/Formad por lo menos ... frases con sentido.
Formula/Formulad la regla.
Habla/Hablad un minuto de ...
Haz/Haced el diálogo.
Intercambiad la información en clase.
Inventa/Inventad un título para cada párrafo.

Jugad con un dado.
Junta/Juntad más ideas en la pizarra.
Justifica/Justificad la decisión.
Lee/Leed el poema/el diálogo en voz alta.
Localiza/Localizad los lugares en el mapa.
Mejora/Mejorad el estilo del texto.
Mira/Mirad los dibujos.
Ordena/Ordenad las formas del verbo.
Pregunta/Preguntad a dos compañeros/-as por ...
Prepara/Preparad una presentación sobre ...
Presenta/Presentad los resultados en clase.
Reacciona/Reaccionad con las siguientes expresiones.
Relaciona/Relacionad ... con ...
Repartid el trabajo.
Repite/Repetid ...
Representad el diálogo en clase.
Sustituye/Sustituid ... por ...
Termina/Terminad el e-mail/diálogo.
Toma/Tomad apuntes.
Trabajad en parejas/en grupos de tres.
Traduce/Traducid las siguientes frases.
Transforma/Transformad el texto.
Usa/Usad el diccionario si es necesario.

Notiere/Notiert die Buchstaben oder die individuelle Antwort im Heft.
Suche/Sucht im Text alle Verbformen/die Schlüsselwörter/ die Fehler.
Tauscht die Rollen.
Kommentiere/Kommentiert die folgenden Sätze.
Vergleiche/Vergleicht ... mit ...
Vervollständige/Vervollständigt mit der passenden Verbform.
Überprüfe/Überprüft deine/eure Antworten.
Konjugiere/Konjugiert das Verb.
Antworte/Antwortet auf die Fragen.
Fahre/Fahrt fort wie im Beispiel.
Berichtige/Berichtigt die falschen Sätze/ Zusammenfassungen.
Erzähle/Erzählt ...
Beschreibe/Beschreibt ... Dein/e Partner/in rät, was es ist.
Sage/Sagt das Gegenteil.
Zeichne/Zeichnet ...
Diskutiert zu zweit/in der Klasse über ...
Entwirf/Entwerft eine Broschüre.
Wähle/Wählt den richtigen Satz/eine Aufgabe **aus**.
Schreibe/Schreibt den Text in der richtigen Reihenfolge.
Höre dir/Hört euch den Dialog/das Lied noch einmal **an**.
Erkläre/Erklärt, warum ...
Achte/Achtet auf ...
Bilde/Bildet mindestens ... sinnvolle Sätze.
Formuliere/Formuliert die Regel.
Sprich/Sprecht eine Minute lang über ...
Erstelle/Erstellt den Dialog.
Tauscht eure Informationen in der Klasse **aus**.
Denk dir/Denkt euch eine Überschrift zu jedem Absatz **aus**.
Spielt mit einem Würfel.
Sammle/Sammelt weitere Ideen an der Tafel.
Begründe/Begründet die Entscheidung.
Lies/Lest das Gedicht/den Dialog laut **vor**.
Finde/Findet die Orte auf der Karte.
Verbessere/Verbessert den Stil des Textes.
Sieh dir/Seht euch die Zeichnungen **an**.
Ordne/Ordnet die Verbformen.
Frage/Fragt zwei Mitschüler/innen nach ...
Bereite/Bereitet eine Präsentation über ... **vor**.
Stelle/Stellt die Ergebnisse in der Klasse **vor**.
Reagiere/Reagiert mit den folgenden Ausdrücken.

Verbinde/Verbindet ... mit ...
Teilt euch die Arbeit **auf**.
Wiederhole/Wiederholt ...
Spielt den Dialog in der Klasse **vor**.
Ersetze/Ersetzt ... durch ...
Beende/Beendet die Mail/den Dialog.
Mache dir/Macht euch Notizen.
Arbeitet zu zweit/zu dritt.
Übersetze/Übersetzt die folgenden Sätze.
Schreibe/Schreibt den Text um.
Verwende/Verwendet wenn nötig das Wörterbuch.

Pedir ayuda/información

- Tengo una pregunta.
- ¿Puede/Puedes[1] ayudarme?

- ¿Qué significa ... en alemán?
- ¿Cómo se dice ... en español?
- ¿Cómo se escribe ...?
- ¿Cómo se pronuncia ...?
- ¿Es correcto/falso?
- ¿Se puede decir también ...?

- ¿Tienes un boli?

- ¿En qué página está?
- ¿En qué página estamos?
- ¿Qué ejercicio estamos haciendo?

Um Hilfe/Information bitten

- *Ich habe eine Frage.*
- *Können Sie/Kannst du[1] mir helfen?*

- *Was bedeutet ... auf Deutsch?*
- *Wie sagt man ... auf Spanisch?*
- *Wie schreibt man ...?*
- *Wie spricht man ... aus?*
- *Ist das richtig/falsch?*
- *Kann man auch ... sagen?*

- *Hast du einen Kuli?*

- *Auf welcher Seite steht das?*
- *Auf welcher Seite sind wir?*
- *Welche Aufgabe machen wir gerade?*

No saber/no entender algo

- ¿Cómo? / ¿Qué?
- No lo comprendo.
- No comprendo la frase de la línea ...
- No comprendo el ejercicio.
- Necesito más tiempo.
- No lo sé.

- ¿Puedes poner un ejemplo, por favor?
- ¿Puedes escribir la palabra en la pizarra, por favor?
- ¿Puedes hablar más despacio/alto, por favor?
- ¿Puedes repetirlo, por favor?
- ¿Podemos escucharlo otra vez, por favor?
- ¿Puedes explicar por qué ..., por favor?

Etwas nicht wissen/nicht verstehen

- *Wie bitte?*
- *Ich verstehe das nicht.*
- *Ich verstehe den Satz in Zeile ... nicht.*
- *Ich verstehe die Aufgabe nicht.*
- *Ich brauche etwas mehr Zeit.*
- *Ich weiß es nicht.*

- *Kannst du bitte ein Beispiel geben?*
- *Kannst du das Wort bitte an die Tafel schreiben?*
- *Kannst du bitte langsamer/lauter sprechen?*
- *Kannst du das bitte wiederholen?*
- *Können wir es bitte noch einmal hören?*
- *Kannst du bitte erklären, warum ...?*

Trabajar en grupo

- ¿A quién le toca?
- Te toca a ti.
- ¿Sigo?
- ¿Qué hacemos ahora?
- (No) Estoy de acuerdo.

In Gruppen arbeiten

- *Wer ist dran?*
- *Du bist dran.*
- *Soll ich weitermachen?*
- *Was machen wir jetzt?*
- *Ich bin dafür (dagegen).*

Disculparse

- Lo siento.
- No tengo mis deberes.
- Perdón, llego tarde.
- He dejado el libro/el cuaderno en casa.

Sich entschuldigen

- *Es tut mir leid*
- *Ich habe meine Hausaufgaben nicht.*
- *Entschuldigung, ich bin zu spät gekommen.*
- *Ich habe mein Buch/mein Heft zu Hause gelassen.*

---

[1] In Spanien duzen die Schüler/innen normalerweise ihre Lehrer/innen (*¿Puedes ayudarme?*). Wenn ihr eure Lehrer/innen siezt, dann benutzt ihr die 3. Person Singular (*¿Puede ayudarme?*).

Vocabulario

Hier sind alle neuen Wörter in der Reihenfolge aufgelistet, in der sie im Buch vorkommen. Neben dem spanischen Ausdruck und seiner deutschen Entsprechung findest du in der rechten Spalte häufig einen Beispielsatz oder verwandte Wörter aus anderen Sprachen. Diese helfen dir dabei, dir die neuen Vokabeln besser einzuprägen.

Das Vokabular der *Algo especial*-Seiten ist fakultativ und gehört nicht zum Lernwortschatz. Du findest es auf der jeweiligen Seite als Fußnote. Erklärungen zu Eigennamen und geografischen Bezeichnungen sind sowohl hier als auch im *Diccionario cultural* (WES-112636-002) aufgeführt. Die wichtigsten spanischen Arbeitsanweisungen und ihre deutschen Entsprechungen findest du auf S. 169.

fett	Lernwortschatz	o → ue	Verb mit Stammwechsel
dünn	fakultativer Wortschatz	u → ue	Verb mit Stammwechsel
		e → i	Verb mit Stammwechsel
m.	maskulin	e → ie	Verb mit Stammwechsel
f.	feminin	c → zc	Verb mit orthografischer Besonderheit
sg.	Singular		
pl.	Plural	#	unregelmäßiges Verb oder Verb mit
inf.	infinitivo (Infinitiv, *Inf.*)		Besonderheit, s. S. 159-166
subj.	subjuntivo	≠	gegenteilige Bedeutung (Antonym)
		=	gleiche Bedeutung (Synonym)
col.	coloquial (umgangssprachlich)	<	Verweis auf die Herkunft, z. B. Wortfamilie
Lat.	Latinoamérica (Lateinamerika)		
arg.	argentinisch	E	Englisch
ugs.	umgangssprachlich	F	Französisch
jdm.	jemandem	L	Lateinisch
jdn.	jemanden		
etw.	etwas		

Unidad 1 Descubriendo Galicia

I **descubrir**	entdecken	E to discover F découvrir
Galicia	Galicien	*Galicia* es una comunidad autónoma de España.
la costa	die Küste	E coast F côte *f.*
la muerte	der Tod	La Costa de la *Muerte* es muy famosa.
el paisaje	die Landschaft	El *paisaje* de Galicia es *espectacular*.
espectacular	spektakulär, sensationell	
turístico/-a	touristisch, Touristen-	< el/la turista
escondido/-a	versteckt, verborgen	Es una playa *escondida*, no muy turística.
el parque natural	das Naturschutzgebiet	
para (+ infinitivo)	um ... zu	Necesito huevos *para* hacer la tortilla.
el/la peregrino/-a	der/die Pilger/in	F pèlerin(e) *m.(f.)*
la misa	der Gottesdienst	
dar un paseo (#)	einen Spaziergang machen	Cada domingo *dábamos un paseo* por el parque.
estrecho/-a	eng, schmal	Esta calle es muy *estrecha*, casi no puedo pasar.
el/la artista	der/die Künstler/in	E artist F artiste *m./f.*
callejero/-a	Straßen-	< la calle
el puerto	der Hafen	E port F port *m.* L portus *m.*
el/la gallego/-a	der/die Galicier/in	
la tapa	die Tapa *(kleine Gerichte, die in spanischen Bars zu Getränken gereicht werden)*	¿Queréis la *tapa* de tortilla o la de queso?

el pulpo	die Krake	F poulpe *m.*
la tradición	die Tradition	E tradition F tradition *f.*
celta	keltisch	
la gaita	der Dudelsack	La *gaita* es típica de Galicia.
el/la habitante	der/die Einwohner/in	E inhabitant F inhabitant/e *m./f.*
la superficie	die Oberfläche, die Fläche	E surface F superficie *f.* L superficies *f.*
geográfico/-a	geografisch	
el noroeste	der Nordwesten	< el norte, el oeste
la Península Ibérica	die Iberische Halbinsel	España y Portugal están en la *Península Ibérica*.
el Océano Atlántico	der Atlantische Ozean	
oficial	amtlich, offiziell	E official F officiel/le L officialis
el gallego	Galicisch *(Sprache)*	Cibrán habla *gallego*.
el actor, la actriz	der/die Schauspieler/in	E actor/-tress F acteur/-trice *m./f.*
el/la deportista	der/die Sportler/in	< el deporte
el/la escritor/a	der/die Schriftsteller/in	< escribir
3 tratar (de)	handeln (von)	La película *trata de* la vida de Frida Kahlo.
la región	die Region	E region F région *f.* L regio *f.*
el/la radioyente	der/die Radiohörer/in	> la radio
raro/-a	komisch, seltsam	Llega tarde. ¡Qué *raro*! Normalmente es puntual.
el castellano	das (kastilische) Spanisch	
usar	benutzen, verwenden	¿Puedo *usar* tu móvil?
en el aire	*hier:* auf Sendung	E on air
exacto/-a	exakt, genau	¿Has traído el dinero *exacto* para la compra?
la época	die Epoche, der Zeitraum	E epoch F époque *f.*
la dictadura	die Diktatur	La *dictadura* de Franco terminó en 1975.
el periódico	die Zeitung	Mi madre lee el *periódico* todas las mañanas.
en cambio	dagegen, stattdessen	< cambiar
todo el mundo	jeder	*Todo el mundo* desea ser feliz.
bilingüe	zweisprachig	E bilingual F bilingue
gallego/-a	galicisch	
acampar	campen, zelten	En julio siempre *acampamos* en la montaña.
recordar (o → ue)	(sich) erinnern	¿*Recuerdas* nuestro viaje a Andalucía?
haber (he #)	haben, sein	En mi barrio *hay* muchos turistas.
joven	jung	Es muy *joven*, solo tiene 13 años.
conseguir (e → i)	erreichen, erlangen	Mi hermano *consiguió* entradas para el concierto.
el ayuntamiento	das Rathaus	
disfrutar (de)	genießen	Estoy *disfrutando* mucho de mis vacaciones.
la naturaleza	die Natur	E nature F nature *f.* L natura *f.*
(por aquel) entonces	damals	*Por aquel entonces* no había tantos turistas.
ir de tapas (#)	Tapas essen gehen	Hoy *vamos de tapas* por los bares del centro.
más o menos	mehr oder weniger	En la fiesta había *más o menos* 30 personas.
hoy en día	heutzutage	*Hoy en día* todo el mundo tiene móvil.
aunque	obwohl, auch wenn	Fue una fiesta genial, *aunque* hizo mal tiempo.
pasarlo bien	sich amüsieren	¡*Pasadlo bien*, chicos!
despedirse (e → i)	sich verabschieden	Los catalanes *se despiden* con "adeu".
7 la infancia	die Kindheit	¿Cuál es tu mejor recuerdo de tu *infancia*?
8 el/la niño/-a	das Kind	La *niña* tiene 3 años.
11 El mundo es un pañuelo.	Die Welt ist ein Dorf.	el pañuelo = das Taschentuch
estar de vacaciones (#)	im Urlaub sein	*Estoy de vacaciones* del 7 al 25 de julio.

Vocabulario

la mala suerte	das Pech	Mi abuela dice que los gatos negros traen *mala suerte*.
acordarse (de) (o → ue)	sich erinnern (an)	= recordar No *me acuerdo* de su nombre.
llamar la atención	auffallen, aufmerksam machen	Mirad el texto. ¿Qué os *llama la atención*?
la parte	der Teil	E part F part *f*.
caminar	gehen	< el camino
estar hecho/-a polvo (#) (col.)	fix und fertig sein *(ugs.)*	Después de caminar 6 horas *estaba hecho polvo*.
bañar(se)	baden	Me gusta *bañarme* en el mar.
tumbar(se)	(sich) hinlegen	*Se tumbó* en el sofá y se durmió.
tomar el sol	sich sonnen	Prefiero tumbarme y *tomar el sol*.
de pronto	plötzlich	Éramos amigas pero *de pronto* dejó de hablarme.
la oficina de turismo	die Touristeninformation	En la *oficina de turismo* nos dieron un mapa.
la casualidad	der Zufall	¡Qué *casualidad* encontrarte aquí!
el rato	die Weile, der Augenblick	Quedamos en un café y charlamos un *rato*.
desde *(+ Zeitpunkt)*	seit	Estudio en este instituto *desde* el año 2015.
el saludo	der Gruß	< saludar
la duda	der Zweifel	E doubt F doute *m*. L dubium *nt*.
¡Qué vergüenza!	Wie peinlich!	
¡Qué pasada! *(col.)*	Wahnsinn!	
inesperado/-a	unerwartet	< esperar Recibí un regalo *inesperado*.
caer(se) (caigo #)	(hin)fallen, herunterfallen	Ayer mi hermano pequeño *se cayó* de la cama.
el susto	der Schreck	Me llamó a las dos de la mañana. *¡Qué susto!*
el suelo	der Boden	F sol *m*.
mover(se) (o → ue)	(sich) bewegen	E to move
por suerte	zum Glück	*Por suerte* había alguien que la pudo ayudar.
el/la médico/-a	der Arzt, die Ärztin	F médecin *m./f.*
dar recuerdos a alguien (#)	jdm. Grüße ausrichten	*Dale* muchos *recuerdos* a tu prima.
Más vale tarde que nunca.	Besser spät als nie.	
¡Hasta pronto!	Bis bald!	= ¡Hasta luego!
19 el diario	das Tagebuch	E diary
23 revisar	überprüfen	Necesito que Lucía *revise* mis deberes.

Unidad 2 Jóvenes en España

I gracias a	dank	He aprobado el examen *gracias a* ti.
la Unión Europea (UE)	die Europäische Union (EU)	España entró en la *Unión Europea* en 1986.
la oportunidad	die Gelegenheit, die Chance	E opportunity L opportunitas *f*.
europeo/-a	europäisch	< Europa
juvenil	Jugend-, jugendlich	Buena Onda es una radio *juvenil*.
internacional	international	Somos un equipo *internacional*.
ponerse en contacto con (#)	Kontakt aufnehmen mit	*Me pongo en contacto* contigo.
la organización	die Organisation	La *organización* ayuda a gente pobre.
la tasa	die Rate, die Quote	
el paro	die Arbeitslosigkeit	La *tasa* de *paro* ha subido.
la crisis	die Krise	
protestar	protestieren	Si no te gusta, tienes que *protestar*.
los estudios	das Studium	< estudiar
estar en paro (#)	arbeitslos sein	Mi tía *está en paro* desde febrero.
el extranjero	das Ausland	F étranger *m*.

algún, alguno/-a	irgendein(e, r), *(pl.)* einige	*Algunos* chicos de mi clase son bilingües.
sin embargo	trotzdem, jedoch	Le gusta la asignatura y *sin embargo* saca malas notas.
ningún, ninguno/-a	kein(e, r, s)	No he visto *ninguna* película este mes.
la oficina de empleo	die Agentur für Arbeit	En la *oficina de empleo* te ayudan a encontrar trabajo.
el gobierno	die Regierung	E government F gouvernement *m*.
la monarquía parlamentaria	die parlamentarische Monarchie	
el origen	die Herkunft	Mis amigos son de *origen* colombiano.
la independencia	die Unabhängigkeit	E independence F indépendance *f*.
decidir	entscheiden	E to decide F décider
lamentablemente	leider	*Lamentablemente* no podemos decir que sí.
los papeles	die (Ausweis)papiere	Para viajar necesitas tus *papeles*.
legal	gesetzlich, legal	¿Estás seguro de que esto es *legal*?
llevarse bien/mal (con alg.)	sich gut/schlecht (mit jdm.) verstehen	Es una chica maja, *nos llevamos* muy *bien*.
1 según	gemäß, laut	*Según* la radio, mañana va a llover.
tradicional	traditionell	
10 mundial	Welt-, weltweit	< el mundo
la diversidad	die Vielfalt	E diversity F diversité *f*. L diversitas *f*.
cultural	kulturell, Kultur-	< la cultura
las Naciones Unidas (ONU)	die Vereinten Nationen (UNO)	
declarar	erklären	E to declare F déclarer
el desarrollo	die Entwicklung	El *desarrollo* sostenible es muy importante.
la inclusión	die Eingliederung	La *inclusión* social es un tema muy actual.
el prejuicio	das Vorurteil	E prejudice F préjugé *m*.
expresar	ausdrücken, äußern	Tienes que *expresar* qué quieres.
la opinión	die Meinung	E opinion F opinion *f*. L opinio *f*.
(estar) de acuerdo	einverstanden (sein)	No *estoy de acuerdo* contigo.
el arte	die Kunst	E art F art *m*. L ars *f*.
dedicado/-a a	jdm. gewidmet	Este mes hay una exposición *dedicada a* Picasso.
compartir	teilen	¿*Compartimos* una pizza?
el estereotipo	das Stereotyp	Muchos *estereotipos* no son reales.
la frente	die Stirn	F front *f*. L frons *f*.
asociado/-a	verbunden, assoziiert	
la celebración	die Feier	< celebrar
el Año Nuevo	das Neujahr	En *Año Nuevo* celebramos el comienzo del año.
11 organizar	organisieren	< la organización
el plato	das Gericht, das Essen	Prueba el *plato* especial de ese restaurante.
necesario/-a	notwendig, erforderlich	E necessary F nécessaire L necessarius
por supuesto	selbstverständlich	*Por supuesto* que voy a tu fiesta.
la manera	die Art, die Weise	Lo voy a hacer de otra *manera*.
hacia	gegen(über)	Hay muchos estereotipos *hacia* los jóvenes.
la manifestación	die Demonstration	Había muchas *manifestaciones* contra el gobierno.
la pancarta	das Spruchband, das Plakat	
Marruecos	Marokko	
la diferencia	der Unterschied	E difference F différence *f*. L differentia *f*.
en realidad	tatsächlich, in Wirklichkeit	Lleva el pelo rubio, pero *en realidad* es moreno.
marroquí	marokkanisch	
árabe	arabisch	La comida en la cultura *árabe* es importante.
terminarse	zu Ende gehen	Aquí *se termina* nuestro programa de hoy.

Vocabulario

dejar	*hier:* verlassen	El mes pasado Jorge *dejó* a su novia.
construir (construyo #)	bauen, bilden	Mi primo Manuel *construyó* varios barcos.
16 el motivo	der Grund, der Anlass	
el aula *(f.)*	das Klassenzimmer	Nuestra *aula* es muy pequeña, pero bonita.
18 el testimonio	die (Zeugen)aussage	
emigrar	auswandern, emigrieren	Cuando era joven, mi abuelo *emigró* a Francia.
la oferta	das Angebot	E offer F offre *f.*
la fábrica	die Fabrik	Esta *fábrica* abrió en el año 1956.
económico/-a	wirtschaftlich, preiswert	La situación *económica* mejoró en España.
la emigración	die Auswanderung	< emigrar
la cualificación	die Qualifikation	
profesional	beruflich, professionell	Mi tía nunca habla de su vida *profesional*.
el currículum	der Lebenslauf	E curriculum vitae F CV (curr. vitae) *m.*
centrarse (en)	sich konzentrieren (auf)	
los alrededores	die Umgebung	En *los alrededores* de la casa hay bosque.
el sitio	der Platz, der Ort	En las aulas casi no hay *sitio* para tantos alumnos.
absoluto/-a	absolut	¡Esto es una *absoluta* pasada!
la falta	das Fehlen	Creo que tiene *falta* de interés.
el interés	das Interesse	< interesante
salir	*hier:* herauskommen	
pintar	*hier:* aussehen	
la estafa	der Betrug	
realizar	verwirklichen, durchführen	F réaliser
la selección	die Auswahl	E selection F sélection *f.*
elegir (e → i)	(aus)wählen	*Elige* qué camiseta te pones hoy.
la cantidad	die Menge, die Anzahl	F quantité *f.*
el/la enfermero/-a	der/die Krankenpfleger/in	< enfermo
práctico/-a	praktisch	
el alojamiento	die Unterkunft	Buscamos un *alojamiento* barato.
el transporte	der Transport	Este *transporte* es muy *práctico*.
obtener (obtengo #)	erlangen, erhalten	< tener
el nivel	das Niveau, die Ebene	El *nivel* del curso es demasiado alto para mí.
adelante	vor(wärts)	¡Tienes que seguir *adelante*!
el contrato	der Vertrag	E contract F contrat *m.*
de hecho	tatsächlich, eigentlich	< hacer

Unidad 3 ¡Nos vemos en la red!

I el medio de comunicación	das Kommunikationsmittel	El periódico es un *medio de comunicación*.
sacar una foto	ein Foto machen	*Saqué* muchas *fotos* en su fiesta.
la revista	die Zeitschrift	La *revista* del insti es muy conocida.
impreso/-a	gedruckt	
digital	digital	Prefiero los libros *impresos* a los *digitales*.
aparte de	abgesehen von	*Aparte de* leer, me gusta escuchar música.
el portátil	der Laptop, das Notebook	¿Es tu *portátil* de este año?
el vídeo	das Video	Vamos a grabar un *vídeo* para Buena Onda.
el idioma	die Sprache	= la lengua
por lo tanto	also, daher	Estoy enfermo, *por lo tanto* no voy a trabajar.
parecer (c → zc)	scheinen, wirken	Con esa ropa *pareces* más mayor.
igual	(genau) gleich	Para mí las dos camisetas son *iguales*.

la aplicación	die Anwendung, die App	Esa *aplicación* es muy *útil*.
útil	nützlich	F utile L utilis
la tableta	das Tablet	Uso mucho la *tableta*.
la serie	die Serie	Esta nueva *serie* es mi favorita.
conectarse	(sich) verbinden	E connect F se connecter
la red social	das soziale Netzwerk	No me gustan mucho las *redes sociales*.
comunicar(se) (con)	kommunizieren, sich verständigen	E communicate L communicare
1 **el perfil**	das Profil	¿Vas a crear un *perfil* nuevo?
3 **el uso**	die Benutzung, der Gebrauch	< usar E use F usage *m.* L usus *m.*
repartir	verteilen	Paulina *reparte folletos* sobre Buena Onda.
el folleto	die Broschüre	
el/la desconocido/-a	der/die Unbekannte	No mandes fotos a *desconocidos*.
el permiso	die Erlaubnis	Mi padre no me da *permiso* para ir al concierto.
tener cuidado (#)	vorsichtig sein	*Ten cuidado* con tus datos personales.
la cita (a ciegas)	das (Blind)Date	En una *cita a ciegas* te encuentras con una persona *desconocida*.
desconocido/-a	unbekannt	≠ conocido
avisar	benachrichtigen, Bescheid sagen	*Avísame* dónde quieres quedar.
real	wirklich, tatsächlich	E real F réel/le
la contraseña	das Kennwort	Nunca digas tu *contraseña*.
seguro/-a	sicher	Contigo me siento *seguro*.
los datos (personales)	die Personalien, die Angaben zur Person	Nunca escribas tus *datos personales* en internet.
privado/-a	privat, vertraulich	Hay informaciones que deben ser *privadas*.
aceptar	annehmen, akzeptieren	No *aceptes* contactos que no conozcas.
la webcam	die Webcam	No uses tu *webcam* con desconocidos.
el consejo	der Rat(schlag)	Acepta los *consejos* de las personas que te quieren.
5 **el ángel**	der Engel	E angel F ange *m.* L angelus *m.*
el diablo	der Teufel	≠ ángel
7 **la videoconferencia**	die Videokonferenz	La *videoconferencia* ha durado dos horas.
despierto/-a	wach	< despertarse
alegrarse (de)	sich freuen (über)	*Me alegro* de que estés aquí.
esperar	hoffen	*Espero* que estés bien.
informar(se)	(sich) informieren	¿*Te* has *informado* sobre el campamento?
correcto/-a	richtig, korrekt	
falso/-a	falsch	Puedes leer noticias *falsas* en internet.
manipular a alguien	jdn. beeinflussen	
identificar	identifizieren	
la fuente	die Quelle	
analizar	analysieren, untersuchen	¿*Has analizado* los datos de tu fuente?
el contenido	der Inhalt	E content F contenu *m.*
recomendar (e → ie)	empfehlen	Te *recomiendo* que hagas deporte.
el contacto	der Kontakt	Evita el *contacto* con desconocidos.
evitar	vermeiden	F éviter L vitare
el ciberacoso	das Cybermobbing	
subir	*hier:* hochladen	No *subas* fotos tuyas a internet.
proponer (propongo #)	vorschlagen	E to propose F proposer L proponere
crear	schaffen, erstellen	= hacer E to create F créer
molestar	stören, ärgern	Me *molesta* que no seas simpático.
la sección	der Teil, der Abschnitt	¡Esta *sección* del museo me gusta mucho!
Fulanito/-a	Herr/Frau Soundso	
el/la adulto/-a	der/die Erwachsene	E adult F adulte *m./f.*

Vocabulario

pedir (e → i)	bitten	Te *pido* que vengas conmigo a la fiesta.
la calma	die Ruhe, die Gelassenheit	= la tranquilidad
sufrir	(er)leiden	E to suffer F souffrir
8 **valiente**	tapfer, mutig	Es muy *valiente* porque dice la verdad.
el acoso (escolar)	das Mobbing (in der Schule)	El *acoso escolar* es un problema social.
el lado	die Seite	En este *lado* de la clase me siento yo.
el miedo	die Angst	Tengo *miedo* de los perros.
el/la **malo/-a**	der Bösewicht, der Teufel	≠ el/la bueno/-a
armarse de	sich wappnen mit	*Me armé de valor* y le dije la verdad.
el valor	der Mut	
9 **la ventaja**	der Vorteil	≠ desventaja
la desventaja	der Nachteil	≠ ventaja
el peligro	die Gefahr	< peligroso
10 **tener algo en común** (#)	etw. gemeinsam haben	¿Crees que él y yo *tenemos algo en común*?
13 **informativo/-a**	informativ, Informations-	El folleto sobre León es muy *informativo*.
el **documental**	der Dokumentarfilm	¿Te gustan los *documentales* de animales?
clásico/-a	klassisch	Me gusta la ropa *clásica*.
15 **el asunto**	die Angelegenheit, das Thema, der Betreff	Quiero hablarte de un *asunto*.
el corazón	das Herz	F cœur *m*. L cor *nt*.
enamorarse (de)	sich verlieben (in)	Creo que *me he enamorado* de esta ciudad.
salir con alguien (#)	mit jdm. zusammen sein	¿Crees que Teo y Felipe *salen juntos*?
el tipo	die Art, der Typ	No me gusta nada este *tipo* de música.
sentir(se) (e → ie)	(sich) fühlen	¿Te *sientes* bien ahora mismo?
probable	wahrscheinlich	Es *probable* que viajemos a Chile en 2021.
dejar en paz a alguien	jdn. in Ruhe lassen	*¡Déjame en paz!* Ahora no quiero hablar.
mentir (e → ie)	lügen	≠ decir la verdad
la esperanza	die Hoffnung	< esperar
caer bien/mal a alguien	jdm. sympathisch/unsympathisch sein	Lola *me cae* muy *bien*.
la telenovela	die Seifenoper, die Serie	Las mejores *telenovelas* son de México.
lógico/-a	logisch, selbstverständlich	Es *lógico* que no quieras hablar conmigo.
observar	beobachten	= mirar
simple	einfach, bloß	≠ difícil
la mentira	die Lüge	≠ la verdad
ojalá *(+ subjuntivo)*	hoffentlich	*Ojalá* Martín me llame hoy.
olvidar algo/a alguien	etwas/jdn. vergessen	*Me olvidé* el libro encima de la mesa.
besar	küssen	< el beso
la solución	die Lösung	E solution F solution *f.* L solutio *f.*
20 **el chat**	der Chat	En el *chat* encuentras buenos consejos.
tímido/-a	schüchtern	Al principio, Rafael es muy *tímido*.
seguro/-a de sí mismo/-a	selbstbewusst	Tengo que estar más *segura de mí misma*. Tienes que estar más *seguro de ti mismo*. Tiene que estar más *segura de sí misma*.
cansarse de	*(einer Sache/Person)* überdrüssig werden	Me *he cansado de* estar tanto tiempo de pie, voy a sentarme en la silla.
empezar a *(+ infinitivo)* (#)	beginnen, etw. zu tun	≠ terminar de
ponerse *(+ adj.)* (#)	werden	*Me puse* rojo cuando Sofía me miró.
en lugar de	anstelle von	*En lugar de* comer pasta, comemos arroz.
la **lluvia de ideas**	das Brainstorming	El lunes hicimos una *lluvia de ideas* en clase.
el **flechazo** *(col.)*	die Liebe auf den ersten Blick	Entre Sonia y Marcos hubo un *flechazo*.
querer a alguien (e → ie)	jdn. lieben	Ella *quiere mucho a* su madre.
celoso/-a	eifersüchtig	¿Crees que María se puso *celosa*?
23 **la estupidez**	die Dummheit	
cualquier *(+ sustantivo)*	irgendein(e, er, s)	Si tienes *cualquier* problema, llámame.
cualquiera *(pronombre)*	jede/r/s	*Cualquiera* te va a decir la verdad.

24 el personaje — *hier:* die Figur — Es el *personaje* más bonito de la película.

filología románica — Romanistik — Carmen Martín Gaite estudió *filología románica* en la universidad.

doctorarse — promovieren — Hoy Martina *se ha doctorado* en Física.

la novela — der Roman — E *novel*

la obra de teatro — das Theaterstück — Esta *obra de teatro* es muy larga.

colaborar — mitwirken — Miriam *ha colaborado* con muchas ONG.

25 traducir (c → zc) — übersetzen — *Traducid* este texto al español, por favor.

la metáfora — die Metapher — Este poeta usa *metáforas* muy buenas.

Unidad 4 De viaje

I de viaje — *hier:* auf Reisen — Nos vamos *de viaje* por Argentina.

1 ideal — ideal — Este es mi viaje *ideal*. ¡Es mi sueño!

la respuesta — die Antwort — ¿Cuál es tu *respuesta*?

individual — individuell —

gustaría a alguien — jdm. würde gefallen 3. Pers. Sg. des Konditional — ¿Qué *te gustaría* hacer hoy?

alojarse — unterkommen, sich einquartieren — < el alojamiento

el camping — der Campingplatz —

el albergue juvenil — die Jugendherberge — < joven

la estrella — der Stern — Los hoteles de cinco *estrellas* son muy caros.

el apartamento — das Appartement —

relajar(se) — (sich) entspannen — = descansar

latinoamericano/-a — lateinamerikanisch —

el continente — der Kontinent —

el deseo — der Wunsch — < desear

3 el plan — der Plan — ¿Tienes *planes* para este fin de semana?

el argumento — das Argument — ¿Cuál es tu *argumento*?

ir(se) de vacaciones — in den Urlaub fahren — No *me voy de vacaciones*, me quedo aquí.

la reserva — die Reservierung — ¿Ya has hecho las *reservas*?

apetecer (algo a alguien) — (auf etw.) Lust haben — = tener ganas de Me *apetece* mucho verte.

el anuncio — die Anzeige — F *annonce f.*

esforzarse (o → ue) — sich anstrengen — Si *te esfuerzas*, apruebas el examen.

alquilar — mieten, vermieten — *Alquilaron* un apartamento pequeño.

molar *(col.)* — gefallen — ¡Cómo *mola* tu camiseta!

al aire libre — im Freien — Vamos a celebrar la fiesta *al aire libre*.

volverse loco/-a (o → ue) — verrückt werden — Con tantos exámenes *me voy a volver loca*.

¡Ni de broma! *(col.)* — Auf keinen Fall! —

quedarse alucinado/-a *(col.)* — hin und weg sein *(ugs.)* — *Me quedé alucinada* cuando le vi hacer *surf*.

el surf — das Surfen —

ser una pasada *(col.)* **(#)** — der Hammer sein *(ugs.)* — Esa playa *es una pasada*.

la acción — die Tat, die Handlung — E *action* F *action f.*

dudar — zweifeln, zögern — *Dudo* que tengamos tiempo para verlo todo.

suficiente — genügend, ausreichend — E *sufficient* F *suffisant(e)*

ahorrar — sparen — *Estoy ahorrando* para un viaje a Ecuador.

el/la chaval/a *(col.)* — der Junge, das Mädchen — En mi clase hay *chavales* muy majos.

preocuparse — sich Sorgen machen — No *te preocupes*, todo va a ir bien.

por un lado..., por otro lado... — einerseits ..., andererseits ... — < el lado

7 el/la señor/a — der Herr, die Frau — ¿Está el *señor* García Moreno, por favor?

la conexión — die Verbindung — E *connection* F *connexion f.*

el/la wifi — das WLAN —

Vocabulario

9	**el turismo**	der Tourismus	Gracias al *turismo* hay más trabajo.
	la aventura	das Abenteuer	E adventure F aventure *f*.
	rural	ländlich	Se fue a la ciudad y alquiló una casa *rural*.
	solidario/-a	solidarisch	Es muy *solidario* y siempre ayuda a sus amigos.
	el/la viajero/-a	der/die Reisende	< el viaje, viajar
	el desafío	die Herausforderung	Viajar sola fue un *desafío* grande para mí.
	el riesgo	das Risiko	E risk F risque *m*.
	la escalada	das Klettern	Practico *escalada* desde que era pequeña.
	el rafting	das Rafting	
	la diversión	das Vergnügen, die Unterhaltung	< divertirse
	estar relacionado/-a con	verbunden sein mit	
	todo incluido	alles inklusive	
	el precio	der Preis	El *precio* total es de 180 euros.
	incluir (i → y)	umfassen, beinhalten	*Incluye* alojamiento, comida y transporte.
	el campo	das Feld, das Land	≠ la ciudad
	incluso	sogar	El hotel tenía *incluso* una playa privada.
	la granja	der Bauernhof	Mis tíos tienen una *granja* con animales.
	la tranquilidad	die Ruhe	< tranquilo
	la posibilidad	die Möglichkeit	E possibility F possibilité *f*. L possibilitas *f*.
	el/la granjero/-a	der Bauer, die Bäuerin	< la granja
	permitir	erlauben	Mis padres no me *permiten* viajar solo.
	el/la voluntario/-a	der/die Freiwillige	E volunteer F volontaire *m./f*.
	la ONG (Organización No Gubernamental)	die Nichtregierungsorganisation (NGO)	La *ONG* ayuda a gente que lo necesita.
	local	örtlich, lokal	Prefiero las tiendas *locales* a los grandes supermercados.
	dar clase (#)	unterrichten	*Doy clases* de inglés a niños de 6 años.
	colaborar	mitwirken	¿Te gustaría *colaborar* con Buena Onda?
	la agricultura	die Landwirtschaft	E agriculture F agriculture *f*.
	el/la monitor/a	der/die Dozent/in, der/die Trainer/in	Iker quiere ser *monitor* y dar clases de surf.
10	**la relación**	die Beziehung	Tiene muy buena *relación* con sus padres.
13	el logotipo	das Logo	
	transmitir	übermitteln	Una sonrisa *transmite* alegría.
14	**el titular**	die Schlagzeile	La noticia está en los *titulares* de todos los periódicos.
	el aspecto	der Aspekt, der Gesichtspunkt	Ese *aspecto* me parece muy interesante.
	positivo/-a	positiv	
	negativo/-a	negativ	≠ positivo
	el/la parado/-a	der/die Arbeitslose	Gracias al turismo hay menos *parados*.
	la hostelería	das Hotel- und Gaststättengewerbe	Mucha gente trabaja en la *hostelería*.
	impulsar	antreiben	Hay que *impulsar* el turismo en nuestra región.
	la economía	die Wirtschaft	E economy F économie *f*.
	duplicar	verdoppeln	
	la población	die Bevölkerung	< el pueblo
	el campo de golf	der Golfplatz	
	el gasto	der Verbrauch	< gastar
	el agua (*f*.)	das Wasser	El *agua* está fría.
	de masas	Massen-	La tele es un medio de comunicación *de masas*.
	amenazar	(be)drohen	F menacer
	el empleo	die Stelle, der Job	= el trabajo E employment F emploi *m*.
	ecológico/-a	ökologisch	E ecological F écologique

el modelo	das Modell	
conservar	erhalten	E to conserve F conserver L conservare
el medio ambiente	die Umwelt	Es importante conservar el *medio ambiente*.
llenarse	sich füllen, voll werden	< lleno El mercado *se llenó* de gente.
la basura	der Abfall	Es importante no dejar *basura* en las playas.
el plástico	das Plastik	
el impacto	die Auswirkung	E impact
15 contaminar	verschmutzen	Los plásticos *contaminan* el medio ambiente.
llevar *(+ Zeitraum) + gerundio*	seit *(+ Zeitraum)* etwas tun	*Llevo* una semana *estudiando* para el examen.
planear	planen	¿Ya *habéis planeado* vuestras vacaciones?
dañino/-a	schädlich	
darse cuenta de algo (#)	etwas (be)merken	No *me di cuenta de* que le pasaba algo.
cercano/-a	nahe	< cerca
respetuoso/-a	respektvoll	< respetar
seguir *+ gerundio* (#)	etwas regelmäßig/immer noch tun	¿Te *sigues escribiendo* con tu intercambio?
el medio de transporte	das Verkehrsmittel	
cuidar	aufpassen auf, sorgen für	Mi tía me *cuidaba* cuando era pequeña.
el aire acondicionado	die Klimaanlage	E air-conditioning
la ventana	das Fenster	Desde mi *ventana* veo un parque.
abierto/-a	offen, aufgeschlossen	< abrir
la toalla	das Handtuch	E towel
el bosque	der Wald	Hay que cuidar nuestros *bosques*.
¡cuidado!	Achtung!, Vorsicht!	*¡Cuidado*, que viene un coche!
malgastar	verschwenden	Es mejor que no *malgastes* tu tiempo con él.
sencillo/-a	einfach	= fácil
por último	schließlich, zu guter Letzt	Y, *por último*, os presentamos los deportes.
oír (oigo #)	hören	Te estoy hablando, ¿no me *oyes*?
el ecoturismo	der Ökotourismus	
responsable	verantwortungsvoll	E responsible F responsable
la zona	die Zone, das Gebiet	Esta *zona* es un parque natural.
natural	natürlich, Natur-	E natural F naturel/le
el bienestar	das Wohlbefinden	Se preocupa del *bienestar* de su familia.
los Pirineos	die Pyrenäen	
el planeta	der Planet	
sostenible	nachhaltig	
volver a *(+ infinitivo)* (#)	etwas wieder tun	¿*Vuelves a viajar* a Menorca?
21 continuar *+ gerundio*	etw. weiterhin tun	*Continúo tocando* el piano.
nadar	schwimmen	Me gusta *nadar* en el mar.
hasta que *(+ indicativo)*	bis	Esperaba allí *hasta que* llegó mi madre.
pasar *(+ Zeitraum) + gerundio*	Zeit damit verbringen, etw. zu tun	*Ha pasado* una hora *estudiando*.
la excursión	der Ausflug	Vamos de *excursión* a la montaña.
la mayoría	die Mehrheit	E majority F majorité *f.* L maior pars *f.*

Unidad 5 Un programa sobre Argentina

I el cerro	der Hügel	El *cerro* de los siete colores en Purmamarca es muy especial.
el gaucho	*berittener Viehhüter der südamerikanischen Pampas*	
convidar a *(Lat.)*	einladen zu	= invitar
el mate	der Mate(tee)	Mis amigas me *convidaron a* un *mate*.

Vocabulario

el espectáculo	das Schauspiel, der Anblick	¿Has visto el *espectáculo* de *tango* ayer?
el tango	der Tango	
el área metropolitana *(f.)*	das Großstadtgebiet	
la moneda	die Münze, die Währung	
el peso	*Währungseinheit in Süd- und Mittelamerika*	El *peso* es la *moneda* de Argentina.
el/la humorista	der/die Komiker/in	En Argentina hay *humoristas* muy famosos.
admirar	bewundern	*Admiro* mucho la diversidad de culturas.
la arquitectura	die Architektur	La *arquitectura* de la capital es increíble.
colonial	Kolonial-	El estilo *colonial* es típico del barrio.
la metrópolis	die Metropole	Buenos Aires es una gran *metrópolis*.
el obelisco	der Obelisk	El *obelisco* es el *símbolo* de Buenos Aires y se construyó en el año 1936.
el símbolo	das Symbol	
el glaciar	der Gletscher	El *glaciar* se llama Perito Moreno.
el lago	der See	E lake F lac *m.* L lacus *m.*
la Patagonia	Patagonien	La *Patagonia* es una de las regiones más impresionantes de Argentina.
perder (e → ie)	versäumen, verpassen, verlieren	¡Te *has perdido* el concierto! ¡Qué pena!
la catarata	der Wasserfall	Las *cataratas* de Iguazú son altísimas.
3 **estar preocupado/-a**	besorgt sein, beunruhigt sein	Mi tía *está* muy *preocupada* por ti.
esquiar	Ski fahren	¿Vamos a *esquiar* en junio a Bariloche?
el pingüino	der Pinguin	El *pingüino* es mi animal favorito.
el mono	der Affe	E monkey
la selva	der Dschungel, der Urwald	Los *monos* viven en la *selva*.
el sueño	der Traum	¿Cuál es tu *sueño* para el futuro?
el kilómetro	der Kilometer	
la atracción	die Attraktion	Este barrio es una *atracción* turística.
tratar	behandeln	Hoy, en clase, vamos a *tratar* muchos temas.
allá *(Lat.)*	dort	= allí
ser una masa *(arg.)*	cool sein	¡La nueva camiseta de Messi *es una masa*!
apasionar	begeistern	Me *apasiona* el baloncesto.
sociable	gesellig	Los argentinos son personas muy *sociables*.
el asado	das Grillfleisch, das Barbecue	Los domingos muchos argentinos comen *asado*.
la empanada	die gefüllte Teigtasche	Prefiero las *empanadas* de queso.
el vino	der Wein	F vin *m.* L vinum *nt.*
la pasta	die Pasta (Nudeln)	En Argentina la gente come mucha *pasta*.
casero/-a	selbstgemacht	< la casa Estas empanadas son *caseras*.
el living *(arg.)*	das Wohnzimmer	
el/la pibe/-a *(arg.)*	der Junge, das Mädchen	= el/la chico/-a
indígena	indigen, einheimisch	En Bolivia viven muchos *indígenas*.
acá *(Lat.)*	hier	= aquí ¡Ven *acá*! Tengo algo que decirte.
la llegada	die Ankunft	< llegar
la cancha	der Sportplatz	De repente hubo silencio en la *cancha*.
el yuyo *(arg.)*	das Unkraut	
la chaucha *(arg.)*	die grüne Bohne	
el quechua	Quechua *(Sprache)*	El *quechua* es todavía la lengua materna de muchas personas.
el baile	der Tanz	< bailar
el clásico	der Klassiker	E classic F classique *m.*
el héroe, la heroína	der/die Held/in	Maradona es un *héroe* para los argentinos.
7 el mundial	*hier:* die Fußballweltmeisterschaft	Argentina ha ganado dos *mundiales*.
marcar un gol	ein Tor schießen	Messi *ha marcado* muchos *goles*.

la selección	*hier:* die Nationalmannschaft	
contratar a alguien	jdn. anstellen, jdn. einstellen	
la primera división	die erste Liga	
el/la jugador/a	der/die Spieler/in	< jugar
la lesión	die Verletzung	Es normal tener *lesiones* siendo futbolista.
el siglo	das Jahrhundert	Es el partido del *siglo*. ¡Tienes que verlo!
el/la dios/a	der Gott, die Göttin	F *dieu* m. L *deus* m.
la droga	die Droge	
echar	*hier:* entlassen	El martes *echaron* a Romina del trabajo.
cumplir	erfüllen	*He cumplido* mi mayor sueño: soy feliz.
el/la director/a técnico/-a *(Lat.)*	der/die Trainer/in	Maradona fue el *director técnico* de la selección argentina.
morir (o → ue)	sterben	Mi abuelo *murió* hace dos años.
8 el/la capitán/-ana	der/die Mannschaftskapitän/in	
la rivalidad	die Rivalität	En Argentina hay mucha *rivalidad* entre los equipos de fútbol.
10 el/la inmigrante	der/die Einwanderer/-in	Muchos de los argentinos eran *inmigrantes* italianos.
la inmigración	die Immigration, die Einwanderung	< el/la inmigrante
la estadística	die Statistik	E *statistics* F *statistique* f. L *statistica* f.
el porcentaje	der Prozentsatz	F *pourcentage* m.
comparar	vergleichen	Nunca te *compares* con las demás personas.
el/un ... por ciento	... Prozent	*El dos por ciento* no quieren ir al parque.
la mitad	die Hälfte	A la *mitad* de los españoles les gusta la tortilla de patata con cebolla.
el tercio	das Drittel	Un *tercio* la prefiere sin cebolla.
12 **el teatro**	das Theater	¿Has ido alguna vez al *teatro*?
la librería	die Buchhandlung	"El Ateneo" es una de las *librerías* más famosas de toda Argentina. F *librairie* f.
la decisión	die Entscheidung	¡Toma la *decisión* que quieras!
sin que + *subj.*	ohne dass ...	¿Puedes cantar *sin que sea* tan alto?
el arte callejero	die Streetart	< el arte, la calle
la inseguridad	die Unsicherheit	En este barrio hay mucha *inseguridad*.
robar	rauben, stehlen	Ayer me *robaron* la bicicleta.
el celular *(Lat.)*	das Handy	= el móvil
antes de que + *subj.*	bevor	Envíame un mensaje *antes de que lleguéis*.
prometer	versprechen	E *to promise* F *promettre* L *promittere*
al llegar	*hier:* beim Ankommen, als ich ankam	Llámame *al llegar*.
para que + *subj.*	damit, um zu	Haz tus deberes, *para que* no *se te olviden*.
la riqueza	der Reichtum	< rico/-a F *richesse* f.
la pobreza	die Armut	< pobre
por lo cual	wodurch, weshalb	
la criminalidad	die Kriminalität	
el bondi *(arg.)*	der Bus	= el autobús
público/-a	öffentlich, staatlich	≠ privado
funcionar	funktionieren	¿Te *funciona* el móvil? A mí no.
la suciedad	der Schmutz, der Dreck	En algunas ciudades hay mucha *suciedad* en las calles.
14 **la imagen**	das Bild	E *image* F *image* f.
en primer plano	im Vordergrund	*En primer plano* puedes ver a mis amigas.
en el centro	in der Mitte	*En el centro* están las llamas.
al fondo	im Hintergrund	Y *al fondo* puedes ver las montañas.
arriba	oben	
abajo	unten	≠ arriba

Unidad 6 Sueños para el futuro

1 el/la bombero/-a — der/die Feuerwehrmann/-frau

el/la astronauta — der/die Astronaut/in

el/la periodista — der/die Journalist/in

el/la carpintero/-a — der/die Tischler/in

el/la programador/a — der/die Programmierer/in — < el periódico

mantener (mantengo #) — versorgen, aufrechterhalten — < el programa

reparar — reparieren — < tener

el juego — das Spiel — ¿Ya te *han reparado* el coche?

el espacio — *hier:* der Weltraum — Jugáis a muchos *juegos* divertidos. F jeu *m.*

Viajar al *espacio* es el sueño de muchos niños. E (outer) space F espace *m.*

curar — heilen

la enfermedad — die Krankheit — < enfermo/-a

salvar — retten — E to save F sauver

2 convivir — zusammenleben — < vivir

el voluntariado — der freiwillige soziale Dienst

el/la mecánico/-a — der/die Mechaniker/in

el/la veterinario/-a — der Tierarzt, die Tierärztin — E vet(erinarian) F vétérinaire *m./f.*

la carrera — *hier:* das Studium — Lucía estudia la *carrera* de Medicina.

la formación (profesional) — die (Aus)bildung — F formation *f.*

creativo/-a — kreativ — Eres una persona muy *creativa*.

ganar — verdienen — En su trabajo *gana* mucho dinero.

el micrófono — das Mikrofon

3 aparecer (c → zc) — erscheinen — < parecer

el/la policía — der/die Polizist/in

el/la músico/-a — der/die Musiker/in — < la música

el/la peluquero/-a — der/die Friseur/in — < el pelo

soñar (con) (o → ue) — träumen (von) — Esta noche he *soñado* contigo.

los papás *(col.)* — die Eltern — = los padres

orgulloso/-a (de) — stolz (auf) — Todos estamos *orgullosos de* ti.

la responsabilidad — die Verantwortung — E responsibility F responsabilité *f.*

el trabajo manual — das Werken, das Basteln — < la mano

deber — müssen, sollen — = tener que *Debes* llamar a tu abuela.

corregir (e → i) — berichtigen, korrigieren — El profe todavía no *ha corregido* los exámenes.

el/la muchacho/-a — der Junge, das Mädchen — En mi clase somos 22 *muchachos*.

el caso — der Fall — E case F cas *m.* L casus *m.*

no obstante — trotzdem — No había estudiado. *No obstante* aprobé el examen.

asustar(se) — (sich) erschrecken — ¡Me *asustaste* bastante!

finalmente — endlich, schließlich — Y *finalmente* llegó el último examen.

como — *hier:* da — *Como* no viniste, fui sola al cine.

social — sozial, gesellschaftlich — Luisa hace un trabajo *social*.

las prácticas — das Praktikum — Luis va a hacer unas *prácticas* en una ONG.

comprobar (o → ue) — überprüfen, belegen — *Comprueba* tu resultado con un diccionario.

la fundación — die Stiftung — E foundation F fondation *f.*

necesitado/-a — bedürftig — La fundación ayuda a gente *necesitada*.

la carta de presentación — das formelle Anschreiben

el/la físico/-a — der/die Physiker/in — < Física

la calidad — die Qualität — Es un producto caro, pero es de alta *calidad*.

8 el campeón, la campeona — der/die Sieger/in, der/die Meister/in — ¡Eres la *campeona* de tu colegio!

el/la escalador/a — der Kletterer, die Kletterin — < la escalada

entrenar(se) — trainieren — F s'entrainer

la lotería	die Lotterie	
11 la característica	das Merkmal, die Eigenschaft	Tienes muchas *características* positivas.
personal	persönlich	< la persona
la capacidad	die Fähigkeit	E capacity F capacité *f*.
la habilidad	die Geschicklichkeit	F habileté *f*. L habilitas *f*.
el talento	das Talent	Tengo *talento* para tocar el piano.
la creatividad	die Kreativität	< creativo/-a
el respeto	der Respekt	< respetar
la tecnología	die Technologie, die Technik	Me gustan las nuevas *tecnologías*.
13 la solicitud	die Bewerbung	Envía tu *solicitud* a esta dirección.
el sentido del humor	der Sinn für Humor	La chica tiene buen *sentido del humor*.
el/la payaso/-a	der/die Clown/in	
el hospital	das Krankenhaus	E hospital F hôpital *m*.
reír(se) (río #)	lachen	Todos *nos reímos* con ella, es muy divertida.
el/la paciente	der/die Patient/in	El *paciente* contestó al médico que sí.
plantar	pflanzen	E to plant F planter
el árbol	der Baum	F arbre *m*. L arbor *f*.
el/la animador/a	der/die Animateur/in	
16 el servicio	der Dienst	F service *m*.
estudiantil	Studenten-, studentisch	En Chile había muchas protestas *estudiantiles*.
obligatorio/-a	verpflichtend, obligatorisch	¿Es *obligatorio* estudiar los idiomas?
el bachillerato	das Abitur	En ese insti estudié el *bachillerato*.
la ley	das Gesetz	E law F loi *f*. L lex *f*.
el/la estudiante	der/die Student/in, der/die Schüler/in	< estudiar, los estudios
atender	bedienen	Un minuto, ahora le *atiendo*.
la necesidad	die Notwendigkeit	< necesitar, necesario/-a
educativo/-a	Bildungs-	
resolver (o → ue)	lösen	E to resolve
los recursos	die Mittel	La organización ayuda a gente sin *recursos*.
el jardín infantil *(Lat.)*	der Kindergarten	Su hijo todavía va al *jardín infantil*.
entre otros/-as	unter anderem	Al festival van Wos y Tini, *entre otros*.
20 el/la entrevistador/a	der/die Interviewer/in	< la entrevista
el/la jefe/-a	der/die Chef/in	Habla con tu *jefa* sobre las vacaciones.
el departamento	die Abteilung	E department F département *m*.
sentarse (e → ie)	sich setzen	*Siéntate* allí mientras esperas.
a partir de	ab ..., von ... an	Voy a estar en casa *a partir de* las cinco.
en primer lugar ..., en segundo lugar ...	erstens ... zweitens	< el lugar
escolar	Schul-	< la escuela
la tarea	die Aufgabe, die Arbeit	Nunca ayuda con las *tareas* de la casa.
de momento	fürs Erste, im Moment	*De momento* no necesito ayuda, gracias.
la semana que viene	kommende Woche	= la próxima semana
cumplir ... años	... Jahre alt werden	*Cumple* 15 *años* en abril.
la paciencia	die Geduld	E patience F patience *f*. L patientia *f*.
encantado/-a	sehr erfreut	¡*Encantada* de conocerte!
la conversación	das Gespräch	E conversation F conversation *f*.
formal	*hier:* formell, förmlich	

Minidiccionario español – alemán

Das *Minidiccionario* enthält in alphabetischer Reihenfolge alle Wörter und Ausdrücke aus *Puente al español* 2 sowie den Lernwortschatz aus *Puente al español* 1. Fakultative Vokabeln aus Band 2 werden nur in der spanisch-deutschen Liste aufgeführt.

Der Eintrag hinter der Vokabel gibt die Stelle an, an der das Wort zum ersten Mal vorkommt (z. B. 1:6/1 = Band 1, Unidad 6, Übung/Text 1). Hinter manchen Vokabeln sind Redewendungen oder Ausdrücke aufgeführt, in denen eine Tilde (~) die Vokabel ersetzt. Zur Erklärung der weiteren Auszeichnungen und Abkürzungen siehe S. 171.

A

a in, zu, nach, an 1:B/1
a la derecha rechts 1:5/7
a la izquierda links 1:5/4
a la vuelta auf dem Rückweg 1:6/4
a las diez um zehn Uhr 1:3/1
a lo mejor *(col.)* vielleicht 1:3/6
a partir de ab ..., von ... an 2:6/20
¿A qué hora? Um wie viel Uhr? 1:3/4
a rayas gestreift 1:6/1
a tope *(col.)* vollgepackt *(ugs.)* 1:5/4
a veces manchmal 1:2/4
abajo unten 2:5/14
abierto/-a offen, aufgeschlossen 2:4/15
abrazo m. Umarmung *f. 1:5/20*
abril m. April m. 1:4/I
abrir aufmachen, öffnen 1:6/18
absoluto/-a absolut 2:2/18
abuelo/-a m./f. Großvater/ Großmutter m./f. 1:2/13
abuelos m.pl. Großeltern pl. 1:2/18
aburrido/-a langweilig 1:1/2
aburrirse sich langweilen 1:4/16
acá *(Lat.)* hier 2:5/3
acabar de (+ Inf.) soeben etw. getan haben 1:5/14
acampar campen, zelten 2:1/3
acción f. Tat f., Handlung f. 2:4/3
aceituna f. Olive f. 1:6/15
aceptar annehmen, akzeptieren 2:3/3
acompañar begleiten 1:7/3
acordarse (de) (o→ue) sich erinnern (an) 2:1/11
acoso (escolar) m. Mobbing (in der Schule) nt. 2:3/8
acostarse (o→ue) ins Bett gehen, sich hinlegen 1:4/4
actividad f. Tätigkeit f., Aktivität f. 1:3/6
actor/actriz m./f. Schauspieler/in m./f. 2:1/I
actual aktuell 1:1/1
(estar) de acuerdo (#) einverstanden (sein) 2:2/10
adelante vor(wärts) 2:2/18
además außerdem 1:1/15

¡Adiós! Auf Wiedersehen!, Tschüss! 1:B/1
admirar bewundern 2:5/I
¿adónde? wohin? 1:3/17
adulto/-a m./f. Erwachsene(r) m./f. 2:3/7
agobiado/-a bedrückt 1:5/14
agosto m. August m. 1:4/I
agricultura f. Landwirtschaft f. 2:4/9
agua f. Wasser nt. 2:4/14
agua (mineral) f. Mineralwasser nt. 1:6/15
ahí da, dort 1:3/21
ahora jetzt, nun 1:1/1
ahora mismo jetzt gleich, gerade 1:5/4
ahorrar sparen 2:4/3
aire acondicionado m. Klimaanlage f. 2:4/15
al aire libre im Freien 2:4/3
en el aire auf Sendung 2:1/3
ajo m. Knoblauch m. 1:6/15
al fondo im Hintergrund 2:5/14
al lado (de) neben 1:2/1
al llegar beim Ankommen 2:5/12
albergue juvenil m. Jugendherberge f. 2:4/1
alegrarse (de) sich freuen (über) 2:3/7
alegre fröhlich, lustig 1:4/1
alemán m. Deutsch nt. 1:1/15
algo etwas 1:4/16
alguien jemand 1:4/25
algún, alguno/-a irgendein(e, r), *(pl.)* einige 2:2/I
alojamiento m. Unterkunft f. 2:2/18
alojarse unterkommen, sich einquartieren 2:4/1
alquilar mieten, vermieten 2:4/3
alrededores m.pl. Umgebung f. 2:2/18
alto/-a hoch, groß 1:2/1
altura f. Größe f. 1:8/19
alumno/-a m./f. Schüler/in m./f. 1:3/6
allá *(Lat.)* dort 2:5/3
allí dort 1:4/16
amarillo/-a gelb 1:6/1

ambiente m. Atmosphäre f., Stimmung f. 1:4/16
amenazar (be)drohen 2:4/14
amigo/-a m./f. Freund/in m./f. 1:B/1
amistad f. Freundschaft f. 1:B/8
amor m. Liebe f. 1:B/8
analizar analysieren, untersuchen 2:3/7
ancho/-a breit, weit 1:6/4
ángel m. Engel m. 2:3/5
animador/a m./f. Animateur/in m./f. 2:6/13
animal m. Tier nt. 1:8/2
anoche gestern Abend 1:7/4
antes vorher, früher 1:5/2
antes (de) vor (zeitlich) 1:4/4; ~ de que + *subj.* bevor 2:5/12
antiguo/-a alt, ehemalig 1:2/1
anuncio m. Anzeige f. 2:4/3
año m. Jahr nt. 1:4/1
Año Nuevo m. Neujahr nt. 2:2/10
aparecer (c→zc) erscheinen 2:6/3
apartamento m. Appartement nt. 2:4/1
aparte de abgesehen von 2:3/I
apasionar begeistern 2:5/3
apellido m. Familienname m., Nachname m. 1:1/14
apetecer Lust haben 2:4/3
aplicación f. Anwendung f., App f. 2:3/I
aprender lernen 1:2/4
aprobar (o→ue) bestehen 1:3/6
apunte m. Notiz f., Aufzeichnung f. 1:4/4
aquel/aquella/-o der/die/das (dort), jene(r, s) 1:6/4
aquí hier, da 1:1/5
árabe arabisch 2:2/11
árbol m. Baum m. 2:6/13
área metropolitana m. Großstadtgebiet nt. 2:5/I
argumento m. Argument nt. 2:4/3
armario m. Schrank m. 1:5/4
armarse de sich wappnen mit 2:3/8
arquitecto/-a m./f. Architekt/in m./f. 1:8/2
arquitectura f. Architektur f. 2:5/I
arriba oben 2:5/14

arte m. Kunst f. 2:2/10
arte callejero m. Streetart f. 2:5/12
artículo m. (Zeitungs)artikel m. 1:7/15
artista m./f. Künstler/in m./f. 2:1/I
asado m. Grillfleisch nt., Barbecue nt. 2:5/3
así so 1:4/4
asignatura f. Fach nt. 1:3/4
asociado/-a verbunden, assoziiert 2:2/10
aspecto m. Aspekt m., Gesichtspunkt m. 2:4/14
astronauta m./f. Astronaut/in m./f. 2:6/1
asunto m. Angelegenheit f., Thema nt., Betreff m. 2:3/15
asustar(se) sich erschrecken 2:6/3
atender bedienen 2:6/16
atracción f. Attraktion f. 2:5/3
atún m. Thunfisch m. 1:6/15
aula f. Klassenzimmer nt. 2:2/16
aunque obwohl, auch wenn 2:1/3
autobús m. (Auto)bus m. 1:4/12
aventura f. Abenteuer nt. 2:4/9
avión m. Flugzeug nt. 1:4/12
avisar benachrichtigen, Bescheid sagen 2:3/3
ayer gestern 1:7/3
ayuda f. Hilfe f., Unterstützung f. 1:5/12
ayudar helfen, unterstützen 1:5/2
ayuntamiento m. Rathaus nt. 2:1/3
azúcar m. Zucker m. 1:4/1
azul blau 1:6/1

B

bachillerato m. Abitur nt. 2:6/16
bailar tanzen 1:3/13
baile m. Tanz m. 2:5/3
bajar aussteigen 1:5/1, hinunter-gehen 1:8/14
bajo unter 1:4/13
bajo/-a klein 1:2/13
balcón m. Balkon m. 1:5/6
baloncesto m. Basketball m. 1:3/13
bañar(se) baden 2:1/11
baño m. Bad nt. 1:4/4
bar m. (Steh)café nt., Bar f. 1:2/1
barato/-a billig, preiswert 1:6/4
barco m. Schiff nt. 1:4/12
barra f. Stange f. 1:6/15
barriga f. Bauch m. 1:7/13
barrio m. (Stadt)viertel nt. 1:2/1
bastante ziemlich 1:5/4
basura f. Abfall m. 2:4/14
beber trinken 1:8/5
bebida f. Getränk nt. 1:5/4
besar küssen 2:3/15
beso m. Kuss m. 1:5/4
bicicleta (col. bici) f. Fahrrad nt. 1:4/12

bien gut 1:B/2
bienestar m. Wohlbefinden nt. 2:4/15
bienvenido/-a (a ...) Willkommen (bei ...)! 1:B/I
bilingüe zweisprachig 2:1/3
blanco/-a weiß 1:4/4
blog m. Blog m. 1:8/5
blusa f. Bluse f. 1:6/1
boca f. Mund m. 1:7/13
bocadillo m. belegtes Brötchen nt. 1:5/4
bolígrafo m. Kugelschreiber m. 1:3/6
bolso m. Tasche f. 1:6/1
bombero/-a m./f. Feuerwehr-mann/-frau m./f. 2:6/1
bondi (arg.) m. Bus m. 2:5/12
bonito/-a hübsch, schön 1:2/4
bosque m. Wald m. 2:4/15
botella f. Flasche f. 1:6/17
brazo m. Arm m. 1:7/13
bueno (na) gut 1:B/1
bueno/-a gut 1:3/6
buscar suchen 1:1/15; **ir a ~ a alguien (#)** jdn. abholen 1:5/4

C

cabeza f. Kopf m. 1:7/13
cada jede/r/s 1:5/18
caer bien/mal a alguien (#) jdm. sympathisch/unsympathisch sein 2:3/15
caer(se) (#) (hin)fallen, herunterfallen 2:1/11
café m. Kaffee m., Café nt. 1:6/24
calidad f. Qualität f. 2:6/3
caliente warm, heiß 1:6/24
calma f. Ruhe f., Gelassenheit f. 2:3/7
calor m. Wärme f., Hitze f. 1:4/13
calle f. Straße f. 1:2/1
callejero/-a Straßen- 2:1/I
cama f. Bett nt. 1:5/4
cambiar (ver)ändern 1:7/13; **~ (por)** ersetzen (durch), tauschen (gegen) 1:7/13
en cambio dagegen, stattdessen 2:1/3
caminar gehen 2:1/11
camino m. Weg m. 1:8/14
camiseta f. T-Shirt nt. 1:6/1
campeón/-eona m./f. Sieger/in, Meister/in m./f. 2:6/8
camping m. Campingplatz m. 2:4/1
campo m. Feld nt., Land nt. 2:4/9; **~ de golf** m. Golfplatz m. 2:4/14
canal m. Kanal m. 1:7/3
canción f. Lied nt. 1:B/8
cancha f. Sportplatz m. 2:5/3
cansado/-a müde 1:5/14
cansarse de (einer Sache/Person) überdrüssig werden 2:3/20
cantante m./f. Sänger/in m./f. 1:1/1

cantar singen 1:4/25
cantidad f. Menge f., Anzahl f. 2:2/18
capacidad f. Fähigkeit f. 2:6/11
capital f. Hauptstadt f. 1:4/22
capitán/-ana m./f. Mannschafts-kapitän/in m./f. 2:5/8
característica f. Merkmal nt., Eigenschaft f. 2:6/11
caro/-a teuer 1:6/4
carpeta f. (Schreib)mappe f. 1:3/6
carpintero/-a m./f. Tischler/in m./f. 2:6/1
carrera f. Studium nt. 2:6/2
carta de presentación f. formelles Anschreiben nt. 2:6/3
casa f. Haus nt. 1:2/4; **en ~** zu Haus(e), daheim (bayerisch) 1:3/14
casarse con alguien jdn. heiraten 1:8/19
casco antiguo m. Altstadt f. 1:2/1
casero/-a selbstgemacht 2:5/3
casi fast, beinahe 1:3/14
caso m. Fall m. 2:6/3
castellano f. (kastilisches) Spanisch nt. 2:1/3
casualidad f. Zufall m. 2:1/11
Cataluña Katalonien 1:8/I
catarata f. Wasserfall m. 2:5/I
catedral f. Kathedrale f. 1:2/1
cebolla f. Zwiebel f. 1:6/15
celebración f. Feier f. 2:2/10
celebrar feiern 1:4/1
celoso/-a eifersüchtig 2:3/20
celta keltisch 2:1/I
celular (Lat.) m. Handy nt. 2:5/12
cena f. Abendessen nt. 1:6/15
cenar zu Abend essen 1:4/4
centrarse (en) sich konzentrieren (auf) 2:2/18
centro m. Zentrum nt. 1:2/1; **en el ~** in der Mitte 2:5/14
centro comercial m. Einkaufs-zentrum nt. 1:2/4
cerca (de) nahe (bei), in der Nähe (von) 1:2/4
cercano/-a nahe 2:4/15
cerrar (e→ie) schließen 1:6/15
cerro m. Hügel m. 2:5/I
chaqueta f. Jacke f. 1:6/1
charlar plaudern, sich unterhalten 1:8/5
chat m. Chat m. 2:3/20
chatear chatten 1:1/15
chaucha (arg.) f. grüne Bohne f. 2:5/3
chaval/a (col.) m./f. Junge m., Bub m. (bayerisch), Mädchen nt. 2:4/3
chico/-a m./f. Junge m., Bub m. (bayerisch), Mädchen nt. 1:B/1
chocolate m. Schokolade f. 1:6/24
ciberacoso m. Cybermobbing nt. 2:3/7
cine m. Kino nt. 1:2/4

Minidiccionario

cita (a ciegas) *f.* (Blind)Date *nt.* 2:3/3

ciudad *f.* Stadt *f.* 1:B/1

¡Claro que sí! Ja, natürlich!, Aber klar (doch)! 1:2/13

clase *f.* Klasse *f.*, Unterricht *m.* 1:3/1

clásico *m.* Klassiker *m.* 2:5/3

clásico/-a klassisch 2:3/13

cliente/-a *m./f.* Kunde/-in *m./f.* 1:6/19

clima *m.* Klima *nt.* 1:7/1

club *m.* Klub *m.* 1:1/5

cocina *f.* Küche *f.* 1:5/4

coche *m.* Auto *nt.* 1:2/4

coger (#) nehmen 1:5/1

colaborar mitwirken 2:4/9

colegio *m.* Schule *f.* 1:3/21

colonial Kolonial- 2:5/I

color *m.* Farbe *f.* 1:4/1

comentario *m.* Kommentar *m.* 1:1/1

comer essen 1:2/4

comida *f.* Essen *nt.* 1:3/9

como wie 1:5/4; da 2:6/3

¿cómo? wie? 1:B/1; **¿~ estás?** Wie geht es dir? 1:3/6; **¿~ se escribe?** Wie schreibt man das? 1:B/16; **¿~ se pronuncia?** Wie spricht man das aus? 1:B/4

cómodo/-a bequem 1:6/2

compañero/-a *m./f.* Mitschüler/in *m./f.* 1:2/13

comparar vergleichen 2:5/10

compartir teilen 2:2/10

comprar (ein)kaufen 1:5/11

hacer las compras (#) Einkäufe machen 1:7/5

ir de compras (#) einen Einkaufsbummel machen 1:3/13

comprobar (o→ue) überprüfen, belegen 2:6/3

comunicar(se) kommunizieren, sich verständigen 2:3/I

comunidad autónoma *f.* autonome Region *f.* 1:8/1

con mit 1:1/15

concierto *m.* Konzert *nt.* 1:B/8

conectarse (sich) verbinden 2:3/I

conexión *f.* Verbindung *f.* 2:4/7

conmigo mit mir, bei mir 1:4/6

conocer (c→zc) kennen(lernen) 1:5/4

conocido/-a bekannt 1:8/17

conocimiento *m.* Kenntnis *f.* 1:7/13

conseguir (e→i) erreichen, erlangen 2:1/3

consejo *m.* Rat(schlag) *m.* 2:3/3

conservar erhalten 2:4/14

construir (#) bauen, bilden 2:2/11

contacto *m.* Kontakt *m.* 2:3/7; **ponerse en ~ con (#)** Kontakt aufnehmen mit 2:2/I

contaminar verschmutzen 2:4/15

contar (o→ue) erzählen 1:4/25

contenido *m.* Inhalt *m.* 2:3/7

contento/-a zufrieden, froh 1:5/14

contestar a beantworten 1:5/17

contigo mit dir, bei dir 1:3/17

continente *m.* Kontinent *m.* 2:4/1

continuar fortfahren, weitergehen 1:4/16

continuar (#) + *gerundio* etw. weiterhin tun 2:4/21

contra gegen 1:7/13

contraseña *f.* Kennwort *nt.* 2:3/3

contratar a alguien jdn. anstellen, einstellen 2:5/7

contrato *m.* Vertrag *m.* 2:2/18

conversación *f.* Gespräch *nt.* 2:6/20

convidar a *(Lat.)* einladen zu 2:5/I

convivir zusammenleben 2:6/2

corazón *m.* Herz *nt.* 2:3/15

correcto/-a richtig, korrekt 2:3/7

corregir (e→i) berichtigen, korrigieren 2:6/3

corto/-a kurz 1:2/13

cosa *f.* Sache *f.*, Angelegenheit *f.* 1:3/6

costa *f.* Küste *f.* 2:1/I

costar (o→ue) kosten 1:6/4

costumbre *f.* (An)gewohnheit *f.* 1:6/13

crear schaffen, erstellen 2:3/7

creatividad *f.* Kreativität *f.* 2:6/11

creativo/-a kreativ 2:6/2

creer (que) glauben (dass) 1:4/1

criminalidad *f.* Kriminalität *f.* 2:5/12

crisis *f.* Krise *f.* 2:2/I

cruzar kreuzen, überqueren 1:8/14

cuaderno *m.* Heft *nt.* 1:3/6

¿cuál? welche(r, s) 1:1/5

cualificación *f.* Qualifikation *f.* 2:2/18

cualquier/a irgendein(e, er, s), jede/r 2:3/23

cuando wenn, als 1:3/6

¿cuándo? wann? 1:3/11

¿cuánto/-a? wie viel(e)? 1:1/5

cuarto *m.* Viertel *nt.* 1:6/17

cuarto/-a vierte(r, s) 1:3/4

cuello *m.* Hals *m.* 1:7/13

¡cuidado! Achtung!, Vorsicht! 2:4/15

cuidar aufpassen auf, sorgen für 2:4/15

cultura *f.* Kultur *f.* 1:B/8

cultural kulturell, Kultur- 2:2/10

cumpleaños *(col. cumple) m.* Geburtstag *m.* 1:2/13

cumplir erfüllen 2:5/7

cumplir ... años ... Jahre alt werden 2:6/20

curar heilen 2:6/1

currículum *m.* Lebenslauf *m.* 2:2/18

curso *m.* Kurs *m.*, Schuljahr *nt.* 1:3/4

D

dañino/-a schädlich 2:4/15

dar (#) geben 1:5/4; **~ clase (#)** unterrichten 2:4/9; **~ recuerdos a alguien (#)** jdm. Grüße ausrichten 2:1/11; **~ su opinión (#)** seine Meinung äußern 1:6/8; **~ un paseo (#)** einen Spaziergang machen 2:1/I; **~se cuenta de algo (#)** etwas (be)merken 2:4/15

datos (personales) *m.pl.* Personalien *f.pl.*, Angaben zur Person *f.pl.* 2:3/3

de von, aus, über 1:B/1; **~ ... a ...** von ... bis ... 1:3/1; **¿~ dónde?** woher? 1:B/1; **~ hecho** tatsächlich, eigentlich 2:2/18; **~ masas** Massen- 2:4/14; **~ nada** bitte sehr, keine Ursache 1:8/14

debajo (de) unter 1:5/4

deber müssen, sollen 2:6/3

deberes *m.pl.* Hausaufgaben *f.pl.* 1:3/6

decidir entscheiden 2:2/I

décimo/-a zehnte(r, s) 1:3/4

decir algo a alguien (#) jdm. etw. sagen 1:4/25

decisión *f.* Entscheidung *f.* 2:5/12

declarar erklären 2:2/10

dedicado/-a a jdm. gewidmet 2:2/10

dejar lassen 1:5/4, verlassen 2:2/11; **~ de** (+ *Inf.)* aufhören (zu tun) 1:5/4; **~ en paz a alguien** jdn. in Ruhe lassen 2:3/15

delante (de) vor 1:5/7

delgado/-a dünn, schlank 1:2/13

demasiado/-a zu viel 1:6/4

dentro (de) in, innerhalb 1:5/4

departamento *m.* Abteilung *f.* 2:6/20

deporte *m.* Sport *m.* 1:B/8

deportista *m./f.* Sportler/in *m./f.* 2:1/I

deportivo/-a sportlich 1:6/2

derecho/-a rechte(r, s) 1:5/23

desafío *m.* Herausforderung *f.* 2:4/9

desarrollo *m.* Entwicklung *f.* 2:2/10

desayunar frühstücken 1:4/4

desayuno *m.* Frühstück *nt.* 1:6/24

descansar ausruhen, schlafen 1:5/20

descanso *m.* Pause *f.* 1:5/20

desconocido/-a unbekannt 2:3/3

desconocido/-a *m./f.* Unbekannte/r *m./f.* 2:3/3

describir beschreiben 1:2/4

descubrir entdecken 2:1/I

desde von ... (aus) 1:B/1; **~ ... hasta ...** von ... bis ... 1:3/5; **~ (+ Zeitpunkt)** seit 2:1/11; **~ hace (+ Zeitraum)** seit *(+ Zeitraum)* 1:8/5

desear algo a alguien jdm. etw. wünschen 1:8/5

deseo *m.* Wunsch *m.* 2:4/1

desierto *m.* Wüste *f.* 1:7/1
desordenado/-a unordentlich 1:5/4
despedirse (e→i) sich verabschieden 2:1/3
despertarse (e→ie) aufwachen 1:4/4
despierto/-a wach 2:3/7
después (de) nachher, (da)nach 1:3/6
desventaja *f.* Nachteil *m.* 2:3/9
detallado/-a ausführlich 1:7/13
detrás (de) hinter 1:5/7
día *m.* Tag *m.* 1:3/4; **¡Buenos ~s!** Guten Morgen!, Guten Tag!, Grüß Gott! *(bayerisch)* 1:B/1
diablo *m.* Teufel *m.* 2:3/5
diario *m.* Tagebuch *nt.* 2:1/19
diciembre *m.* Dezember *m.* 1:4/I
dictadura *f.* Diktatur *f.* 2:1/3
diferencia *f.* Unterschied *m.* 2:2/11
diferente verschieden, anders 1:1/1
difícil schwer, schwierig 1:3/1
¿Diga? Hallo? *(am Telefon)* 1:8/5
digital digital 2:3/I
dinero *m.* Geld *nt.* 1:6/4
dios/a *m./f.* Gott *m.*, Göttin *f.* 2:5/7
dirección *f.* Adresse *f.* 1:1/5
director/a técnico/-a *(Lat.) m./f.* der/die Trainer/in *m./f.* 2:5/7
discusión *f.* Diskussion *f.*, Streit *m.* 1:5/5
discutir diskutieren, streiten 1:5/4
disfrutar (de) genießen 2:1/3
diversidad *f.* Vielfalt *f.* 2:2/10
diversión *f.* Vergnügen *nt.*, Unterhaltung *f.* 2:4/9
divertido/-a lustig 1:1/1
divertirse (e→ie) sich amüsieren 1:4/4
dividido/-a (auf)geteilt 1:8/1
docena *f.* Dutzend *nt.* 1:6/15
doctorarse promovieren 2:3/24
documental *m.* Dokumentarfilm *m.* 2:3/13
domingo *m.* Sonntag *m.* 1:3/4
donde wo 1:6/4
¿dónde? wo? 1:2/3
dormir (o→ue) schlafen 1:5/20; **~se** einschlafen 1:4/4
dormitorio *m.* Schlafzimmer *nt.* 1:5/6
droga *f.* Droge *f.* 2:5/7
ducharse duschen 1:4/4
duda *f.* Zweifel *m.* 2:1/11
dudar zweifeln, zögern 2:4/3
dulce süß 1:6/15
duna *f.* Düne *f.* 1:7/1
duplicar verdoppeln 2:4/14
durante während 1:4/1

E

e und *(vor anlautendem "(h)i")* 1:3/1
e-mail *m.* E-Mail *f.* 1:1/5

ecológico/-a ökologisch 2:4/14
economía *f.* Wirtschaft f. 2:4/14
económico/-a wirtschaftlich, preiswert 2:2/18
ecoturismo *m.* Ökotourismus *m.* 2:4/15
echar entlassen 2:5/7
echar de menos vermissen 1:5/20
echar un vistazo (a) einen Blick werfen (auf) 1:6/1
edad *f.* Alter *nt.* 1:1/14
edificio *m.* Gebäude *nt.* 1:2/1
Educación Física *f.* Sportunterricht *m.* 1:3/1
educativo/-a Bildungs- 2:6/16
ejemplo *m.* Beispiel *nt.* 1:B/2
él er, ihn, ihm 1:1/3
el/la der/die/das *(best. Artikel, Sg.)* 1:B/1
elegante elegant, fein 1:6/2
elegir (e→i) (aus)wählen 2:2/18
ella sie, ihr 1:1/3
emigración *f.* Auswanderung *f.* 2:2/18
emigrar auswandern, emigrieren 2:2/18
emisora (de radio) *f.* (Radio)sender *m.* 1:B/8
empanada *f.* gefüllte Teigtasche *f.* 2:5/3
empezar (e→ie) beginnen 1:3/6
empezar a *(+ inf.)* **(#)** beginnen, etw. zu tun 2:3/20
empleo *m.* Stelle *f.*, Job *m.* 2:4/14
empresa *f.* Unternehmen *nt.* 1:7/13
en in, auf, an 1:B/1
enamorarse (de) sich verlieben (in) 2:3/15
encantado/-a sehr erfreut 2:6/20
encantar a alguien erfreuen, begeistern 1:3/14
encima (de) auf, oberhalb von 1:5/4
encontrar (o→ue) etw. finden, jdn. treffen 1:3/6; **~se** sich befinden 1:7/1; **~se con** sich treffen mit 1:4/4
encuesta *f.* Umfrage *f.* 1:3/6
enero *m.* Januar *m.* 1:4/I
enfadado/-a verärgert 1:5/14
enfadarse (con) sich ärgern (über jdn.) 1:4/4
enfermedad *f.* Krankheit *f.* 2:6/1
enfermero/-a *m./f.* Kranken-pfleger/in *m./f.* 2:2/18
enfermo/-a krank 1:5/14
enfrente (de) gegenüber (von) 1:5/4
¡Enhorabuena! Glückwunsch! 1:8/5
enorme enorm, gewaltig 1:7/1
ensalada *f.* Salat *(Gericht) m.* 1:6/15
enseguida sofort, gleich 1:2/1
enseñar zeigen, erklären 1:4/25
entender (e→ie) verstehen 1:3/6
entonces dann, also 1:1/5; **(por aquel) ~** damals 2:1/3

entrada *f.* Eintritt *m.*, Eingang *m.* 1:7/11
entrar hineingehen, eintreten 1:5/14
entre zwischen 1:2/4
entre otros/-as unter anderem 2:6/16
entrenar(se) trainieren 2:6/8
entrevista *f.* Interview *nt.* 1:2/7
entrevistador/a *m./f.* Interviewer/in *m./f.* 2:6/20
enviar schicken 1:7/1
época *f.* Epoche *f.*, Zeitraum *m.* 2:1/3
equipo *m.* Team *nt.*, Mannschaft *f.* 1:B/8
escalada *f.* Klettern *nt.* 2:4/9
escalador/a *m./f.* Kletter/in *m./f.* 2:6/8
escaparate *m.* Schaufenster *nt.* 1:6/4
escolar Schul- 2:6/20
escondido/-a versteckt, verborgen 2:1/1
escribir schreiben 1:2/4
escritor/a *m./f.* Schriftsteller/in *m./f.* 2:1/I
escritorio *m.* Schreibtisch *m.* 1:5/4
escuchar (zu)hören 1:1/15
escuela *f.* Schule *f.* 1:7/1
ese/-a/-o diese(r, s) (da) 1:6/4
esforzarse (o→ue) sich anstrengen 2:4/3
espacio *m.* Weltraum *m.* 2:6/1
España Spanien 1:B/1
español *m.* Spanisch *nt.* 1:B/10
especial besonders, speziell 1:1/1
especialidad *f.* Spezialgebiet *nt.*, Spezialität *f.* 1:1/15
espectacular spektakulär, sensationell 2:1/I
espectáculo *m.* Schauspiel *nt.*, Anblick *m.* 2:5/I
esperanza *f.* Hoffnung *f.* 2:3/15
esperar (er)warten 1:5/4; hoffen 2:3/7
esquiar Ski fahren 2:5/3
esquina *f.* (Straßen)ecke *f.* 1:8/14
estación *f.* Bahnhof *m.* 1:5/1
estación (del año) *f.* Jahreszeit *f.* 1:4/13
estadio *m.* Stadion *nt.* 1:8/2
estadística *f.* Statistik *f.* 2:5/10
estafa *f.* Betrug *m.* 2:2/18
estantería *f.* Regal *nt.* 1:5/4
estar (#) sein, sich befinden 1:2/1
este *m.* Osten *m.* 1:7/1
este/-a/-o diese(r, s), der/die/das *(hier)* 1:1/6
estereotipo *m.* Stereotyp *nt.* 2:2/10
estrecho/-a eng, schmal 2:1/I
estrella *f.* Stern m. 2:4/1
estuche *m.* Etui *nt.*, Federmäppchen *nt.* 1:3/6
estudiante *m./f.* Student/in *m./f.*, Schüler/in *m./f.* 2:6/16

Minidiccionario

estudiantil Studenten-, studentisch 2:6/16

estudiar lernen, studieren 1:1/15

estudios *m.pl.* Studium *nt.* 2:2/I

estupidez *f.* Dummheit *f.* 2:3/23

euro *m.* Euro *m.* 1:6/4

europeo/-a europäisch 2:2/I

evento *m.* Ereignis *nt.* 1:B/8

evitar vermeiden 2:3/7

exacto/-a exakt, genau 2:1/3

examen *m.* Prüfung *f.*, Test *m.* 1:3/6

excursión *f.* Ausflug *m.* 2:4/21

existir existieren 1:4/25

éxito *m.* Erfolg *m.* 1:7/13

experiencia *f.* Erfahrung *f.* 1:7/15

experto/-a *m./f.* Experte/-in *m./f.* 1:1/15

explicar erklären 1:6/11

exposición *f.* Ausstellung *f.* 1:7/11

expresar ausdrücken, äußern 2:2/10

extranjero *m.* Ausland *nt.* 2:2/I

F

fábrica *f.* Fabrik *f.* 2:2/18

fácil leicht, einfach 1:3/5

falda *f.* Rock *m.* 1:6/1

falso/-a falsch 2:3/7

falta *f.* Fehlen *nt.* 2:2/18

familia *f.* Familie *f.* 1:1/4

famoso/-a berühmt 1:1/1

fan *m./f.* Fan *m.* 1:1/2

fantástico/-a toll 1:1/1

favorito/-a Lieblings-, bevorzugt 1:1/4

febrero *m.* Februar *m.* 1:4/I

fecha *f.* Datum *nt.* 1:4/3

felicitar (por) gratulieren (zu) 1:8/4

feliz glücklich, zufrieden 1:8/5

feo/-a hässlich 1:6/7

feria *f.* Fest *nt.* 1:4/25

festival *m.* Festival *nt.* 1:3/21

fiesta *f.* Fest *nt.*, Feier *f.* 1:4/I; **estar de ~ (#)** feiern 1:4/25

filología románica *f.* Romanistik *f.* 2:3/24

fin de semana *m.* Wochenende *nt.* 1:3/6

final *m.* Ende *nt.* 1:8/14

finalmente endlich, schließlich 2:6/3

Física y Química *f.* Physik und Chemie *(Schulfach) f.* 1:3/1

físico/-a *m./f.* Physiker/in *m./f.* 2:6/3

flechazo *(col.) m.* Liebe auf den ersten Blick *f.* 2:3/20

folleto *m.* Broschüre *f.* 2:3/3

forma *f.* Form *f.* 1:4/1

formación (profesional) *f.* (Aus)bildung *f.* 2:6/2

formal formell, förmlich 2:6/20

foro *m.* Forum *nt.* 1:4/25

foto *f.* Foto *nt.* 1:2/13

francés *m.* Französisch *nt.* 1:1/15

frente *f.* Stirn *f.* 2:2/10

fresco/-a frisch 1:6/15

frío *m.* Kälte *f.* 1:4/13

frontera *f.* Grenze *f.* 1:7/1

fruta *f.* Frucht *f.*, Obst *nt.* 1:6/15

fuente *f.* Quelle *f.* 2:3/7

Fulanito/-a (Herr/Frau) Soundso 2:3/7

funcionar funktionieren 2:5/12

fundación *f.* Stiftung *f.* 2:6/3

fútbol *m.* Fußball *(Sport) m.* 1:3/13

futbolista *m./f.* Fußballspieler/in *m./f.* 1:8/19

futuro *m.* Zukunft *f.* 1:7/13

G

gafas *f.pl.* Brille *f.* 1:2/13

gafas de sol *f.pl.* Sonnenbrille *f.* 1:6/1

gaita *f.* Dudelsack *m.* 2:1/I

Galicia Galicien 2:1/I

gallego *m.* Galicisch *(Sprache) nt.* 2:1/I

gallego/-a galicisch 2:1/3

gallego/-a *m./f.* Galicier/in *m./f.* 2:1/I

ganador/a *m./f.* Gewinner/in *m./f.* 1:4/22

ganar gewinnen 1:7/12; verdienen 2:6/2

gastar ausgeben 1:6/12

gasto *m.* Verbrauch *m.* 2:4/14

gato *m.* Katze *f.* 1:2/13

gaucho *m.* *berittener Viehhüter der südamerikanischen Pampas* 2:5/I

Geografía e Historia *f.* Erdkunde und Geschichte *(Schulfach) f.* 1:3/1

geográfico/-a geografisch 2:1/I

girar abbiegen 1:8/14

glaciar *m.* Gletscher *m.* 2:5/I

gobierno *m.* Regierung *f.* 2:2/I

goma de borrar *f.* Radiergummi *nt.* 1:3/6

gordo/-a dick, füllig 1:2/13

gorra *f.* Mütze *f.* 1:6/1

gracias danke 1:1/5

gracias a dank 2:2/I

gramo *m.* Gramm *nt.* 1:6/15

grande groß 1:1/15

granja *f.* Bauernhof *m.* 2:4/9

granjero/-a *m./f.* Bauer/Bäuerin *m./f.* 2:4/9

gris grau 1:6/1

grupo *m.* (Musik)gruppe *f.* 1:1/1

guapo/-a gut aussehend 1:1/1

guay *(col.)* super, cool *(ugs.)* 1:1/5

guitarra *f.* Gitarre *f.* 1:4/24

gustar a alguien jdm. gefallen 1:3/14

gustaría a alguien jdm. würde gefallen *3. Pers. Sg. des Konditional* 2:4/1

gusto *m.* Geschmack(ssinn) *m.* 1:6/2

H

haber (#) haben, sein 2:1/3

habilidad *f.* Geschicklichkeit *f.* 2:6/11

habitación *f.* Zimmer *nt.* 1:5/1

habitante *m./f.* Einwohner/in *m./f.* 2:1/I

hablar sprechen, reden 1:1/15; **~ por teléfono** telefonieren 1:3/9

hace *(+ Zeitangabe)* vor *(zeitlich)* 1:7/4

hacer (#) machen 1:3/6; **hace** *(+ Wetter)* es ist *(+ Wetter)* 1:4/1

hacia gegen(über) 2:2/11

hambre *f.* Hunger *m.* 1:5/4

hasta bis 1:4/16; **¡~ luego!** Bis später! 1:B/2; **¡~ mañana!** Bis morgen! 1:B/1; **¡~ pronto!** Bis bald! 2:1/11; **~ que** *(+ indicativo)* bis 2:4/21

hay (haber #) es gibt 1:2/4; **~ que** man muss 1:6/1

helado *m.* (Speise)eis *nt.*, Eiscreme *f.* 1:6/4

hermano/-a *m./f.* Bruder *m.*, Schwester *f.* 1:2/13

hermanos *m.pl.* Geschwister *pl.* 1:2/13

héroe/heroína *m./f.* Held/in *m./f.* 2:5/3

hijo/-a *m./f.* Sohn *m.*, Tochter *f.* 1:2/13

historia *f.* Geschichte *f.* 1:3/1

hobby *m.* Hobby *nt.* 1:8/19

¡Hola! Hallo!, Servus! *(bayerisch)* 1:B/1

hombre *m.* Mann *m.* 1:2/13

hombro *m.* Schulter *f.* 1:7/13

hora *f.* Stunde *f.*, Uhrzeit *f.* 1:3/2

horario *m.* Stundenplan *m.* 1:3/4

hospital *m.* Krankenhaus *nt.* 2:6/13

hostelería *f.* Hotel- und Gaststättengewerbe *nt.* 2:4/14

hotel *m.* Hotel *nt.* 1:4/4

hoy heute 1:B/8; **~ en día** heutzutage 2:1/3

huevo *m.* Ei *nt.* 1:6/15

humor *m.* Humor *m.* 1:B/8

humorista *m./f.* Komiker/in *m./f.* 2:5/I

I

idea *f.* Idee *f.*, Gedanke *m.* 1:1/15

ideal ideal 2:4/1

identificar identifizieren 2:3/7

idioma *m.* Sprache *f.* 1:2/4

iglesia f. Kirche f. 1:4/1
igual (genau) gleich 2:3/I
hacer ilusión a alguien (#) jdn.
 freuen, jdm. Freude machen 1:8/5
imagen f. Bild nt. 2:5/14
imaginarse algo sich etw. vorstellen
 1:8/9
impacto m. Auswirkung f. 2:4/14
importante bedeutend, wichtig
 1:2/1
importar etwas ausmachen, wichtig
 sein 1:8/12
imposible unmöglich 1:6/4
impresionante beeindruckend 1:7/1
impreso/-a gedruckt 2:3/I
impulsar antreiben 2:4/14
incluir (i→y) umfassen, beinhalten
 2:4/9
inclusión f. Eingliederung f. 2:2/10
incluso sogar 2:4/9
increíble unglaublich, außergewöhnlich 1:4/16
independencia f. Unabhängigkeit f.
 2:2/I
indígena indigen, einheimisch 2:5/3
individual individuell 2:4/1
inesperado/-a unerwartet 2:1/11
infancia f. Kindheit f. 2:1/7
información f. Information f. 1:5/2
informar(se) (sich) informieren
 2:3/7
informativo/-a informativ,
 Informations- 2:3/13
inglés m. Englisch nt. 1:1/15
inmigración f. Immigration f.,
 Einwanderung f. 2:5/10
inmigrante m./f. Einwanderer/-in
 m./f. 2:5/10
inolvidable unvergesslich 1:7/3
inseguridad f. Unsicherheit f. 2:5/12
instituto (col. insti) m. Gymnasium
 nt., Schule f. 1:1/4
instrumento m. (Musik)instrument
 nt. 1:1/15
intercambio m. Austausch m. 1:B/8
interés m. Interesse nt. 2:2/18
interesante interessant 1:1/1
interesar interessieren 1:4/1
internacional international 2:2/I
internet m./f. Internet nt. 1:1/5
invierno m. Winter m. 1:4/1
invitado/-a m./f. Gast m. 1:5/2
invitar einladen 1:4/25
ir (#) gehen, fahren 1:3/14; **~se** (#)
 (weg-, fort-)gehen 1:5/14
isla f. Insel f. 1:7/3
izquierdo/-a linke(r,s) 1:5/23

J

jardín infantil (Lat.) m. Kindergarten
 m. 2:6/16
jefe/-a m./f. Chef/in m./f. 2:6/20

jersey m. Pullover m. 1:6/1
joven m./f.. Jugendliche/r m./f. 1:B/1
joven jung 2:1/3
juego m. Spiel nt. 2:6/1
jueves m. Donnerstag m. 1:3/4
jugador/a m./f. Spieler/in m./f. 2:5/7
jugar a (u→ue) spielen (Spiel, Sport)
 1:3/13
julio m. Juli m. 1:4/I
junio m. Juni m. 1:4/I
junto/-a zusammen, miteinander
 1:2/13
juvenil Jugend-, jugendlich 2:2/I

K

kilo m. Kilo nt. 1:6/15
kilómetro m. Kilometer m. 2:5/3

L

lado m. Seite f. 2:3/8
por un lado ..., por otro lado ...
 einerseits ..., andererseits ... 2:4/3
lago m. See m. 2:5/I
lamentablemente leider 2:2/I
lápiz m. Bleistift m. 1:3/6
largo/-a lang 1:2/13
lata f. (Blech)dose f. 1:6/15
Latinoamérica Lateinamerika 1:B/1
latinoamericano/-a
 lateinamerikanisch 2:4/1
leche f. Milch f. 1:6/15
leer lesen 1:2/4
legal gesetzlich, legal 2:2/I
lejos (de) weit entfernt (von) 1:4/16
lengua f. Sprache f. 1:1/15
Lengua (Castellana y Literatura) f.
 Spanische Sprache und Literatur
 (Schulfach) f. 1:3/1
lesión f. Verletzung f. 2:5/7
levantarse aufstehen 1:4/4
ley f. Gesetz nt. 2:6/16
libre frei 1:8/5
librería f. Buchhandlung f. 2:5/12
libro m. Buch nt. 1:3/6
lila lila 1:6/1
limitar (con) (an)grenzen (an) 1:7/2
limonada f. Limonade f. 1:6/15
lindo/-a hübsch, schön 1:7/1
liso/-a glatt 1:2/15
lista f. Liste f. 1:5/2
litro m. Liter m. 1:6/17
living m. (arg.) Wohnzimmer nt. 2:5/3
lo siento es tut mir leid 1:8/9
local örtlich, lokal 2:4/9
loco/-a verrückt 1:5/18
locutor/a m./f. Sprecher/in m./f.
 1:1/1
lógico/-a logisch, selbstverständlich
 2:3/15
logotipo m. Logo nt. 2:4/13

los lunes montags 1:3/4
los martes dienstags 1:3/4
los/las die (best. Artikel, pl.) 1:B/8
lotería f. Lotterie f. 2:6/8
luchar kämpfen 1:7/13
luego später, dann 1:3/6
lugar m. Ort m., Stelle f. 1:2/1;
 en ~ de anstelle von 2:3/20;
 en primer ~, en segundo ~
 erstens ... zweitens 2:6/20
lunes m. Montag m. 1:3/4
luz f. Licht nt. 1:4/25
llamar (por teléfono) (an)rufen
 1:5/1; **~ la atención** auffallen,
 aufmerksam machen 2:1/11; **~se**
 heißen 1:4/16
llegada f. Ankunft f. 2:5/3
llegar eintreffen, ankommen 1:2/1
llenarse sich füllen, voll werden
 2:4/14
lleno/-a voll 1:4/16
llevar tragen, mitnehmen 1:2/15;
 ~se bien/mal (con alg.) sich gut/
 schlecht (mit jdm.) verstehen 2:2/I
llevar (+ Zeitraum) + gerundio
 seit (+ Zeitraum) etwas tun 2:4/15
llover (o→ue) regnen 1:4/13
lluvia f. Regen m. 1:4/25; **~ de ideas**
 f. Brainstorming nt. 2:3/20

M

madre f. Mutter f. 1:2/13; ¡**~ mía!**
 Du meine Güte! 1:8/5
majo/-a (col.) nett, sympathisch
 1:2/13
mal schlecht 1:B/2
malgastar verschwenden 2:4/15
malo/-a schlecht, schlimm 1:6/9
malo/-a m./f. Bösewicht m., Teufel m.
 2:3/8
mandar schicken 1:5/4
manera f. Art f., Weise f. 2:2/11
manifestación f. Demonstration f.
 2:2/11
manipular a alguien jdn.
 beeinflussen 2:3/7
mano f. Hand f. 1:7/13
mantener (#) versorgen, aufrechterhalten 2:6/1
mañana morgen 1:3/6
mañana f. Morgen m. 1:3/6
mapa m. (Land)karte f. 1:3/6
mar nt. Meer nt. 1:2/1
marcar un gol ein Tor schießen 2:5/7
marrón braun 1:6/1
marroquí marokkanisch 2:2/11
Marruecos Marokko 2:2/11
martes m. Dienstag m. 1:3/4
marzo m. März m. 1:4/I
más mehr, am meisten 1:2/13;
 ~ o menos mehr oder weniger
 2:1/3

ser una masa *(arg.)* cool sein 2:5/3
mate *m.* Mate(tee) *m.* 2:5/I
Matemáticas *f.pl.* Mathematik *f.* 1:3/1
mayo *m.* Mai *m.* 1:4/I
mayor größer, älter 1:6/6
mayoría *f.* Mehrheit *f.* 2:4/21
mecánico/-a *m./f.* Mechaniker/in *m./f.* 2:6/2
médico/-a *m./f.* Arzt/Ärztin *m./f.* 2:1/11
medio ambiente *m.* Umwelt *f.* 2:4/14
medio de comunicación *m.* Kommunikationsmittel *nt.* 2:3/I
medio de transporte *m.* Verkehrsmittel *nt.* 2:4/15
medio/-a halb 1:6/15
mediodía *m.* Mittag *m.* 1:6/1
mejor besser, beste(r) 1:6/4
mejorar verbessern 1:3/9
menor kleiner, jünger 1:6/6
menos weniger 1:6/4
mensaje *m.* Nachricht *f.*, SMS *f.* 1:5/1
mentir (e→ie) lügen 2:3/15
mentira *f.* Lüge *f.* 2:3/15
mercado *m.* Markt *m.* 1:6/15
mes *m.* Monat *m.* 1:4/1
mesa *f.* Tisch *m.* 1:3/6
metáfora *f.* Metapher *f.* 2:3/25
metro *m.* U-Bahn *f.* 1:4/12
metrópolis *f.* Metropole *f.* 2:5/I
mí mich, mir 1:1/2
micrófono *m.* Mikrofon *nt.* 2:6/2
miedo *m.* Angst *f.* 2:3/8
mientras während, solange 1:5/2
miércoles *m.* Mittwoch *m.* 1:3/4
mirar (an)sehen, (an)schauen 1:2/13
misa *f.* Gottesdienst *m.* 2:1/I
mismo/-a der-/die-/dasselbe 1:5/2
mitad *f.* Hälfte *f.* 2:5/10
mochila *f.* Rucksack *m.* 1:3/6
moda *f.* Mode *f.* 1:6/1
modelo *m.* Modell *nt.* 2:4/14
moderno/-a modern 1:2/4
¡Mola mucho! *(col.)* Echt cool! *(ugs.)*, Gefällt mir! *(ugs.)* 1:8/5
molar *(col.)* gefallen 2:4/3
molestar stören, ärgern 2:3/7
de momento fürs Erste, im Moment 2:6/20
monarquía parlamentaria *f.* parlamentarische Monarchie *f.* 2:2/I
moneda *f.* Münze *f.*, Währung *f.* 2:5/I
monitor/a *m./f.* Dozent/in, Trainer/in *m./f.* 2:4/9
mono *m.* Affe *m.* 2:5/3
montaña *f.* Berg *m.*, Gebirge *nt.* 1:2/4
monte *m.* Berg *m.* 1:2/1
un montón (de) *(col.)* eine (ganze) Menge *(ugs.)* 1:6/1
monumento *m.* Denkmal *nt.*, Monument *nt.* 1:2/1
moreno/-a dunkelhaarig 1:2/13

morir (o→ue) sterben 2:5/7
motivo *m.* Grund *m.*, Anlass *m.* 2:2/16
mover(se) (o→ue) sich bewegen 2:1/11
móvil *m.* Handy *nt.* 1:1/5
muchacho/-a *m./f.* Junge *m.*, Bub *m.* *(bayerisch)*, Mädchen *nt.* 2:6/3
mucho *(adverbio)* sehr, viel *(Adverb)* 1:3/9
mucho/-a *(adjetivo)* viel *(Adjektiv)* 1:1/15
mudarse umziehen 1:8/19
mueble *m.* Möbelstück *nt.* 1:5/6
muerte *f.* Tod *m.* 2:1/I
mujer *f.* Frau *f.* 1:2/13
mundial Welt-, weltweit 2:2/10
mundial *m.* Fußballweltmeisterschaft *f.* 2:5/7
mundo *m.* Welt *f.*, Erde *f.* 1:2/I
museo *m.* Museum *nt.* 1:2/4
música *f.* Musik *f.* 1:B/8
músico/-a *m./f.* Musiker/in *m./f.* 2:6/3
muy sehr 1:B/2

N

nacer (c→zc) geboren werden 1:8/19
nacimiento *m.* Geburt *f.* 1:8/19
Naciones Unidas (ONU) *f.pl.* Vereinte Nationen (UNO) 2:2/10
(no) ... nada nichts, überhaupt nicht, gar nicht 1:4/16
nadar schwimmen 2:4/21
(no) ... nadie niemand 1:4/16
naranja orange(n)farben 1:6/1
naranja *f.* Orange *f.* 1:6/15
nariz *f.* Nase *f.* 1:7/13
natural natürlich, Natur- 2:4/15
naturaleza *f.* Natur *f.* 2:1/3
navegar por internet im Internet surfen 1:3/13
Navidad *f.* Weihnachten *nt.* 1:4/25
necesario/-a notwendig, erforderlich 2:2/11
necesidad *f.* Notwendigkeit *f.* 2:6/16
necesitado/-a bedürftig 2:6/3
necesitar brauchen 1:3/6
negativo/-a negativ 2:4/14
negro/-a schwarz 1:6/1
nervioso/-a nervös, aufgeregt 1:5/14
nevar (e→ie) schneien 1:4/13
ni ... ni ... weder ... noch ... 1:4/16
ningún, ninguno/-a kein(e,r,s) 2:2/I
niño/-a *m./f.* Kind *nt.* 2:1/8
nivel *m.* Niveau *nt.*, Ebene *f.* 2:2/18
no nein, nicht, kein 1:1/5
noche *f.* Abend *m.*, Nacht *f.* 1:4/4; **de la ~** abends, nachts *(+ Uhrzeit)* 1:3/2; **por la ~** nachts, abends 1:4/4; **¡Buenas ~s!** Guten Abend!, Gute Nacht! 1:B/1

nombre *m.* Name *m.* 1:B/15
normal normal 1:1/2; **~mente** normal(erweise) 1:3/6
noroeste *m.* Nordwesten *m.* 2:1/I
norte *m.* Norden, Nord- *m.* 1:2/4
nosotros/-as wir, uns 1:B/1
nota *f.* Notiz *f.* 1:5/1
noticia *f.* Nachricht *f.* 1:B/8
novela *f.* Roman *m.* 2:3/24
noveno/-a neunte(r, s) 1:3/4
noviembre *m.* November *m.* 1:4/I
novio/-a *m./f.* (feste/r) Freund/in *m./f.* 1:1/15
nublado/-a bewölkt 1:4/13
nuevo/-a neu 1:1/1
número *m.* (An)zahl *f.*, Nummer *f.* 1:1/5; **~ de teléfono** *m.* Telefonnummer *f.* 1:1/14
(no) ... nunca niemals 1:4/16

O

o oder 1:2/6
obelisco *m.* Obelisk *m.* 2:5/I
obligatorio/-a verpflichtend, obligatorisch 2:6/16
obra de teatro *f.* Theaterstück *nt.* 2:3/24
observar beobachten 2:3/15
no obstante trotzdem 2:6/3
obtener (#) erlangen, erhalten 2:2/18
Océano Atlántico *m.* Atlantischer Ozean *m.* 2:1/I
octavo/-a achte(r, s) 1:3/4
octubre *m.* Oktober *m.* 1:4/I
oeste *m.* Westen *m.* 1:7/1
oferta *f.* Angebot *nt.* 2:2/18; **estar de ~ (#)** im Angebot sein 1:6/4
oficial amtlich, offiziell 2:1/I
oficina de empleo *f.* Agentur für Arbeit *f.* 2:2/I
oficina de turismo *f.* Touristeninformation *f.* 2:1/11
oír (#) hören 2:4/15
ojalá hoffentlich 2:3/15
ojo *m.* Auge *nt.* 1:7/13
olvidar vergessen 2:3/15
ONG (Organización No Gubernamental) *f.* Nichtregierungsorganisation (NGO) *f.* 2:4/9
opinar meinen, denken 1:6/4
opinión *f.* Meinung *f.* 2:2/10
oportunidad *f.* Gelegenheit *f.*, Chance *f.* 2:2/I
optimista optimistisch 1:5/14
ordenador *m.* Computer *m.* 1:3/14
ordenar ordnen, aufräumen 1:5/1
organización *f.* Organisation *f.* 2:2/I
organizar organisieren 2:2/11
orgulloso/-a stolz 2:6/3
origen *m.* Herkunft *f.* 2:2/I
original originell, original 1:6/2

Minidiccionario

otoño *m.* Herbst *m.* 1:4/1
otra vez noch (ein)mal 1:8/12
otro/-a ein/e andere/r 1:6/4

P

paciencia *f.* Geduld *f.* 2:6/20
paciente *m./f.* Patient/in *m./f.* 2:6/13
padre *m.* Vater *m.* 1:2/13
padres *m.pl.* Eltern *pl.* 1:2/2
paga *f.* Taschengeld *nt.*, Gehalt *nt.* 1:6/4
pagar (be)zahlen 1:8/5
página web *f.* Webseite *f.* 1:1/5
país *m.* Land *nt.* 1:4/16
paisaje *m.* Landschaft *f.* 2:1/I
palabra *f.* Wort *nt.* 1:B/9
pan *m.* Brot *nt.* 1:6/15
pancarta *f.* Spruchband *nt.*, Plakat *nt.* 2:2/11
pantalón *m.* Hose *f.* 1:6/1
papás *(col.) m.pl.* Eltern *pl.* 2:6/3
papelera *f.* Papierkorb *m.* 1:3/6
papeles *m.pl.* (Ausweis)papiere *nt.pl.* 2:2/I
para für, dafür 1:B/1; ~ *(+ inf.)* um zu 2:1/I; ~ **que** + *subj.* damit, um zu 2:5/12; ¿~ **qué?** wofür?, wozu? 1:6/15
parada *f.* Haltestelle *f.* 1:6/18
parado/-a *m./f.* Arbeitslose/r *m./f.* 2:4/14
parecer (c→zc) scheinen, wirken 2:3/I
paro *m.* Arbeitslosigkeit *f.* 2:2/I; **estar en** ~ (#) arbeitslos sein 2:2/I
parque *m.* Park *m.* 1:2/4; ~ **nacional** *m.* Nationalpark *m.* 1:8/2; ~ **natural** *m.* Naturschutzgebiet *nt.* 2:1/I
parte *f.* Teil *m.* 2:1/11
participante *m./f.* Teilnehmer/in *m./f.* 1:4/1
participar en teilnehmen an 1:4/1
partido de fútbol *m.* Fußballspiel *nt.* 1:5/4
ser una pasada *(col.)* (#) der Hammer sein *(ugs.)* 2:4/3
pasado/-a vergangen 1:7/3
pasar verbringen 1:1/15; passieren 1:7/3; ~ **(por delante)** vorbeigehen 1:6/4; ~**lo bien** sich amüsieren 2:1/3
pasar *(+ Zeitraum) + ger.* Zeit damit verbringen, etw. zu tun 2:4/21
pasta *f.* Pasta *(Nudeln) f.* 2:5/3
Patagonia *f.* Patagonien 2:5/I
patata *f.* Kartoffel *f.* 1:6/15
payaso/-a *m./f.* Clown/in *m./f.* 2:6/13
pecho *m.* Brust *f.* 1:7/13
pedir (e→i) bestellen 1:6/15, bitten 2:3/7

película *(col. peli) f.* Film *m.* 1:B/8
peligro *m.* Gefahr *f.* 2:3/9
peligroso/-a gefährlich 1:7/3
pelo *m.* Haar *nt.* 1:2/13
peluquero/-a *m./f.* Friseur/in *m./f.* 2:6/3
Península Ibérica *f.* Iberische Halbinsel *f.* 2:1/I
pensar (e→ie) denken 1:4/1
peor schlechter, schlechteste(r) 1:6/6
pepino *m.* Gurke *f.* 1:6/15
pequeño/-a klein 1:2/1
perder (e→ie) verlieren, versäumen, verpassen 2:5/I
perdonar vergeben, verzeihen 1:8/14
peregrino/-a *m./f.* Pilger/in *m./f.* 2:1/I
perfecto/-a perfekt 1:1/1
perfil *m.* Profil *nt.* 2:3/1
periódico *m.* Zeitung *f.* 2:1/3
periodista *m./f.* Journalist/in *m./f.* 2:6/1
permiso *m.* Erlaubnis *f.* 2:3/3
permitir erlauben 2:4/9
pero aber 1:1/15
perro *m.* Hund *m.* 1:2/13
persona *f.* Person *f.* 1:2/4
personaje *m.* Figur *f.* 2:3/24
personal persönlich 2:6/11
pesado/-a lästig, nervig 1:2/13
pescado *m.* Fisch *m.* 1:6/15
peso *m.* *Währungseinheit in Süd- und Mittelamerika* 2:5/I
pibe/-a (arg.) *m./f.* Junge *m.*, Bub *m.* *(bayerisch)*, Mädchen *nt.* 2:5/3
picante scharf, pikant 1:6/15
pie *m.* Fuß *m.* 1:7/13; **ir a** ~ (#) zu Fuß gehen 1:4/12
pierna *f.* Bein *nt.* 1:7/13
pimiento *m.* Paprika(schote) *f.* 1:6/15
pingüino *m.* Pinguin *m.* 2:5/3
pintar aussehen 2:2/18
pintor/a *m./f.* Maler/in *m./f.* 1:7/3
pirámide *f.* Pyramide *f.* 1:7/1
Pirineos *m.pl.* Pyrenäen *f.pl.* 2:4/15
piso *m.* Wohnung *f.* 1:2/4
pizarra *f.* Tafel *f.* 1:3/6
plan *m.* Plan *m.* 2:4/3
planear planen 2:4/15
planeta *m.* Planet *m.* 2:4/15
plantar pflanzen 2:6/13
en primer plano im Vordergrund 2:5/14
plástico *m.* Plastik *nt.* 2:4/14
plátano *m.* Banane *f.* 1:6/15
plato *m.* Gericht *nt.*, Essen *nt.* 2:2/11
playa *f.* Strand *m.* 1:2/1
plaza *f.* Platz *m.* 1:2/1
población *f.* Bevölkerung *f.* 2:4/14
pobre arm 1:7/3
pobreza *f.* Armut *f.* 2:5/12
poco/-a wenig 1:2/4

un poco ein bisschen, ein wenig 1:1/15
poder (o→ue) können, dürfen 1:3/6
poema *m.* Gedicht *nt.* 1:4/15
policía *m./f.* Polizist/in *m./f.* 2:6/3
estar hecho/-a polvo (#) *(col.)* fix und fertig sein *(ugs.)* 2:1/11
poner (#) stellen, legen, anschalten 1:5/2; ~ **algo a alguien** (#) jdm. etw. geben, jdm. etw. servieren 1:6/15; ~**se** *(+ adj.)* (#) werden 2:3/20; ~**se algo** (#) sich etw. anziehen 1:4/4
por durch, über, in 1:4/1; wegen 1:7/1; ~ **aquí cerca** hier in der Nähe 1:5/20; ~ **cierto** apropos, übrigens 1:8/5; ~ **ejemplo** zum Beispiel 1:1/6; ~ **eso** deshalb 1:4/4; ~ **favor** bitte 1:3/6; ~ **fin** endlich 1:4/4; ~ **lo cual** wodurch, weshalb 2:5/12; ~ **lo tanto** also, daher 2:3/I; ¿~ **qué?** warum? 1:3/5; ~ **supuesto** selbstverständlich 2:2/11; ~ **último** schließlich, zu guter Letzt 2:4/15
el/un ... por ciento ... Prozent 2:5/10
porcentaje *m.* Prozentsatz *m.* 2:5/10
porque weil, da 1:1/15
portátil *m.* Laptop *m.*, Notebook *nt.* 2:3/I
posibilidad *f.* Möglichkeit *f.* 2:4/9
posible möglich 1:4/4
positivo/-a positiv 2:4/14
postal *f.* Postkarte *f.* 1:5/20
practicar (aus)üben 1:2/13
prácticas *f.pl.* Praktikum *nt.* 2:6/3
práctico/-a praktisch 2:2/18
precio *m.* Preis *m.* 2:4/9
preferir (e→ie) vorziehen, bevorzugen 1:4/16
pregunta *f.* Frage *f.* 1:1/12; **hacer ~s** (#) Fragen stellen 1:5/2
preguntar fragen 1:4/16; ~ **por** nach etw. fragen 1:5/17
prejuicio *m.* Vorurteil *nt.* 2:2/10
premio *m.* Preis *m.* 1:4/22
preocuparse sich Sorgen machen 2:4/3
estar preocupado/-a besorgt sein, beunruhigt sein 2:5/3
preparar vorbereiten, *(Speisen)* zubereiten 1:1/15
presentación *f.* Präsentation *f.* 1:8/3
presentar vorstellen, zeigen 1:5/2
primavera *f.* Frühling *m.* 1:4/1
primera división *f.* erste Liga *f.* 2:5/7
primero zuerst, zunächst 1:3/6
primero/-a erste(r, s) 1:3/4
primo/-a *m./f.* Cousin/e *m./f.* 1:2/13
privado/-a privat, vertraulich 2:3/3
probable wahrscheinlich 2:3/15
probador *m.* Umkleidekabine *f.* 1:6/4
probar (o→ue) probieren 1:6/15; ~**se algo** etw. anprobieren 1:6/4

Minidiccionario

problema m. Problem nt. 1:3/6
profesión f. Beruf m. 1:7/13
profesional beruflich, professionell 2:2/18
profesor/a (col. profe) m./f. Lehrer/in m./f. 1:3/6
programa m. Programm nt. 1:1/1
programador/a m./f. Programmierer/in m./f. 2:6/1
prometer versprechen 2:5/12
de pronto plötzlich 2:1/11
propio/-a eigene(r, s) 1:6/12
proponer (#) vorschlagen 2:3/7
protestar protestieren 2:2/I
provincia f. Provinz f. 1:8/2
próximo/-a nächste(r, s) 1:4/25
proyecto m. Projekt nt. 1:1/15
público/-a öffentlich, staatlich 2:5/12
pueblo m. Dorf nt., Ortschaft f. 1:2/8
puente m. Brücke f. 1:8/14
puerta f. Tür f. 1:5/4
puerto m. Hafen m. 2:1/I
pues dann, also 1:1/2
pulpo m. Krake f. 2:1/I
puntos cardinales m.pl. Himmelsrichtungen f.pl. 1:7/2
puntual pünktlich 1:5/4

Q

que der/die/das 1:6/1
¡Qué ...! Wie ...!, Was für ein/e ...! 1:1/5; **¡~ bien!** Toll! 1:2/13; **¡~ envidia!** Wie beneidenswert! 1:2/13; **¡~ lástima!** Wie schade! 1:6/4; **¡~ pasada!** (col.) Wahnsinn! 2:1/11; **¡~ va!** Ach was!; Blödsinn 1:5/14; **¡~ vergüenza!** Wie peinlich! 2:1/11
¿qué? was?; welche(r, s)? 1:B/8; **¿~ hora es?** Wie viel Uhr ist es? 1:3/2; **¿~ significa ...?** Was bedeutet ...? 1:B/10; **¿~ tal?** Wie geht's? 1:B/1; **¿~ te pasa?** Was hast du? 1:5/14; **¿~ te/os parece ...?** Was hältst du/haltet ihr von ...? 1:6/1; **¿~ tiempo hace?** Wie ist das Wetter? 1:4/13
quechua m. Quechua nt. (Sprache) 2:5/3
quedar bleiben, sich verabreden 1:3/6; **~ a alguien** jdm. passen, jdm. stehen (Kleidung) 1:6/4; **~se** bleiben 1:4/4; **~se alucinado/-a** (col.) hin und weg sein (ugs.) 2:4/3
querer (e→ie) wollen, mögen 1:4/1; **~ a alguien** jdn. lieben 2:3/20
querido/-a Liebe/r ... 1:3/21
queso m. Käse m. 1:6/15

¿quién/es? wer? (Sg./Pl.)1:1/I
quinto/-a fünfte(r, s) 1:3/4

R

radio f. Radio nt., Radiosender m. 1:B/1
radioyente m./f. Radiohörer/in m./f. 2:1/3
rafting m. Rafting nt. 2:4/9
rápido/-a schnell 1:7/13
raro/-a komisch, seltsam 2:1/3
rato m. Weile f., Augenblick m. 2:1/11
reaccionar reagieren 1:8/6
real wirklich, tatsächlich 2:3/3
en realidad tatsächlich, in Wirklichkeit 2:2/11
realizar verwirklichen, durchführen 2:2/18
rebaja f. Sonderangebot nt. 1:6/4
recibir bekommen, erhalten 1:5/14
recomendar (e→ie) empfehlen 2:3/7
recordar (o→ue) (sich) erinnern 2:1/3
recreo m. (Schul)pause f. 1:3/4
recuerdo m. Erinnerung f. 1:7/9
recursos m.pl. Mittel nt.pl. 2:6/16
red f. Netz (Internet) nt. 1:B/1
red social f. soziales Netzwerk nt. 2:3/I
regalar schenken 1:4/1
regalo m. Geschenk nt. 1:4/25
región f. Region f. 2:1/3
regla f. Lineal nt. 1:3/6; Regel f. 1:7/13
regular mittelmäßig 1:B/2
reír(se) (#) lachen 2:6/13
relación f. Beziehung f. 2:4/10
relacionar verbunden mit 2:4/9
relajar(se) (sich) entspannen 2:4/1
religión f. Religion f. 1:3/4
reparar reparieren 2:6/1
repartir verteilen 2:3/3
de repente plötzlich 1:6/8
reportaje m. Reportage f., Bericht m. 1:4/4
reportero/-a m./f. Reporter/in m./f. 1:4/16
reserva f. Reservierung f. 2:4/3
resolver (o→ue) lösen 2:6/16
respetar respektieren 1:7/13
respeto m. Respekt m. 2:6/11
respetuoso/-a respektvoll 2:4/15
responsable verantwortungsvoll 2:4/15
responsabilidad f. Verantwortung f. 2:6/3
respuesta f. Antwort f. 2:4/1
restaurante m. Restaurant nt. 1:2/1
resultado m. Ergebnis nt. 1:3/14
revisar überprüfen 2:1/22
revista f. Zeitschrift f. 2:3/I
rico/-a lecker 1:4/25

riesgo m. Risiko nt. 2:4/9
río m. Fluss m. 1:2/4
riqueza f. Reichtum m. 2:5/12
rivalidad f. Rivalität f. 2:5/8
rizado/-a lockig 1:2/15
robar rauben, stehlen 2:5/12
rojo/-a rot 1:6/1
ropa f. Kleidung f. 1:4/4
rosa rosa 1:6/1
rubio/-a blond 1:2/13
rural ländlich 2:4/9

S

sábado m. Samstag m. 1:3/4
saber (#) wissen, können 1:4/16; schmecken 1:6/4
sacar buenas/malas notas gute/ schlechte Noten bekommen 1:3/6
sacar una foto ein Foto machen 2:3/I
sala f. Raum m., Saal m. 1:R3/9
salado/-a salzig 1:6/15
salida f. Ausgang m., Ausweg m. 1:7/13
salir (#) hinausgehen, ausgehen 1:3/21; herauskommen 2:2/18; **~ con alguien** (#) mit jdm. zusammen sein 2:3/15
salón m. Wohnzimmer nt. 1:5/4
saludar (be)grüßen 1:5/2
saludo m. Gruß m. 2:1/11
salvar retten 2:6/1
sección f. Teil m., Abschnitt m. 2:3/7
seguir (e→i) folgen, weitermachen 1:8/5
seguir (+ gerundio) (#) etwas regelmäßig/immer noch tun 2:4/15
según gemäß, laut 2:2/1
segundo/-a zweite(r, s) 1:3/4
seguro (que) sicher(lich) 1:8/5
seguro/-a sicher 2:3/3; **~ de sí mismo/-a** selbstbewusst 2:3/20
selección f. Auswahl f. 2:2/18; Nationalmannschaft f. 2:5/7
selva f. Dschungel m., Urwald m. 2:5/3
semana f. Woche f. 1:3/4; **la ~ que viene** kommende Woche 2:6/20
sencillo/-a einfach 2:4/15
sentarse (e→ie) sich setzen 2:6/20
sentido del humor m. Sinn für Humor m. 2:6/13
sentir(se) (e→ie) (sich) fühlen 2:3/15
señor/a m./f. Herr/Frau m./f. 2:4/7
separarse sich trennen 1:8/5
septiembre m. September m. 1:4/I
séptimo/-a siebte(r, s) 1:3/4
ser (#) sein 1:1/5; **Es que ...** Es ist so, dass ... 1:5/14
serie f. Serie f. 2:3/I

serio/-a ernst(haft) 1:7/13; ¿En ~? Wirklich?, Im Ernst? 1:2/13
servicio *m.* Dienst *m.* 2:6/16
sexto/-a sechste(r, s) 1:3/4
sí ja 1:1/5
si wenn, falls, ob 1:4/25
siempre immer 1:1/1
siglo *m.* Jahrhundert *nt.* 2:5/7
siguiente folgend 1:4/4
silla *f.* Stuhl *m.* 1:3/6
símbolo *m.* Symbol *nt.* 2:5/I
similar ähnlich 1:4/25
simpático/-a sympathisch 1:1/1
simple einfach, bloß 2:3/15
sin ohne 1:4/16; ~ **embargo** trotzdem, jedoch 2:2/I; ~ **que** + *subj.* ohne dass ... 2:5/12
sino sondern 1:7/13
sitio *m.* Platz *m.*, Ort *m.* 2:2/18
situación *f.* Lage *f.*, Situation *f.* 1:7/2
sobre über, auf 1:2/1; ~ **todo** vor allem 1:3/14
sociable gesellig 2:5/3
social sozial, gesellschaftlich 2:6/3
sol *m.* Sonne *f.* 1:4/13
solicitud *f.* Bewerbung *f.* 2:6/13
solidario/-a solidarisch 2:4/9
solo nur 1:1/15
solo/-a allein 1:3/17
solución *f.* Lösung *f.* 2:3/15
sonar (o→ue) klingeln 1:6/15; klingen 1:7/13
soñar (con) (o→ue) träumen (von) 2:6/3
sorprender überraschen 1:8/4
sorpresa *f.* Überraschung *f.* 1:8/4
sostenible nachhaltig 2:4/15
su/sus sein/e, ihr/e 1:2/4
subir (hinauf)steigen 1:7/3; hochladen 2:3/7
suciedad *f.* Schmutz *m.*, Dreck *m.* 2:5/12
suelo *m.* Boden *m.* 2:1/11
sueño *m.* Traum *m.* 2:5/3
suerte *f.* Glück *nt.* 1:7/13; ¡Mucha ~! Viel Glück! 1:4/16; **mala** ~ *f.* Pech *nt.* 2:1/11; **por** ~ zum Glück 2:1/11
suficiente genügend, ausreichend 2:4/3
sufrir (er)leiden 2:3/7
superficie *f.* Oberfläche *f.*, Fläche *f.* 2:1/I
supermercado *m.* Supermarkt *m.* 1:6/11
sur *m.* Süden *m.* 1:7/1
surf *m.* Surfen *nt.* 2:4/3
suspender nicht bestehen, durchfallen 1:3/6
susto *m.* Schreck *m.* 2:1/11

T

tableta *f.* Tablet *nt.* 2:3/I
talento *m.* Talent *nt.* 2:6/11
talla *f.* (Konfektions)größe *f.* 1:6/4
taller *m.* Werkstatt *f.*, Workshop *m.* 1:4/4
también auch 1:B/1
tampoco auch nicht 1:3/9
tan so 1:5/14
tango *m.* Tango *m.* 2:5/I
tanto/-a so sehr, so viel 1:6/15
tapa *f.* Tapa *f.* 2:1/I; **ir de ~s** (#) Tapas essen gehen 2:1/3
tarde *f.* Nachmittag *m.*, Abend *m.* 1:3/6; **de la ~** nachmittags (+ *Uhrzeit*) 1:3/2; **por la ~** nachmittags, abends 1:3/6; ¡Buenas ~s! Guten Tag!, Guten Abend!, Grüß Gott! *(bayerisch)* 1:B/1
tarde spät 1:4/25
tarea *f.* Aufgabe *f.*, Arbeit *f.* 2:6/20
tarta *f.* Torte *f.* 1:8/12
tasa *f.* Rate *f.*, Quote *f.* 2:2/I
té *m.* Tee *m.* 1:6/15
teatro *m.* Theater *nt.* 2:5/12
tecnología *f.* Technologie *f.*, Technik *f.* 2:6/11
teléfono *m.* Telefon *nt.* 1:5/17
telenovela *f.* Seifenoper *f.*, Serie *f.* 2:3/15
televisión *(col. tele)* *f.* Fernsehen *nt.*, Fernseher *m.* 1:3/13
tema *m.* Thema *nt.* 1:1/1
temprano früh 1:4/4
tener (#) haben 1:1/5; ~ ... **años** (#) ... Jahre alt sein 1:1/5; ~ **algo en común** (#) etw. gemeinsam haben 2:3/10; ~ **cuidado** (#) vorsichtig sein 2:3/3; ~ **ganas de algo** (#) Lust haben (auf) 1:5/14; ~ **lugar** (#) stattfinden 1:4/1; ~ **que** (+ *inf.*) (#) müssen 1:3/6; ~ **razón** (#) Recht haben 1:4/25; ~ **un/a hijo/-a** (#) ein Kind bekommen 1:8/19
tercero/-a dritte(r, s) 1:3/4
tercio *m.* Drittel *nt.* 2:5/10
terminar enden, beenden, fertigstellen 1:3/11; ~**se** zu Ende gehen 2:2/11
testimonio *m.* (Zeugen)aussage *f.* 2:2/18
ti dich, dir 1:1/2
tiempo *m.* Zeit *f.* 1:1/15; Wetter *nt.* 1:4/13; ~ **libre** *m.* Freizeit *f.* 1:1/15
tienda *f.* Geschäft *nt.* 1:2/4
tímido/-a schüchtern 2:3/20
tío/-a *m./f.* Onkel *m.*, Tante *f.* 1:2/13
típico/-a typisch 1:4/1

tipo *m.* Art *f.*, Typ *m.* 2:3/15
titular *m.* Schlagzeile *f.* 2:4/14
título *m.* Titel *m.*, Überschrift *f.* 1:4/25
tiza *f.* Kreide *f.* 1:3/6
toalla *f.* Handtuch *nt.* 2:4/15
tocar spielen *(Instrument)* 1:1/15
todavía noch 1:1/5
todo alles 1:2/4; ~ **el mundo** jeder 2:1/3; ~ **incluido** alles inklusive 2:4/9; ~ **recto** geradeaus 1:8/14
todo/-a ganz, alle 1:4/1
todos/-as *(pl.)* alle 1:B/1
tomar (zu sich) nehmen, trinken 1:2/1; ~ **el sol** sich sonnen 2:1/11
tomate *m.* Tomate *f.* 1:6/15
en total insgesamt 1:6/15
trabajar arbeiten 1:1/15
trabajo *m.* Arbeit *f.* 1:5/13; ~ **manual** *m.* Werken *nt.*, Basteln *nt.* 2:6/3
tradición *f.* Tradition *f.* 2:1/I
tradicional traditionell 2:2/1
traducir (c→zc) übersetzen 2:3/25
traer (#) bringen 1:6/15
tranquilidad *f.* Ruhe *f.* 2:4/9
tranquilo/-a ruhig 1:7/15
transmitir übermitteln 2:4/13
transporte *m.* Transport *m.* 2:2/18
tratar behandeln 2:5/3; ~ **(de)** handeln (von) 2:1/3
tren *m.* Zug *m.* 1:4/12
triste traurig 1:5/14
tú du 1:B/1
tu/tus dein/e 1:1/7
tumbar(se) (sich) hinlegen 2:1/11
turismo *m.* Tourismus *m.* 2:4/9
turista *m./f.* Tourist/in *m./f.* 1:2/4
turístico/-a touristisch, Touristen- 2:1/I

U

último/-a letzte(r, s) 1:4/1
un/una ein/e *(unbest. Artikel, sg.)* 1:B/1
único/-a einzigartig 1:4/25
Unión Europea (UE) *f.* Europäische Union (EU) *f.* 2:2/I
universidad *f.* Universität *f.* 1:5/4
unos/-as *(pl.)* einige, ein paar 1:B/11
urgente dringend 1:7/13
usar benutzen, verwenden 2:1/3
uso *m.* Benutzung *f.*, Gebrauch *m.* 2:3/3
útil nützlich 2:3/I

V

vacaciones *f.pl.* Ferien *f.pl.*, Urlaub *m.* 1:4/13; **estar de ~** (#) im Urlaub sein 2:1/11; **ir(se) de ~** (#) in den Urlaub fahren 2:4/3

Minidiccionario

vale in Ordnung 1:2/13
valer la pena sich lohnen 1:7/3
valiente tapfer, mutig 2:3/8
valor *m.* Mut *m.* 2:3/8
vaqueros *m.pl.* Jeans *f.pl.* 1:6/1
variedad *f.* Vielfalt *f.* 1:7/1
vario/-a verschieden 1:7/5
muchas veces oft 1:2/1
vendedor/a *m./f.* Verkäufer/in *m./f.* 1:6/4
vender verkaufen 1:6/15
venir (#) kommen 1:6/15
ventaja *f.* Vorteil *m.* 2:3/9
ventana *f.* Fenster *nt.* 2:4/15
ver (#) sehen 1:3/13
verano *m.* Sommer *m.* 1:4/1
verdad *f.* Wahrheit *f.*, wirklich 1:8/5
verde grün 1:6/1
verdura *f.* Gemüse *nt.* 1:6/15
vestido *m.* Kleid *nt.* 1:6/1
veterinario/-a *m./f.* Tierarzt *m.*, Tierärztin *f.* 2:6/2
vez *f.* Mal *nt.* 1:5/4
viajar reisen 1:5/4
viaje *m.* Reise *f.* 1:B/8; **de ~** auf Reisen 2:4/I
viajero/-a *m./f.* Reisende/r *m./f.* 2:4/9
vida *f.* Leben *nt.* 1:4/10

vídeo *m.* Video *nt.* 2:3/I
videoconferencia *f.* Videokonferenz *f.* 2:3/7
videojuego *m.* Videospiel *nt.* 1:3/21
viejo/-a alt 1:6/7
viento *m.* Wind *m.* 1:4/1
viernes *m.* Freitag *m.* 1:3/4
vino *m.* Wein *m.* 2:5/3
violencia *f.* Gewalt *f.* 1:7/13
violento/-a gewalttätig, brutal 1:7/13
visita *f.* Besuch *m.* 1:7/3
visitar besuchen, besichtigen 1:2/4
vista *f.* (Aus)sicht *f.*, Blick *m.* 1:2/1
vivir leben, wohnen 1:2/4
volar (o→ue) fliegen 1:4/1
voluntariado *m.* freiwilliger sozialer Dienst *m.* 2:6/2
voluntario/-a *m./f.* Freiwillige/r *m./f.* 2:4/9
volver (o→ue) zurückkehren 1:4/25; **~se loco/-a** verrückt werden 2:4/3
volver a (+ *infinitivo*) (o→ue) etwas wieder tun 2:4/15
voz *f.* Stimme *f.* 1:8/5

W

webcam *f.* Webcam *f.* 2:3/3
wifi *m./f.* WLAN *nt.* 2:4/7

Y

y und 1:B/1
... y media halb (+ *Uhrzeit*) 1:3/1
ya schon 1:1/15; **~ no** nicht mehr 1:8/9
yo ich 1:1/5
yuyo (*arg.*) *m.* Unkraut *nt.* 2:5/3

Z

zapatilla *f.* Turnschuh *m.* 1:6/1
zapato *m.* Schuh *m.* 1:6/1
zona *f.* Zone *f.*, Gebiet *nt.* 2:4/15
zumo *m.* Saft *m.* 1:6/15

Minidiccionario alemán – español

A

ab a partir de 2:6/20
abbiegen girar 1:8/14
Abend *m.* noche *f.* 1:4/4; tarde *f.* 1:3/6; **Guten ~!** ¡Buenas noches! 1:B/1; ¡Buenas tardes! 1:B/1; **zu ~ essen** cenar 1:4/4; **~essen** *nt.* cena *f.* 1:6/15
abends de la noche 1:3/2; por la tarde 1:3/6; por la noche 1:4/4
Abenteuer *nt.* aventura *f.* 2:4/9
aber pero 1:1/15
Aber klar (doch)! ¡Claro que sí! 1:2/13
Abfall *m.* basura *f.* 2:4/14
abgesehen von aparte de 2:3/I
jdn. abholen ir a buscar a alguien (#) 1:5/4
Abitur *nt.* bachillerato *m.* 2:6/16
absolut absoluto/-a 2:2/18
Ach was! ¡Qué va! 1:5/14
achte(r, s) octavo/-a 1:3/4
Achtung! ¡cuidado! 2:4/15
Adresse *f.* dirección *f.* 1:1/5

Affe *m.* mono *m.* 2:5/3
ähnlich similar 1:4/25
Aktivität *f.* actividad *f.* 1:3/6
aktuell actual 1:1/1
akzeptieren aceptar 2:3/3
als cuando 1:3/6
also por lo tanto 2:3/I; pues 1:1/2; entonces 1:1/5
alt antiguo/-a 1:2/1; viejo/-a 1:6/7; **... Jahre ~ sein** tener ... años (#) 1:1/5; **... Jahre ~ werden** cumplir ... años 2:6/20
Alter *nt.* edad *f.* 1:1/14
älter mayor 1:6/6
Altstadt *f.* casco antiguo *m.* 1:2/1
alle todos/-as (*pl.*) 1:B/1; todo/-a 1:4/1
allein solo/-a 1:3/17
alles todo 1:2/4
am meisten más 1:2/13
amtlich oficial 2:1/I
sich amüsieren divertirse (e→ie) 1:4/4, pasarlo bien 2:1/3
an a, en 1:B/1
analysieren analizar 2:3/7

Anblick *m.* espectáculo *m.* 2:5/I
ein/e andere/r otro/-a 1:6/4
ändern cambiar 1:7/13
anders diferente 1:1/1
Angaben zur Person *f.pl.* datos (personales) *m.pl.* 2:3/3
Angebot *nt.* oferta *f.* 2:2/18; **im ~ sein** estar de oferta (#) 1:6/4
Angelegenheit *f.* asunto *m.* 2:3/15; cosa *f.* 1:3/6
Angewohnheit *f.* costumbre *f.* 1:6/13
Angst *f.* miedo *m.* 2:3/8
Ankleidekabine *f.* probador *m.* 1:6/4
ankommen llegar 1:2/1
Ankunft *f.* llegada *f.* 2:5/3
Anlass *m.* motivo *m.* 2:2/16
annehmen aceptar 2:3/3
anprobieren probarse algo (o→ue) 1:6/4
anrufen llamar (por teléfono) 1:5/1
anschalten poner (pongo #) 1:5/2
anschauen mirar 1:2/13
anstelle von en lugar de 2:3/20
jdn. anstellen contratar a alguien 2:5/7

sich anstrengen esforzarse (o→ue) 2:4/3

Antwort *f.* respuesta *f.* 2:4/1

Anwendung *f.* aplicación *f.* 2:3/I

Anzahl *f.* número *m.* 1:1/5; cantidad *f.* 2:2/18

Anzeige *f.* anuncio *m.* 2:4/3

sich etw. anziehen ponerse algo (#) 1:4/4

App *f.* aplicación *f.* 2:3/I

Appartement *nt.* apartamento *m.* 2:4/1

April *m.* abril *m.* 1:4/I

apropos por cierto 1:8/5

arabisch árabe 2:2/11

Arbeit *f.* trabajo *m.* 1:5/13; tarea *f.* 2:6/19

arbeiten trabajar 1:1/15

arbeitslos sein estar en paro (#) 2:2/I

Arbeitslosigkeit *f.* paro *m.* 2:2/I

Architekt/in *m./f.* arquitecto/-a *m./f.* 1:8/2

Architektur *f.* arquitectura *f.* 2:5/I

ärgern molestar 2:3/7; **sich ~ (über jdn.)** enfadarse (con alguien) 1:4/4

Argument *nt.* argumento *m.* 2:4/3

arm pobre 1:7/3

Arm *m.* brazo *m.* 1:7/13

Armut *f.* pobreza *f.* 2:5/12

Art *f.* manera *f.* 2:2/11; tipo *m.* 2:3/15

Artikel *m.* artículo *m.* 1:7/15

Arzt/Ärztin *m./f.* médico/-a *m./f.* 2:1/10

Aspekt *m.* aspecto *m.* 2:4/14

Atlantischer Ozean *m.* Océano Atlántico *m.* 2:1/I

Atmosphäre *f.* ambiente *m.* 1:4/16

Attraktion *f.* atracción *f.* 2:5/3

auch también 1:B/1; **~ nicht** tampoco 1:3/9; **~ wenn** aunque 2:1/3

auf en 1:B/1; sobre 1:2/1; encima (de) 1:5/4, **~ dem Rückweg** a la vuelta 1:6/4; **~ Reisen** de viaje 2:4/I; **~ Wiedersehen!** ¡Adiós! 1:B/1

auffallen llamar la atención 2:1/11

Aufgabe *f.* tarea *f.* 2:6/20

aufgeregt nervioso/-a 1:5/14

aufgeschlossen abierto/-a 2:4/15

aufgeteilt dividido/-a 1:8/1

aufhören (zu tun) *nt.* dejar de *(+ Inf.)* 1:5/4

aufmachen abrir 1:6/18

aufmerksam machen llamar la atención 2:1/11

aufpassen auf cuidar 2:4/15

aufräumen ordenar 1:5/1

aufrechterhalten mantener (#) 2:6/1

aufstehen levantarse 1:4/4

aufwachen despertarse (e→ie) 1:4/4

Aufzeichnung *f.* apunte *m.* 1:4/4

Auge *nt.* ojo *m.* 1:7/13

Augenblick *m.* rato *m.* 2:1/11

August *m.* agosto *m.* 1:4/I

aus de 1:B/1

Ausbildung *f.* formación (profesional) *f.* 2:6/2

ausdrücken expresar 2:2/10

Ausflug *m.* excursión *f.* 2:4/21

ausführlich detallado/-a 1:7/13

Ausgang *m.* salida *f.* 1:7/13

ausgeben gastar 1:6/12

ausgehen salir (#) 1:3/21

Ausland *nt.* extranjero *m.* 2:2/I

jdm. etwas ausmachen importar a alguien 1:8/12

ausreichend suficiente 2:4/3

ausruhen descansar 1:5/20

außerdem además 1:1/15

außergewöhnlich increíble 1:4/16

äußern expresar 2:2/10

Aussicht *f.* vista *f.* 1:2/1

aussteigen bajar 1:5/1

Ausstellung *f.* exposición *f.* 1:7/11

Austausch *m.* intercambio *m.* 1:B/8

ausüben practicar 1:2/13

Auswahl *f.* selección *f.* 2:2/18

auswählen elegir (e→i) 2:2/18

auswandern emigrar 2:2/18

Auswanderung *f.* emigración *f.* 2:2/18

Ausweg *m.* salida *f.* 1:7/13

Ausweispapiere *nt.pl.* papeles *m.pl.* 2:2/I

Auswirkung *f.* impacto *m.* 2:4/14

Auto *nt.* coche *m.* 1:2/4

autonome Region *f.* comunidad autónoma *f.* 1:8/1

B

Bad *nt.* baño *m.* 1:4/4

baden bañar(se) 2:1/11

Bahnhof *m.* estación *f.* 1:5/1

Bis bald! ¡Hasta pronto! 2:1/11

Balkon *m.* balcón *m.* 1:5/6

Banane *f.* plátano *m.* 1:6/15

Bar *f.* bar *m.* 1:2/1

Basketball *m.* baloncesto *m.* 1:3/13

Bauch *m.* barriga *f.* 1:7/13

bauen construir 2:2/11

Bauer/Bäuerin *m./f.* granjero/-a *m./f.* 2:4/9

Bauernhof *m.* granja *f.* 2:4/9

Baum *m.* árbol *m.* 2:6/13

beantworten contestar a 1:5/17

bedeutend importante 1:2/1

bedienen atender 2:6/16

bedrohen amenazar 2:4/14

bedrückt agobiado/-a 1:5/14

bedürftig necesitado/-a 2:6/3

beeindruckend impresionante 1:7/1

beeinflussen manipular 2:3/7

beenden terminar 1:3/11

sich befinden encontrarse (o→ue) 1:7/1; estar (#) 1:2/1

begeistern apasionar 2:5/3; encantar a alguien 1:3/14

beginnen empezar (e→ie) 1:3/6

beginnen, etw. zu tun empezar a *(+ inf.)* (#) 2:3/20

begleiten acompañar 1:7/3

begrüßen saludar 1:5/2

behandeln tratar 2:5/3

Bein *nt.* pierna *f.* 1:7/13

beinahe casi 1:3/14

beinhalten incluir (i→y) 2:4/9

Beispiel *nt.* ejemplo *m.* 1:B/2

bekannt conocido/-a 1:8/17

bekommen recibir 1:5/14

belegen comprobar (o→ue) 2:6/3

belegtes Brötchen *nt.* bocadillo *m.* 1:5/4

bemerken darse cuenta (#) 2:4/15

benachrichtigen avisar 2:3/3

benutzen usar 2:1/3

Benutzung *f.* uso *m.* 2:3/3

beobachten observar 2:3/15

bequem cómodo/-a 1:6/2

Berg *m.* monte *m.* 1:2/1; montaña *f.* 1:2/4

Bericht *m.* reportaje *m.* 1:4/4

berichtigen corregir (e→i) 2:6/3

Beruf *m.* profesión *f.* 1:7/13

beruflich profesional 2:2/18

berühmt famoso/-a 1:1/1

Bescheid sagen avisar 2:3/3

beschreiben describir 1:2/4

besichtigen visitar 1:2/4

besonders especial 1:1/1

besorgt sein, beunruhigt sein estar preocupado/-a 2:5/3

besser mejor 1:6/4

bestehen aprobar (o→ue) 1:3/6; **nicht ~** suspender 1:3/6

bestellen pedir (e→i) 1:6/15

beste(r) el/la/lo mejor 1:6/4

Besuch *m.* visita *f.* 1:7/3

besuchen visitar 1:2/4

Betreff *m.* asunto *m.* 2:3/15

Bett *nt.* cama *f.* 1:5/4; **ins ~ gehen** acostarse (o→ue) 1:4/4

Bevölkerung *f.* población *f.* 2:4/14

bevor antes de que + *subj.* 2:5/12

bevorzugen preferir (e→ie) 1:4/16

bevorzugt favorito/-a 1:1/4

(sich) bewegen mover(se) (o→ue) 2:1/11

Bewerbung *f.* solicitud *f.* 2:6/13

bewölkt nublado/-a 1:4/13

bewundern admirar 2:5/I

bezahlen pagar 1:8/5

Beziehung *f.* relación *f.* 2:4/10

Bild *nt.* imagen *f.* 2:5/14

bilden construir 2:2/11

billig barato/-a 1:6/4

bis hasta 1:4/16; hasta que *(+ indicativo)* 2:4/21;

ein bisschen un poco 1:1/15
bitte por favor 1:3/6; ~ **sehr** de nada 1:8/14
bitten pedir (e→i) 2:3/7
blau azul 1:6/1
Blechdose f. lata f. 1:6/15
bleiben quedar 1:3/6; quedarse 1:4/4
Bleistift m. lápiz m. 1:3/6
Blick m. vista f. 1:2/1; **einen ~ werfen (auf)** echar un vistazo (a) 1:6/1
(Blind) Date nt. cita (a ciegas) f. 2:3/3
Blödsinn! ¡Qué va! 1:5/14
Blog m. blog m. 1:8/5
blond rubio/-a 1:2/13
bloß simple 2:3/15
Bluse f. blusa f. 1:6/1
Boden m. suelo m. 2:1/11
brauchen necesitar 1:3/6
braun marrón 1:6/1
breit ancho/-a 1:6/4
Brille f. gafas f.pl. 1:2/13
bringen traer (#) 1:6/15
Broschüre f. folleto m. 2:3/3
Brot nt. pan m. 1:6/15
Brücke f. puente m. 1:8/14
Bruder m. hermano m. 1:2/13
Brust f. pecho m. 1:7/13
brutal violento/-a 1:7/13
Bub (bayerisch) m. chico m. 1:B/1
Buch nt. libro m. 1:3/6
Buchhandlung f. librería f. 2:5/12
Bus m. autobús m. 1:4/12

C

Café nt. café m. 1:6/24
campen acampar 2:1/3
Campingplatz m. camping m. 2:4/1
Clown/in m./f. payaso/-a m./f. 2:6/13
Computer m. ordenador m. 1:3/14
cool (ugs.) guay (col.) 1:1/5; **Echt ~!** (ugs.) ¡Mola mucho! (col.) 1:8/5
Cousin/e m./f. primo/-a m./f. 1:2/13
Chance f. oportunidad f. 2:2/I
Chat m. chat m. 2:3/20
chatten chatear 1:1/15
Chef/in m./f. jefe/-a m./f. 2:6/20

D

da ahí 1:3/21; aquí 1:1/5; porque 1:1/15; como 2:6/3
dafür para 1:B/1
dagegen en cambio 2:1/3
daheim (bayerisch) en casa 1:3/14
daher por lo tanto 2:3/I
damals (por aquel) entonces 2:1/3
damit para que + subj. 2:5/12
danach después (de) 1:3/6
dank gracias a 2:2/I

danke gracias 1:1/5
dann pues 1:1/2; entonces 1:1/5; luego 1:3/6
Datum nt. fecha f. 1:4/3
dein/e tu/tus 1:1/7
Demonstration f. manifestación f. 2:2/11
denken pensar (e→ie) 1:4/1; opinar 1:6/4
Denkmal nt. monumento m. 1:2/1
der-/die-/dasselbe mismo/-a 1:5/2
der/die/das (Relativpronomen) que 1:6/1
der/die/das (best. Artikel, sg.) el/la 1:B/1
der/die/das (dort), jene(r, s) aquel/aquella/-o 1:6/4
der/die/das (hier) este/-a/-o 1:1/6
deshalb por eso 1:4/4
Deutsch nt. alemán m. 1:1/15
Dezember m. diciembre m. 1:4/I
dick gordo/-a 1:2/13
dich ti 1:1/2
die (best. Artikel, pl.) los/las 1:B/8
Dienst m. servicio m. 2:6/16
Dienstag m. martes m. 1:3/4
dienstags los martes 1:3/4
diese(r, s) este/-a/-o 1:1/6
diese(r, s) (da) ese/-a/-o 1:6/4
diese(r, s) (dort) aquel/aquella/-o 1:6/4
digital digital 2:3/I
Diktatur f. dictadura f. 2:1/3
dir ti 1:1/2
Diskussion f. discusión f. 1:5/5
diskutieren discutir 1:5/4
Donnerstag m. jueves m. 1:3/4
Dorf nt. pueblo m. 1:2/8
dort allí 1:4/16; ahí 1:3/21
Dose f. lata f. 1:6/15
Dozent/in m./f. monitor/a m./f. 2:4/9
Dreck m. suciedad f. 2:5/12
dringend urgente 1:7/13
Drittel nt. tercio m. 2:5/10
dritte(r, s) tercero/-a 1:3/4
drohen amenazar 2:4/14
Dschungel m. selva f. 2:5/3
du tú 1:B/1
Dummheit f. estupidez f. 2:3/23
Düne f. duna f. 1:7/1
dunkelhaarig moreno/-a 1:2/13
dünn delgado/-a 1:2/13
durch por 1:4/1
durchfallen suspender 1:3/6
durchführen realizar 2:2/18
dürfen poder (o→ue) 1:3/6
duschen ducharse 1:4/4
Dutzend nt. docena f. 1:6/15

E

E-Mail f. e-mail m. 1:1/5
Ebene f. nivel m. 2:2/18

ehemalig antiguo/-a 1:2/1
Ei nt. huevo m. 1:6/15
eifersüchtig celoso/-a 2:3/20
eigene(r, s) propio/-a 1:6/12
Eigenschaft f. característica f. 2:6/11
eigentlich de hecho 2:2/18
ein/e (unbest. Artikel, sg.) un/una 1:B/1
einerseits ..., andererseits ... por un lado..., por otro lado... 2:4/3
einfach simple 2:3/15; sencillo/-a 2:4/15; fácil 1:3/5
Eingang m. entrada f. 1:7/11
Eingliederung f. inclusión f. 2:2/10
einige unos/-as (pl.) 1:B/11; algún, alguno/-a 2:2/I
Einkäufe machen hacer las compras (#) 1:7/5
einkaufen comprar 1:5/11
einen Einkaufsbummel machen ir de compras (#) 1:3/13
Einkaufszentrum nt. centro comercial m. 1:2/4
einladen invitar 1:4/25
sich einquartieren alojarse 2:4/1
einschlafen dormirse (o→ue) 1:4/4
jdn. einstellen contratar a alguien 2:5/7
eintreffen llegar 1:2/1
eintreten entrar 1:5/14
Eintritt m. entrada f. 1:7/11
einverstanden (sein) (estar) de acuerdo 2:2/10
Einwanderer/-in m./f. inmigrante m./f. 2:5/10
Einwanderung f. inmigración f. 2:5/10
Einwohner/in m./f. habitante m./f. 2:1/I
einzigartig único/-a 1:4/25
Eiscreme f. helado m. 1:6/4
elegant elegante 1:6/2
Eltern pl. padres m.pl. 1:2/2
emigrieren emigrar 2:2/18
empfehlen recomendar (e→ie) 2:3/7
Ende nt. final m. 1:8/14; **zu ~ gehen** terminarse 2:2/11
enden terminar 1:3/11
endlich por fin 1:4/4; finalmente 2:6/3
eng estrecho/-a 2:1/I
Englisch nt. inglés m. 1:1/15
enorm enorme 1:7/1
entdecken descubrir 2:1/I
entscheiden decidir 2:2/I
Entscheidung f. decisión f. 2:5/12
(sich) entspannen relajar(se) 2:4/1
Entwicklung f. desarrollo m. 2:2/10
Epoche f. época f. 2:1/13
er él 1:1/3
Erde f. mundo m. 1:2/I
Erdkunde und Geschichte f. Geografía e Historia f. 1:3/1
Ereignis nt. evento m. 1:B/8

Minidiccionario

Erfahrung *f.* experiencia *f.* 1:7/15
Erfolg *m.* éxito *m.* 1:7/13
erforderlich necesario/-a 2:2/11
erfreuen encantar a alguien 1:3/14
erfüllen cumplir 2:5/7
Ergebnis *nt.* resultado *m.* 1:3/14
erhalten conservar 2:4/14; recibir 1:5/14; obtener (#) 2:2/18
erinnern recordar (o→ue) 2:1/3; **sich ~ (an)** acordarse (de) (o→ue) 2:1/11
Erinnerung *f.* recuerdo *m.* 1:7/9
erklären declarar 2:2/10
jdm. etw. erklären explicar algo a alguien 1:6/11; enseñar algo a alguien 1:4/25
erlangen obtener (#) 2:2/18; conseguir (e→i) 2:1/3
erlauben permitir 2:4/9
Erlaubnis *f.* permiso *m.* 2:3/3
erleiden sufrir 2:3/7
Im Ernst? ¿En serio? 1:2/13
ernst(haft) serio/-a 1:7/13
erreichen conseguir (e→i) 2:1/3
erscheinen aparecer (c→zc) 2:6/3
(sich) erschrecken asustar(se) 2:6/3
ersetzen (durch) cambiar (por) 1:7/13
erstellen crear 2:3/7
erstens ... zweitens en primer lugar ..., en segundo lugar ... 2:6/20
erste(r, s) primero/-a 1:3/4
Erwachsene(r) *m./f.* adulto/-a *m./f.* 2:3/7
erwarten esperar 1:5/4
erzählen contar (o→ue) 1:4/25
es ist *(+ Wetter)* hace *(+ Wetter)* 1:4/1
Es ist so, dass ... Es que ... (#) 1:5/14
essen comer 1:2/4
Essen *nt.* comida *f.* 1:3/9; plato *m.* 2:2/11
Etui *nt.* estuche *m.* 1:3/6
etwas algo 1:4/16
Euro *m.* euro *m.* 1:6/4
europäisch europeo/-a 2:2/I
Europäische Union (EU) *f.* Unión Europea (UE) *f.* 2:2/I
exakt exacto/-a 2:1/3
existieren existir 1:4/25
Experte/-in *m./f.* experto/-a *m./f.* 1:1/15

F

Fabrik *f.* fábrica *m.* 2:2/18
Fach *nt.* asignatura *f.* 1:3/4
Fähigkeit *f.* capacidad *f.* 2:6/11
fahren ir (#) 1:3/14
Fahrrad *nt.* bicicleta *(col. bici)* *f.* 1:4/12
falsch falso/-a 2:3/7
Fall *m.* caso *m.* 2:6/3

falls si 1:4/25
Familie *f.* familia *f.* 1:1/4
Familienname *m.* apellido *m.* 1:1/14
Fan *m.* fan *m./f.* 1:1/2
Farbe *f.* color *m.* 1:4/1
fast casi 1:3/14
Februar *m.* febrero *m.* 1:4/I
Federmäppchen *nt.* estuche *m.* 1:3/6
Fehlen *nt.* falta *f.* 2:2/18
Feier *f.* celebración *f.* 2:2/10; fiesta *f.* 1:4/I
feiern celebrar 1:4/1; estar de fiesta (#) 1:4/25
fein elegante 1:6/2
Feld *nt.* campo *m.* 2:4/9
Fenster *nt.* ventana *f.* 2:4/15
Ferien *pl.* vacaciones *f.pl.* 1:4/13
Fernsehen *nt.* televisión *(col. tele)* *f.* 1:3/13
Fernseher *m.* televisión *(col. tele)* *f.* 1:3/13
fertigstellen terminar 1:3/11
Fest *nt.* fiesta *f.* 1:4/I; feria *f.* 1:4/25
Festival *nt.* festival *m.* 1:3/21
Feuerwehrmann/-frau *m./f.* bombero *m./f.* 2:6/1
Film *m.* película *(col. peli)* *f.* 1:B/8
finden encontrar (o→ue) 1:3/6
Fisch *m.* pescado *m.* 1:6/15
fix und fertig sein *(ugs.)* estar hecho/-a polvo (#) *(col.)* 2:1/11
Fläche *f.* superficie *f.* 2:1/I
Flasche *f.* botella *f.* 1:6/17
fliegen volar (o→ue) 1:4/1
Flugzeug *nt.* avión *m.* 1:4/12
Fluss *m.* río *m.* 1:2/4
folgen seguir (e→i) 1:8/5
folgend siguiente 1:4/4
Form *f.* forma *f.* 1:4/1
formelles Anschreiben *nt.* carta de presentación *f.* 2:6/3
fortfahren continuar (#) 1:4/16
Forum *nt.* foro *m.* 1:4/25
Foto *nt.* foto *f.* 1:2/13; **ein ~ machen** sacar una foto 2:3/I
Frage *f.* pregunta *f.* 1:1/12
fragen (nach) preguntar (por) 1:4/16
Fragen stellen hacer preguntas (#) 1:5/2
Französisch *nt.* francés *m.* 1:1/15
Frau *f.* mujer *f.* 1:2/13; **señora** *f.* 2:4/7
frei libre 1:8/5
im Freien al aire libre 2:4/3
Freitag *m.* viernes *m.* 1:3/4
Freiwillige(r) *m./f.* voluntario/-a *m./f.* 2:4/9
Freizeit *f.* tiempo libre *m.* 1:1/15
Freude machen, jdn. freuen hacer ilusión a alguien 1:8/5
sich freuen (über) alegrarse (de); 2:3/7

Freund/in *m./f.* amigo/-a *m./f.* 1:B/1; **(feste/r) ~** *m./f.* novio/-a *m./f.* 1:1/15
Freundschaft *f.* amistad *f.* 1:B/8
frisch fresco/-a 1:6/15
Friseur/in *m./f.* peluquero/-a *m./f.* 2:6/3
froh contento/-a 1:5/14
fröhlich alegre 1:4/1
Frucht *f.* fruta *f.* 1:6/15
früh temprano 1:4/4
früher antes 1:5/2
Frühling *m.* primavera *f.* 1:4/1
Frühstück *nt.* desayuno *m.* 1:6/24
frühstücken desayunar 1:4/4
(sich) fühlen sentir(se) (e→ie) 2:3/15
sich füllen llenarse 2:4/14
füllig gordo/-a 1:2/13
fünfte(r, s) quinto/-a 1:3/4
funktionieren funcionar 2:5/12
für para 1:B/1
fürs Erste de momento 2:6/20
Fuß *m.* pie *m.* 1:7/13; **zu ~ gehen** ir a pie (#) 1:4/12
Fußball *m.* fútbol *m.* 1:3/13; **~spiel** *nt.* partido de fútbol *m.* 1:5/4; **~spieler/in** *m./f.* futbolista *m./f.* 1:8/19

G

Galicien Galicia 2:1/I
galicisch gallego/-a 2:1/3
Galicisch *(Sprache)* *nt.* gallego *m.* 2:1/I
ganz todo/-a 1:4/1
gar nicht (no) ... nada 1:4/16
Gast *m.* invitado/-a *m./f.* 1:5/2
Gebäude *nt.* edificio *m.* 1:2/1
geben dar (#) 1:5/4; poner (#) 1:6/15; **es gibt** hay (#) 1:2/4
Gebiet *nt.* zona *f.* 2:4/15
Gebirge *nt.* montaña *f.* 1:2/4
geboren werden nacer (c→zc) 1:8/19
Gebrauch *m.* uso *m.* 2:3/3
Geburt *f.* nacimiento *m.* 1:8/19
Geburtstag *m.* cumpleaños *(col. cumple)* *m.* 1:2/13
Gedanke *m.* idea *f.* 1:1/15
Gedicht *nt.* poema *m.* 1:4/15
Geduld *f.* paciencia *f.* 2:6/20
Gefahr *f.* peligro *m.* 2:3/9
gefährlich peligroso/-a 1:7/3
gefallen gustar 1:3/14; **Gefällt mir!** *(ugs.)* ¡Mola mucho! *(col.)* 1:8/5; **jdm. würde ~** *(3. Pers. Sg. des Konditional)* gustaría a alguien 2:4/1
gefüllte Teigtasche *f.* empanada *f.* 2:5/3
gegen contra 1:7/13
gegen(über) hacia 2:2/11

Minidiccionario

gegenüber (von) enfrente (de) 1:5/4
Gehalt *nt.* paga *f.* 1:6/4
gehen ir (#) 1:3/14; caminar 2:1/11; **(weg-, fort-)~** irse (#) 1:5/14
Gelassenheit *f.* calma *f.* 2:3/7
gelb amarillo/-a 1:6/1
Geld *nt.* dinero *m.* 1:6/4
Gelegenheit *f.* oportunidad *f.* 2:2/I
gemäß según 2:2/1
Gemüse *nt.* verdura *f.* 1:6/15
genau exacto/-a 2:1/3
genial genial 1:B/2
genießen disfrutar (de) 2:1/3
genügend suficiente 2:4/3
geografisch geográfico/-a 2:1/I
gerade ahora mismo 1:5/4
geradeaus todo recto 1:8/14
Gericht *nt.* plato *m.* 2:2/11
Geschäft *nt.* tienda *f.* 1:2/4
Geschenk *nt.* regalo *m.* 1:4/25
Geschicklichkeit *f.* habilidad *f.* 2:6/11
Geschichte *f.* historia *f.* 1:3/1
Geschmack(ssinn) *m.* gusto *m.* 1:6/2
Geschwister *pl.* hermanos *m.pl.* 1:2/13
gesellschaftlich social 2:6/3
Gesetz *nt.* ley *f.* 2:6/16
gesetzlich legal 2:2/I
Gesichtspunkt *m.* aspecto *m.* 2:4/14
Gespräch *nt.* conversación *f.* 2:6/20
gestern ayer 1:7/3; **~ Abend** anoche 1:7/4
gestreift a rayas 1:6/1
Getränk *nt.* bebida *f.* 1:5/4
Gewalt *f.* violencia *f.* 1:7/13
gewaltig enorme 1:7/1
gewalttätig violento/-a 1:7/13
gewinnen ganar 1:7/12
Gewinner/in *m./f.* ganador/a *m./f.* 1:4/22
Gewohnheit *f.* costumbre *f.* 1:6/13
Gitarre *f.* guitarra *f.* 1:4/24
glatt liso/-a 1:2/15
glauben (dass) creer (que) 1:4/1
gleich enseguida 1:2/1; **(genau)** ~ igual 2:3/I
Gletscher *m.* glaciar *m.* 2:5/I
Glück *nt.* suerte *f.* 1:7/13; **Viel ~!** ¡Mucha suerte! 1:4/16
glücklich feliz 1:8/5
Glückwunsch! ¡Enhorabuena! 1:8/5
Gott *m.* dios *m.* 2:5/7
Göttin *f.* diosa *f.* 2:5/7
Gramm *nt.* gramo *m.* 1:6/15
gratulieren (zu) felicitar (por) 1:8/4
grau gris 1:6/1
Grenze *f.* frontera *f.* 1:7/1
(an)grenzen (an) limitar (con) 1:7/2
groß grande 1:1/15; alto/-a 1:2/1
Größe *f.* altura *f.* 1:8/19; **(Konfektions)~** *f.* talla *f.* 1:6/4

Großeltern *pl.* abuelos *m.pl.* 1:2/18
größer mayor 1:6/6
Großmutter *f.* abuela *f.* 1:2/13
Großvater *m.* abuelo *m.* 1:2/13
grün verde 1:6/1
Grund *m.* motivo *m.* 2:2/16
Gruppe *f.* grupo *m.* 1:1/1
Gruß *m.* saludo *m.* 2:1/11
Grüß Gott! *(bayerisch)* ¡Buenos días!, ¡Buenas tardes! 1:B/1
Grüße ausrichten dar recuerdos a alguien (#) 2:1/11
grüßen saludar 1:5/2
Du meine Güte! ¡Madre mía! 1:8/5
Gurke *f.* pepino *m.* 1:6/15
gut bien 1:B/2; bueno/-a 1:3/6; gut aussehend guapo/-a 1:1/1
Gymnasium *nt.* instituto *(col. insti)* *m.* 1:1/4

H

Haar *nt.* pelo *m.* 1:2/13
haben tener (#) 1:1/5; haber (#) 2:1/3
Hafen *m.* puerto *m.* 2:1/I
halb medio/-a 1:6/15; ~ *(+ Uhrzeit)* ... y media 1:3/1
Hälfte *f.* mitad *f.* 2:5/10
Hals *m.* cuello *m.* 1:7/13
Haltestelle *f.* parada *f.* 1:6/18
Hallo! ¡Hola! 1:B/1; ¿Diga? *(am Telefon)* 1:8/5
der Hammer sein *(ugs.)* ser una pasada *(col.)* (#) 2:4/3
Hand *f.* mano *f.* 1:7/13
handeln (von) tratar (de) 2:1/3
Handlung *f.* acción *f.* 2:4/3
Handtuch *nt.* toalla *f.* 2:4/15
Handy *nt.* móvil *m.* 1:1/5
hässlich feo/-a 1:6/7
Hauptstadt *f.* capital *f.* 1:4/22
Haus *nt.* casa *f.* 1:2/4; **~aufgaben** *f.pl.* deberes *m.pl.* 1:3/6; **zu ~(e)** en casa 1:3/14
Heft *nt.* cuaderno *m.* 1:3/6
heilen curar 2:6/1
heiraten casarse (con) 1:8/19
heiß caliente 1:6/24
heißen llamarse 1:4/16
Held/in *m./f.* héroe/heroína *m./f.* 2:5/3
helfen ayudar 1:5/2
Herausforderung *f.* desafío *m.* 2:4/9
Herbst *m.* otoño *m.* 1:4/1
Herkunft *f.* origen *m.* 2:2/I
Herr *m.* señor *m.* 2:4/7
herunterfallen caer(se) (#) 2:1/11
Herz *nt.* corazón *m.* 2:3/15
heute hoy 1:B/8
heutzutage hoy en día 2:1/3
hier aquí 1:1/5; ~ **in der Nähe** por aquí cerca 1:5/20

hochladen subir 2:3/7
Hilfe *f.* ayuda *f.* 1:5/12
Himmelsrichtungen *f.pl.* puntos cardinales *m.pl.* 1:7/2
hinaufsteigen subir 1:7/3
hinausgehen salir (#) 1:3/21
hineingehen entrar 1:5/14
hinfallen caer(se) (#) 2:1/11
(sich) hinlegen tumbar(se) 2:1/11; acostarse (o→ue) 1:4/4
hinter detrás (de) 1:5/7
hinuntergehen bajar 1:8/14
im Hintergrund al fondo 2:5/14
Hitze *f.* calor *m.* 1:4/13
Hobby *nt.* hobby *m.* 1:8/19
hoch alto/-a 1:2/1
hoffen esperar 2:3/7
hoffentlich ojalá 2:3/15
Hoffnung *f.* esperanza *f.* 2:3/15
hören oír (#) 2:4/15; **(zu)~** escuchar 1:1/15
Hose *f.* pantalón *m.* 1:6/1
Hotel *nt.* hotel *m.* 1:4/4
hübsch bonito/-a 1:2/4; lindo/-a 1:7/1
Hügel *m.* cerro *m.* 2:5/I
Humor *m.* humor *m.* 1:B/8
Hund *m.* perro *m.* 1:2/13
Hunger *m.* hambre *f.* 1:5/4

I

Iberische Halbinsel *f.* Península Ibérica *f.* 2:1/I
ich yo 1:1/5
ideal ideal 2:4/1
Idee *f.* idea *f.* 1:1/15
identifizieren identificar *m.* 2:3/7
ihm/ihn él 1:1/3
ihr ella 1:1/3; **~/e** su/sus 1:2/4
immer siempre 1:1/1
Immigration *f.* inmigración *f.* 2:5/10
in en, a 1:B/1; dentro (de) 1:5/4; por 1:4/1
indigen indígena 2:5/3
Information *f.* información *f.* 1:5/2
(sich) informieren informar(se) 2:3/7
Inhalt *m.* contenido *m.* 2:3/7
innerhalb dentro (de) 1:5/4
Insel *f.* isla *f.* 1:7/3
insgesamt en total 1:6/15
(Musik)instrument *nt.* instrumento *m.* 1:1/15
interessant interesante 1:1/1
Interesse *nt.* interés *m.* 2:2/18
interessieren interesar 1:4/1
international internacional 2:2/I
Internet *nt.* internet *m./f.* 1:1/5; **im ~ surfen** navegar por internet 1:3/13
Interview *nt.* entrevista *f.* 1:2/7
irgendein(e, er, s) algún, alguno/-a 2:2/I; cualquier/a 2:3/23

J

ja sí 1:1/5; **~, natürlich!** ¡Claro que sí! 1:2/13
Jacke f. chaqueta f. 1:6/1
Jahr nt. año m. 1:4/1; **~hundert** nt. siglo m. 2:5/7
Jahreszeit f. estación (del año) f. 1:4/13
Januar m. enero m. 1:4/I
Jeans f.pl. vaqueros m.pl. 1:6/1
jede/r cualquier/a 2:3/23; cada 1:5/18
jeder todo el mundo 2:1/3
jedoch sin embargo 2:2/I
jemand alguien 1:4/25
jene(r, s) aquel/aquella/-o 1:6/4
jetzt ahora 1:1/1; **~ gleich** ahora mismo 1:5/4
Job m. empleo m. 2:4/14
Journalist/in m./f. periodista m./f. 2:6/1
Jugend-, jugendlich juvenil 2:2/I
Jugendherberge f. albergue juvenil m. 2:4/1
Jugendliche m./f. joven m./f. 1:B/1
Juli m. julio m. 1:4/I
jung joven 2:1/3
Junge m. chico m. 1:B/1; muchacho m. 2:6/3
jünger menor 1:6/6
Juni m. junio m. 1:4/I

K

Kaffee m. café m. 1:6/24
Kälte f. frío m. 1:4/13
kämpfen luchar 1:7/13
Kanal m. canal m. 1:7/3
Kartoffel f. patata f. 1:6/15
Käse m. queso m. 1:6/15
Katalonien Cataluña 1:8/I
Kathedrale f. catedral f. 1:2/1
Katze f. gato m. 1:2/13
kaufen comprar 1:5/11
kein no 1:1/5
keine Ursache de nada 1:8/14
keine(r, s) ningún, ninguno/-a 2:2/I
kennen(lernen) conocer (c→zc) 1:5/4
Kenntnis f. conocimiento m. 1:7/13
Kennwort nt. contraseña f. 2:3/3
Kilo nt. kilo m. 1:6/15; **~meter** m. kilómetro m. 2:5/3
Kind nt. niño/-a m./f. 2:1/8; **ein ~ bekommen** tener un/a hijo/-a (#) 1:8/19
Kindheit f. infancia f. 2:1/7
Kino nt. cine m. 1:2/4
Kirche f. iglesia f. 1:4/1
Klasse f. clase f. 1:3/1
Klassenzimmer nt. aula f. 2:2/16

Klassiker m. clásico m. 2:5/3
klassisch clásico/-a 2:3/13
Kleid nt. vestido m. 1:6/1
Kleidung f. ropa f. 1:4/4
klein pequeño/-a 1:2/1; bajo/-a 1:2/13
kleiner menor 1:6/6
Klettern nt. escalada f. 2:4/9
Klima nt. clima m. 1:7/1
Klimaanlage f. aire acondicionado m. 2:4/15
klingeln sonar (o→ue) 1:6/15
klingen sonar (o→ue) 1:7/13
Klub m. club m. 1:1/5
Knoblauch m. ajo m. 1:6/15
Kolonial- colonial 2:5/I
Komiker/in m./f. humorista m./f. 2:5/I
komisch raro/-a 2:1/3
kommen venir (#) 1:6/15
Kommentar m. comentario m. 1:1/1
Kommunikationsmittel nt. medio de comunicación m. 2:3/I
kommunizieren comunicar(se) 2:3/I
können poder (o→ue) 1:3/6; saber (#) 1:4/16
Kontakt m. contacto m. 2:3/7; **~ aufnehmen mit** ponerse en contacto con (#) 2:2/I
Kontinent m. continente m. 2:4/1
Konzert nt. concierto m. 1:B/8
Kopf m. cabeza f. 1:7/13
korrekt correcto/-a 2:3/7
korrigieren corregir (e→i) 2:6/3
kosten costar (o→ue) 1:6/4
krank enfermo/-a 1:5/14
Krankenhaus nt. hospital m. 2:6/13
Krankenpfleger/in m./f. enfermero/-a m./f. 2:2/18
Krankheit f. enfermedad f. 2:6/1
kreativ creativo/-a 2:6/2
Kreativität f. creatividad f. 2:6/11
Kreide f. tiza f. 1:3/6
kreuzen cruzar 1:8/14
Kriminalität f. criminalidad f. 2:5/12
Krise f. crisis f. 2:2/I
Küche f. cocina f. 1:5/4
Kugelschreiber m. bolígrafo (col. boli) m. 1:3/6
Kultur f. cultura f. 1:B/8
kulturell, Kultur- cultural 2:2/10
Kunde/-in m./f. cliente/-a m./f. 1:6/19
Kunst f. arte m. 2:2/10
Künstler/in m./f. artista m./f. 2:1/I
Kurs m. curso m. 1:3/4
kurz corto/-a 1:2/13
Kuss m. beso m. 1:5/4
küssen besar 2:3/15
Küste f. costa f. 2:1/I

L

lachen reír(se) (#) 2:6/13
Lage f. situación f. 1:7/2
Land nt. país m. 1:4/16; campo m. 2:4/9; **~karte** f. mapa m. 1:3/6
ländlich rural 2:4/9
Landschaft f. paisaje m. 2:1/I
Landwirtschaft f. agricultura f. 2:4/9
lang largo/-a 1:2/13
sich langweilen aburrirse 1:4/16
langweilig aburrido/-a 1:1/2
Laptop m. portátil m. 2:3/I
lassen dejar 1:5/4
lästig pesado/-a 1:2/13
Lateinamerika Latinoamérica 1:B/1
laut según 2:2/1
leben vivir 1:2/4
Leben nt. vida f. 1:4/10
Lebenslauf m. currículum m. 2:2/18
lecker rico/-a 1:4/25
legal legal 2:2/I
legen poner (#) 1:5/2
Lehrer/in m./f. profesor/a (col. profe) m./f. 1:3/6
leicht fácil 1:3/5
es tut mir leid lo siento 1:8/9
leiden sufrir 2:3/7
leider lamentablemente 2:2/I
lernen estudiar 1:1/15; aprender 1:2/4
lesen leer 1:2/4
zu guter Letzt por último 2:4/15
letzte(r, s) último/-a 1:4/1
Leute f.pl. gente f. 1:2/1
Licht nt. luz f. 1:4/25
Liebe f. amor m. 1:B/8
Liebe/r ... querido/-a 1:3/21
lieben querer (e→ie) 2:3/20
Lieblings- favorito/-a 1:1/4
Lied nt. canción f. 1:B/8
lila lila 1:6/1
Lineal nt. regla f. 1:3/6
linke(r, s) izquierdo/-a 1:5/23
links a la izquierda 1:5/4
Limonade f. limonada f. 1:6/15
Liste f. lista f. 1:5/2
Liter m. litro m. 1:6/17
lockig rizado/-a 1:2/15
logisch lógico/-a 2:3/15
sich lohnen valer la pena 1:7/3
lokal local 2:4/9
lösen resolver (o→ue) 2:6/16
Lösung f. solución f. 2:3/15
Lüge f. mentira f. 2:3/15
lügen mentir (e→ie) 2:3/15
Lust haben apetecer 2:4/3; tener ganas de (#) 1:5/14
lustig divertido/-a 1:1/1; alegre 1:4/1

Minidiccionario

M

machen hacer (#) 1:3/6
Mädchen *nt.* chica *f.* 1:B/1; muchacha *f.* 2:6/3
Mai *m.* mayo *m.* 1:4/I
Mal *nt.* vez *f.* 1:5/4
Maler/in *m./f.* pintor/a *m./f.* 1:7/3
manchmal a veces 1:2/4
Mann *m.* hombre *m.* 1:2/13
Mannschaft *f.* equipo *m.* 1:B/8
Mappe *f.* carpeta *f.* 1:3/6
Markt *m.* mercado *m.* 1:6/15
März *m.* marzo *m.* 1:4/I
Massen- de masas 2:4/14
Mathematik *f.* Matemáticas *f.pl.* 1:3/1
Mechaniker/in *m./f.* mecánico/-a *m./f.* 2:6/2
Meer *nt.* mar *m.* 1:2/1
mehr más 1:2/13; ~ **oder weniger** más o menos 2:1/3
Mehrheit *f.* mayoría *f.* 2:4/21
mein/e mi/mis 1:B/1
meinen opinar 1:6/4
Meinung *f.* opinión *f.* 2:2/10
Meister/in campeón/-eona *m./f.* 2:6/8
Menge *f.* cantidad *f.* 2:2/18; **eine (ganze) ~** *(ugs.)* un montón (de) *(col.)* 1:6/1
Merkmal *nt.* característica *f.* 2:6/11
Metropole *f.* metrópolis *f.* 2:5/I
mich mí 1:1/2
mieten alquilar 2:4/3
Milch *f.* leche *f.* 1:6/15
Mineralwasser *nt.* agua (mineral) *f.* 1:6/15
mir mí 1:1/2
mit con 1:1/15; ~ **dir** contigo 1:3/17; ~ **mir** conmigo 1:4/6
miteinander junto/-a 1:2/13
mitnehmen llevar 1:2/15
Mitschüler/in *m./f.* compañero/-a *m./f.* 1:2/13
Mittag *m.* mediodía *m.* 1:6/1
in der Mitte en el centro 2:5/14
Mittel *nt.pl.* recursos *m.pl.* 2:6/16
mittelmäßig regular 1:B/2
Mittwoch *m.* miércoles *m.* 1:3/4
mitwirken colaborar 2:4/9
Mobbing (in der Schule) *nt.* acoso (escolar) *m.* 2:3/8
Möbelstück *nt.* mueble *m.* 1:5/6
Mode *f.* moda *f.* 1:6/1
modern moderno/-a 1:2/4
mögen querer (e→ie) 1:4/1
möglich posible 1:4/4
Möglichkeit *f.* posibilidad *f.* 2:4/9
im Moment de momento 2:6/20
Monat *m.* mes *m.* 1:4/1
Montag *m.* lunes *m.* 1:3/4
montags los lunes 1:3/4
Monument *nt.* monumento *m.* 1:2/1

morgen mañana 1:3/6; **Bis ~!** ¡Hasta mañana! 1:B/1
Morgen *m.* mañana *f.* 1:3/6; **Guten ~!** ¡Buenos días! 1:B/1
morgens de la mañana *(+ Uhrzeit)* 1:3/2; por la mañana 1:3/6
müde cansado/-a 1:5/14
Mund *m.* boca *f.* 1:7/13
Münze *f.* moneda *f.* 2:5/I
Museum *nt.* museo *m.* 1:2/4
Musik *f.* música *f.* 1:B/8
Musiker/in *m./f.* músico/-a *m./f.* 2:6/3
müssen tener que *(+ inf.)* (#) 1:3/6; deber 2:6/3; **man muss** hay que 1:2/4
Mut *m.* valor *m.* 2:3/3
mutig valiente 2:3/8
Mutter *f.* madre *f.* 1:2/13
Mütze *f.* gorra *f.* 1:6/1

N

na gut bueno 1:B/1
nach a 1:B/1
nachhaltig sostenible 2:4/15
nachher después (de) 1:3/6
Nachmittag *m.* tarde *f.* 1:3/6
nachmittags por la tarde 1:3/6; de la tarde *(+ Uhrzeit)* 1:3/2
Nachname *m.* apellido *m.* 1:1/14
Nachricht *f.* noticia *f.* 1:B/8; mensaje *f.* 1:5/1
nächste(r, s) próximo/-a 1:4/25
Nacht *f.* noche *f.* 1:4/4; **Gute ~!** ¡Buenas noches! 1:B/1
Nachteil *m.* desventaja *f.* 2:3/9
nachts por la noche 1:4/4; de la noche *(+ Uhrzeit)* 1:3/2
nahe cercano/-a 2:4/15; ~ **(bei)** cerca (de) 1:2/4
in der Nähe (von) cerca (de) 1:2/4
Name *m.* nombre *m.* 1:B/15
Nase *f.* nariz *f.* 1:7/13
Nationalpark *m.* parque nacional *m.* 1:8/2
Natur *f.* naturaleza *f.* 2:1/3
natürlich, Natur- natural 2:4/15
neben al lado (de) 1:2/1
negativ negativo/-a 2:4/14
nehmen coger (cojo) 1:5/1; tomar 1:8/14; **(zu sich) ~** tomar 1:2/1
nein no 1:1/5
nervig pesado/-a 1:2/13
nervös nervioso/-a 1:5/14
nett majo/-a *(col.)* 1:2/13
Netz (Internet) *nt.* red *f.* 1:B/1
neu nuevo/-a 1:1/1
Neujahr *nt.* Año Nuevo *m.* 2:2/10
neunte(r, s) noveno/-a 1:3/4
nicht no 1:1/5; ~ **mehr** ya no 1:8/9
nichts (no) ... nada 1:4/16
niemals (no) ... nunca 1:4/16

niemand (no) ... nadie 1:4/16
Niveau *nt.* nivel *m.* 2:2/18
noch todavía 1:1/5; ~ **(ein)mal** otra vez 1:8/12
Norden, Nord- *m.* norte *m.* 1:2/4
Nordwesten *m.* noroeste *m.* 2:1/I
normal normal 1:1/2
Notebook *nt.* portátil *m.* 2:3/I
gute/schlechte Noten bekommen sacar buenas/malas notas 1:3/6
Notiz *f.* apunte *m.* 1:4/4; nota *f.* 1:5/1
notwendig necesario/-a 2:2/11
Notwendigkeit *f.* necesidad *f.* 2:6/16
November *m.* noviembre *m.* 1:4/I
Nummer *f.* número *m.* 1:1/5
nun ahora 1:1/1
nur solo 1:1/15
nützlich útil 2:3/I

O

ob si 1:4/25; si 2:6/3
oben arriba 2:5/14
oberhalb von encima (de) 1:5/4
Oberfläche *f.* superficie *f.* 2:1/I
obligatorisch obligatorio/-a 2:6/16
Obst *nt.* fruta *f.* 1:6/15
obwohl aunque 2:1/3
oder o 1:2/6
offen abierto/-a 2:4/15
öffentlich público/-a 2:5/12
offiziell oficial 2:1/I
öffnen abrir 1:6/18
oft muchas veces 1:2/1
ohne sin 1:4/16; ~ **dass ...** sin que + *subj.* 2:5/12
ökologisch ecológico/-a 2:4/14
Oktober *m.* octubre *m.* 1:4/I
Olive *f.* aceituna *f.* 1:6/15
Onkel *m.* tío *m.* 1:2/13
optimistisch optimista 1:5/14
Orange *f.* naranja *f.* 1:6/15
orange(n)farben naranja 1:6/1
ordnen ordenar 1:5/1
in Ordnung vale 1:2/13
Organisation *f.* organización *f.* 2:2/I
organisieren organizar 2:2/11
original original 1:6/2
originell original 1:6/2
Ort *m.* lugar *m.* 1:2/1; sitio *m.* 2:2/18
örtlich local 2:4/9
Osten *m.* este *m.* 1:7/1

P

ein paar unos/-as *(pl.)* 1:B/11
Papierkorb *m.* papelera *f.* 1:3/6
Paprika(schote) *f.* pimiento *m.* 1:6/15
Park *m.* parque *m.* 1:2/4

jdm. passen *(Kleidung)* quedar a alguien 1:6/4
passieren pasar 1:7/3
Pasta *(Nudeln)* f. pasta f. 2:5/3
Patagonien Patagonia f. 2:5/I
Patient/in m./f. paciente m./f. 2:6/13
Pause f. descanso m. 1:5/20
Pech nt. mala suerte f. 2:1/11
perfekt perfecto/-a 1:1/1
Person f. persona f. 1:2/4
Personalien f.pl. datos (personales) m.pl. 2:3/3
persönlich personal 2:6/11
Physik und Chemie *(Schulfach)* f. Física y Química f. 1:3/1
pikant picante 1:6/15
Pinguin m. pingüino m. 2:5/3
Plakat nt. pancarta f. 2:2/11
Plan m. plan m. 2:4/3
planen planear 2:4/15
Planet m. planeta m. 2:4/15
Plastik nt. plástico m. 2:4/14
Platz m. plaza f. 1:2/1; sitio m. 2:2/18
plaudern charlar 1:8/5
plötzlich de repente 1:6/8; de pronto 2:1/11
Polizist/in m./f. policía m./f. 2:6/3
positiv positivo/-a 2:4/14
Postkarte f. postal f. 1:5/20
Praktikum nt. prácticas f.pl. 2:6/3
praktisch práctico/-a 2:2/18
Präsentation f. presentación f. 1:8/3
Preis m. premio m. 1:4/22; precio m. 2:4/9
preiswert barato/-a 1:6/4, económico/-a 2:2/18
privat privado/-a 2:3/3
probieren probar (o→ue) 1:6/15
Problem nt. problema m. 1:3/6
professionell profesional 2:2/18
Profil nt. perfil m. 2:3/1
Programm nt. programa m. 1:1/1
Programmierer/in m./f. programador/a m./f. 2:6/1
Projekt nt. proyecto m. 1:1/15
protestieren protestar 2:2/I
Provinz f. provincia f. 1:8/2
... Prozent el/un ... por ciento 2:5/10
Prozentsatz m. porcentaje m. 2:5/10
Prüfung f. examen m. 1:3/6
Pullover m. jersey m. 1:6/1
pünktlich puntual 1:5/4
Pyramide f. pirámide f. 1:7/1

Q

Qualifikation f. cualificación f. 2:2/18
Qualität f. calidad f. 2:6/3
Quechua *(Sprache)* nt. quechua m. 2:5/3
Quelle f. fuente f. 2:3/7

R

Radiergummi nt. goma de borrar f. 1:3/6
Radio nt. radio f. 1:B/1; **~hörer/in** m./f. radioyente m./f. 2:1/3; **~sender** m. emisora (de radio) f. 1:B/8
Rat(schlag) m. consejo m. 2:3/3
Rathaus nt. ayuntamiento m. 2:1/3
rauben robar 2:5/12
Raum m. sala f. 1:R3/9
reagieren reaccionar 1:8/6
Recht haben tener razón (#) 1:4/25
rechte(r, s) derecho/-a 1:5/23
rechts a la derecha 1:5/7
reden hablar 1:1/15
Regal nt. estantería f. 1:5/4
Regel f. regla f. 1:7/13
etwas regelmäßig/immer noch tun seguir + *gerundio* (#) 2:4/15
Regen m. lluvia f. 1:4/25
Regierung f. gobierno m. 2:2/I
Region f. región f. 2:1/3
regnen llover (o→ue) 1:4/13
Reichtum m. riqueza f. 2:5/12
Reise f. viaje m. 1:B/8
reisen viajar 1:5/4
Reisende/r m./f. viajero/-a m./f. 2:4/9
Religion f. religión f. 1:3/4
reparieren reparar 2:6/1
Reportage f. reportaje m. 1:4/4
Reporter/in m./f. reportero/-a m./f. 1:4/16
Reservierung f. reserva f. 2:4/3
Respekt m. respeto m. 2:6/11
respektieren respetar 1:7/13
respektvoll respetuoso/-a 2:4/15
Restaurant nt. restaurante m. 1:2/1
retten salvar 2:6/1
richtig correcto/-a 2:3/7
Risiko nt. riesgo m. 2:4/9
Rock m. falda f. 1:6/1
Roman m. novela f. 2:4/3
rosa rosa 1:6/1
rot rojo/-a 1:6/1
Rucksack m. mochila f. 1:3/6
rufen llamar 1:5/1
Ruhe f. calma f. 2:3/7; tranquilidad f. 2:4/9; **in ~ lassen** dejar en paz 2:3/15
ruhig tranquilo/-a 1:7/15

S

Saal m. sala f. 1:R3/9
Sache f. cosa f. 1:3/6
Saft m. zumo m. 1:6/15
sagen decir (#) 1:4/25
Salat *(Gericht)* m. ensalada f. 1:6/15
salzig salado/-a 1:6/15
Samstag m. sábado m. 1:3/4

Sänger/in m./f. cantante m./f. 1:1/1
schädlich dañino/-a 2:4/15
schaffen crear 2:3/7
scharf picante 1:6/15
schauen mirar 1:2/13
Schaufenster nt. escaparate m. 1:6/4
Schauspiel nt. espectáculo m. 2:5/I
Schauspieler/in m./f. actor/actriz m./f. 2:1/I
scheinen parecer (c→zc) 2:3/I
schenken regalar 1:4/1
schicken mandar 1:5/4; enviar 1:7/1
Schiff nt. barco m. 1:4/12
schlafen dormir (o→ue) 1:5/20; descansar 1:5/20
Schlafzimmer nt. dormitorio m. 1:5/6
Schlagzeile f. titular m. 2:4/14
schlank delgado/-a 1:2/13
schlecht mal 1:B/2; malo/-a 1:6/6
schlechter peor 1:6/6
schließen cerrar (e→ie) 1:6/15
schließlich por último 2:4/15; finalmente 2:6/3
schlimm malo/-a 1:6/6
schmal estrecho/-a 2:1/I
schmecken saber (#) 1:6/4
Schmutz m. suciedad f. 2:5/12
schneien nevar (e→ie) 1:4/13
schnell rápido/-a 1:7/13
Schokolade f. chocolate m. 1:6/24
schon ya 1:1/15
schön bonito/-a 1:2/4; lindo/-a 1:7/1
Schrank m. armario m. 1:5/4
Schreck m. susto m. 2:1/11
schreiben escribir 1:2/4
Schreibmappe f. carpeta f. 1:3/6
Schreibtisch m. escritorio m. 1:5/4
Schriftsteller/in m./f. escritor/a m./f. 2:1/I
schüchtern tímido/-a 2:3/20
Schuh m. zapato m. 1:6/1
Schul- escolar 2:6/20
Schule f. colegio m. 1:3/21; escuela f. 1:7/1; instituto *(col. insti)* m. 1:1/4
Schüler/in m./f. alumno/-a m./f. 1:3/6; estudiante m./f. 2:6/16
Schuljahr nt. curso m. 1:3/4
(Schul)pause f. recreo m. 1:3/4
Schulter f. hombro m. 1:7/13
schwarz negro/-a 1:6/1
schwer difícil 1:3/1
Schwester f. hermana f. 1:2/13
schwierig difícil 1:3/1
schwimmen nadar 2:4/21
sechste(r, s) sexto/-a 1:3/4
See m. lago m. 2:5/I
sehen ver (#) 1:3/13
sehr muy 1:B/2; mucho *(adverbio)* 1:3/9
sehr erfreut encantado/-a 2:6/20
sein ser (#) 1:1/5; estar (#) 1:2/1; haber (#) 2:1/3

sein/e su/sus 1:2/4

seine Meinung äußern dar su opinión (#) 1:6/8

seit desde *(+ Zeitpunkt)* 2:1/11; seit *(+ Zeitraum)* desde hace *(+ Zeitraum)* 1:8/5

seit *(+ Zeitraum)* **etwas tun** llevar *(+ Zeitraum) + gerundio* 2:4/15

selbstbewusst seguro/-a de sí mismo/-a 2:3/20

selbstgemacht casero/-a 2:5/3

selbstverständlich por supuesto 2:2/11; lógico/-a 2:3/15

seltsam raro/-a 2:1/3

sensationell espectacular 2:1/I

September *m.* septiembre *m.* 1:4/I

Serie *f.* serie *f.* 2:3/I

servieren poner (#) 1:6/15

Servus! *(bayerisch)* ¡Hola!, ¡Adiós! 1:B/1

sich setzen sentarse (e→ie) 2:6/20

sicher seguro/-a 2:3/3

sicher(lich) seguro (que) 1:8/5

Sicht *f.* vista *f.* 1:2/1

sie ella 1:1/3

siebte(r, s) séptimo/-a 1:3/4

Sieger/in *m./f.* campeón/-eona *m./f.* 2:6/8

singen cantar 1:4/25

Situation *f.* situación *f.* 1:7/2

Ski fahren esquiar 2:5/3

SMS *f.* mensaje *m.* 1:5/1

so así 1:4/4; tan 1:5/14; **~ sehr, ~ viel** tanto/-a 1:6/15

soeben etw. getan haben acabar de *(+ inf.)* 1:5/14

sofort enseguida 1:2/1

sogar incluso 2:4/9

Sohn *m.* hijo *m.* 1:2/13

solange mientras 1:5/2

solidarisch solidario/-a 2:4/9

sollen deber 2:6/3

Sommer *m.* verano *m.* 1:4/1

Sonderangebot *nt.* rebaja *f.* 1:6/4

sondern sino 1:7/13

Sonne *f.* sol *m.* 1:4/13

sich sonnen tomar el sol 2:1/11

Sonnenbrille *f.* gafas de sol *f.pl.* 1:6/1

Sonntag *m.* domingo *m.* 1:3/4

sich Sorgen machen preocuparse 2:4/3

sorgen für cuidar 2:4/15

sozial social 2:6/3

soziales Netzwerk *nt.* red social *f.* 2:3/I

Spanien España 1:B/1

Spanisch *nt.* español *m.* 1:B/10

Spanische Sprache und Literatur *(Schulfach)* *f.* Lengua (Castellana y Literatura) *f.* 1:3/1

sparen ahorrar 2:4/3

spät tarde 1:4/25

später luego 1:3/6; **Bis ~!** ¡Hasta luego! 1:B/2

einen Spaziergang machen dar un paseo (#) 2:1/I

spektakulär espectacular 2:1/I

Spezialgebiet *nt.* especialidad *f.* 1:1/15

Spezialität *f.* especialidad *f.* 1:1/15

speziell especial 1:1/1

Spiel *nt.* juego *m.* 2:6/1

spielen *(Instrument)* tocar 1:1/15; **~** *(Spiel, Sport)* jugar (u→ue) 1:3/13

Spieler/in *m./f.* jugador/a *m./f.* 2:5/7

Sport *m.* deporte *m.* 1:B/8; **~unterricht** *m.* Educación Física *f.* 1:3/1

Sportler/in *m./f.* deportista *m./f.* 2:1/I

sportlich deportivo/-a 1:6/2

Sprache *f.* lengua *f.* 1:1/15; idioma *m.* 1:2/4

sprechen hablar 1:1/15

Sprecher/in *m./f.* locutor/a *m./f.* 1:1/1

Spruchband *nt.* pancarta *f.* 2:2/11

staatlich público/-a 2:5/12

Stadion *nt.* estadio *m.* 1:8/2

Stadt *f.* ciudad *f.* 1:B/1; **~viertel** *nt.* barrio *m.* 1:2/1

Stange *f.* barra *f.* 1:6/15

Statistik *f.* estadística *f.* 2:5/10

stattdessen en cambio 2:1/3

stattfinden tener lugar (#) 1:4/1

jdm. stehen *(Kleidung)* quedar a alguien 1:6/4

stehlen robar 2:5/12

steigen subir 1:7/3

Stelle *f.* empleo *m.* 2:4/14; lugar *m.* 1:2/1

stellen poner (#) 1:5/2

sterben morir (o→ue) 2:5/7

Stereotyp *nt.* estereotipo *m.* 2:2/10

Stern *m.* estrella *f.* 2:4/1

Stiftung *f.* fundación *f.* 2:6/3

Stimme *f.* voz *f.* 1:8/5

Stimmung *f.* ambiente *m.* 1:4/16

Stirn *f.* frente *f.* 2:2/10

stolz orgulloso/-a 2:6/3

stören molestar 2:3/7

Strand *m.* playa *f.* 1:2/1

Straße *f.* calle *f.* 1:2/1

Straßenecke *f.* esquina *f.* 1:8/14

Streit *m.* discusión *f.* 1:5/5

streiten discutir 1:5/4

Student/in *m./f.* estudiante *m./f.* 2:6/16

studieren estudiar 1:1/15

Studium *nt.* carrera *f.* 2:6/2

Stuhl *m.* silla *f.* 1:3/6

Stunde *f.* hora *f.* 1:3/2

Stundenplan *m.* horario *m.* 1:3/4

suchen buscar 1:1/15

Süden *m.* sur *m.* 1:7/1

super guay *(col.)* 1:1/5

Supermarkt *m.* supermercado *m.* 1:6/11

süß dulce 1:6/15

Symbol *nt.* símbolo *m.* 2:5/I

sympathisch simpático/-a 1:1/1; majo/-a *(col.)* 1:2/13; **jdm. ~/ unsympathisch sein** caer bien/ mal a alguien 2:3/15

T

T-Shirt *nt.* camiseta *f.* 1:6/1

Tablet *nt.* tableta *f.* 2:3/1

Tafel *f.* pizarra *f.* 1:3/6

Tag *m.* día *m.* 1:3/4; **Guten ~!** ¡Buenas tardes! 1:B/1; ¡Buenos días! 1:B/1

Tagebuch *nt.* diario *m.* 2:1/19

Talent *nt.* talento *m.* 2:6/11

Tante *f.* tía *f.* 1:2/13

Tanz *m.* baile *m.* 2:5/3

tanzen bailar 1:3/13

Tapas essen gehen ir de tapas (#) 2:1/3

tapfer valiente 2:3/8

Tasche *f.* bolso *m.*1:6/1

Taschengeld *nt.* paga *f.* 1:6/4

Tat *f.* acción *f.* 2:4/3

Tätigkeit *f.* actividad *f.* 1:3/6

tatsächlich en realidad 2:2/11; de hecho 2:2/18; real 2:3/3

tauschen (gegen) cambiar (por) 1:7/13

Team *nt.* equipo *m.* 1:B/8

Technik *f.* tecnología *f.* 2:6/11

Technologie *f.* tecnología *f.* 2:6/11

Tee *m.* té *m.* 1:6/15

Teil *m.* parte *f.* 2:1/11

teilen compartir 2:2/10

teilnehmen an participar en 1:4/1

Teilnehmer/in *m./f.* participante *m./f.* 1:4/1

Telefon *nt.* teléfono *m.* 1:5/17; **~nummer** *f.* número de teléfono *m.* 1:1/14

telefonieren hablar por teléfono 1:3/9

Test *m.* examen *m.* 1:3/6

teuer caro/-a 1:6/4

Theater *nt.* teatro *m.* 2:5/12

Thema *nt.* tema *m.* 1:1/1; asunto *m.* 2:3/15

Thunfisch *m.* atún *m.* 1:6/15

Tier *nt.* animal *m.* 1:8/2

Tierarzt/Tierärtzin *m./f.* veterinario/-a *m./f* 2:6/2

Tisch *m.* mesa *f.* 1:3/6

Tischler/in *m./f.* carpintero/-a *m./f.* 2:6/1

Titel *m.* título *m.* 1:4/25

Tochter *f.* hija *f.* 1:2/13

Tod *m.* muerte *f.* 2:1/I

toll fantástico/-a 1:1/1; genial 1:B/2

Minidiccionario

Toll! ¡Qué bien! 1:2/13
Tomate *f.* tomate *m.* 1:6/15
ein Tor schießen marcar un gol 2:5/7
Torte *f.* tarta *f.* 1:8/12
Tourismus *m.* turismo *m.* 2:4/9
Tourist/in *m./f.* turista *m./f.* 1:2/4
Touristeninformation *f.*
   oficina de turismo *f.* 2:1/11
touristisch, Touristen- turístico/-a
   2:1/I
Tradition *f.* tradición *f.* 2:1/I
traditionell tradicional 2:2/1
tragen llevar 1:2/15
Trainer/in *m./f.* monitor/a *m./f.*
   2:4/9
trainieren entrenar(se) 2:6/8
Transport *m.* transporte *m.* 2:2/18
Traum *m.* sueño *m.* 2:5/3
träumen (von) soñar (con) (o→ue)
   2:6/3
traurig triste 1:5/14
treffen encontrar (o→ue) 1:3/6; **sich**
   ~ mit encontrarse con (o→ue)
   1:4/4
sich trennen separarse 1:8/5
trinken beber 1:8/5; tomar 1:2/1
trotzdem sin embargo 2:2/I;
   no obstante 2:6/3
Tschüss! ¡Adiós! 1:B/1
Tür *f.* puerta *f.* 1:5/4
Turnschuh *m.* zapatilla *f.* 1:6/1
Typ *m.* tipo *m.* 2:3/15
typisch típico/-a 1:4/1

U

U-Bahn *f.* metro *m.* 1:4/12
üben practicar 1:2/13
über sobre 1:2/1; por 1:4/1; de 1:B/1
überdrüssig werden cansarse de
   2:3/20
überhaupt nicht (no) ... nada 1:4/16
übermitteln transmitir 2:4/13
überprüfen revisar 2:1/22;
   comprobar (o→ue) 2:6/3
überqueren cruzar 1:8/14
überraschen sorprender 1:8/4
Überraschung *f.* sorpresa *f.* 1:8/4
übersetzen traducir (c→zc) 2:3/25
Überschrift *f.* título *m.* 1:4/25
übrigens por cierto 1:8/5
Uhrzeit *f.* hora *f.* 1:3/2; **Um wie viel**
   Uhr? ¿A qué hora? 1:3/4; **Wie viel**
   Uhr ist es? ¿Qué hora es? 1:3/2
um zu para 2:1/I
Umarmung *f.* abrazo *m.* 1:5/20
umfassen incluir (i→y) 2:4/9
Umfrage *f.* encuesta *f.* 1:3/6
Umgebung *f.* alrededores *m.pl.*
   2:2/18
Umwelt *f.* medio ambiente *m.*
   2:4/14
umziehen mudarse 1:8/19

Unabhängigkeit *f.* independencia *f.*
   2:2/I
unbekannt desconocido/-a 2:3/3
Unbekannte/r *m./f.* desconocido/-a
   m./f. 2:3/3
und y 1:B/1; *(vor anlautendem „(h)i")*
   e 1:3/1
unerwartet inesperado/-a 2:1/11
unglaublich increíble 1:4/16
Universität *f.* universidad *f.* 1:5/4
unmöglich imposible 1:6/4
unordentlich desordenado/-a 1:5/4
uns nosotros/-as 1:B/1
Unsicherheit *f.* inseguridad *f.* 2:5/12
unten abajo 2:5/14
unter bajo 1:4/13; debajo (de) 1:5/4;
   ~ anderem entre otros/-as
   2:6/16
sich unterhalten charlar 1:8/5
Unterhaltung *f.* diversión *f.* 2:4/9
unterkommen alojarse 2:4/1
Unterkunft *f.* alojamiento *m.* 2:2/18
Unternehmen *nt.* empresa *f.* 1:7/13
Unterricht *m.* clase *f.* 1:3/1
unterrichten dar clase (#) 2:4/9
Unterschied *m.* diferencia *f.* 2:2/11
unterstützen ayudar 1:5/2
Unterstützung *f.* ayuda 1:5/12
untersuchen analizar 2:3/7
unvergesslich inolvidable 1:7/3
Urlaub *m.* vacaciones *f.pl.* 1:4/13;
   im ~ sein estar de vacaciones (#)
   2:1/11; **in den ~ fahren** ir(se) de
   vacaciones 2:4/3
Urwald *m.* selva *f.* 2:5/3

V

Vater *m.* padre *m.* 1:2/13
sich verabreden quedar 1:3/6
sich verabschieden despedirse (e→i)
   2:1/3
verändern cambiar 1:7/13
Verantwortung *f.* responsabilidad *f.*
   2:6/3
verantwortungsvoll responsable
   2:4/15
verärgert enfadado/-a 1:5/14
verbessern mejorar 1:3/9
(sich) verbinden conectar(se) 2:3/I
Verbindung *f.* conexión *f.* 2:4/7
verborgen escondido/-a 2:1/I
Verbrauch *m.* gasto *m.* 2:4/14
verbringen pasar 1:1/15
verdienen ganar 2:6/2
vergangen pasado/-a 1:7/3
vergeben perdonar 1:8/14
vergessen olvidar 2:3/15
vergleichen comparar 2:5/10
Vergnügen *nt.* diversión *f.* 2:4/9
verkaufen vender 1:6/15
Verkäufer/in *m./f.* vendedor/a *m./f.*
   1:6/4

Verkehrsmittel *nt.* medio de
   transporte *m.* 2:4/15
verlassen dejar 2:2/11
sich verlieben (in) enamorarse (de)
   2:3/15
verpassen perder (e→ie) 2:5/I
vermeiden evitar 2:3/7
vermieten alquilar 2:4/3
vermissen echar de menos 1:5/20
verpassen perder (e→ie) 2:5/I
verpflichtend obligatorio/-a 2:6/16
verrückt loco/-a 1:5/18; **~ werden**
   volverse loco/-a (o→ue) 2:4/3
versäumen perder (e→ie) 2:5/I
verschieden diferente 1:1/1;
   vario/-a 1:7/5
verschmutzen contaminar 2:4/15
verschwenden malgastar 2:4/15
versorgen mantener (#) 2:6/1
versprechen prometer 2:5/12
(sich) verständigen comunicar(se)
   2:3/I
versteckt escondido/-a 2:1/I
verstehen entender (e→ie) 1:3/6;
   sich gut/schlecht (mit jdm.)
   ~ llevarse bien/mal (con alg.) 2:2/I
verteilen repartir 2:3/3
Vertrag *m.* contrato *m.* 2:2/18
vertraulich privado/-a 2:3/3
verwenden usar 2:1/3
verwirklichen realizar 2:2/18
verzeihen perdonar 1:8/14
Video *nt.* vídeo *m.* 2:3/I; **~spiel** *nt.*
   videojuego *m.* 1:3/21
viel *(Adjektiv)* mucho/-a 1:1/15
viel *(Adverb)* mucho 1:3/9
Vielfalt *f.* variedad *f.* 1:7/1;
   diversidad *f.* 2:2/10
vielleicht a lo mejor 1:3/6
Viertel *nt.* cuarto *m.* 1:6/17;
   (Stadt)~ *nt.* barrio *m.* 1:2/1
vierte(r, s) cuarto/-a 1:3/4
voll lleno/-a 1:4/16
voll werden llenarse 2:4/14
vollgepackt *(ugs.)* a tope *(col.)*
   1:5/4
von de 1:B/1; **~ ... an** a partir de
   2:6/20; **~ ... (aus)** desde 1:B/1;
   ~ ... bis ... de ... a ... 1:3/1;
   desde ... hasta ... 1:3/5
vor delante (de) 1:5/7; *(zeitlich)*
   antes (de) 1:4/4; hace (+
   Zeitangabe) 1:7/4; **~ allem** sobre
   todo 1:3/14
im Vordergrund en primer plano
   2:5/14
vorbeigehen pasar (por delante)
   1:6/4
vorbereiten preparar 1:1/15
vorher antes 1:5/2
vormittags de la mañana (+ *Uhrzeit*)
   1:3/2
vorschlagen proponer (#) 2:3/7
Vorsicht! ¡cuidado! 2:4/15

Minidiccionario

vorsichtig sein tener cuidado (#) 2:3/3
vorstellen presentar 1:5/2; **sich etw. ~** imaginarse algo 1:8/9
Vorteil *m.* ventaja *f.* 2:3/9
Vorurteil *nt.* prejuicio *m.* 2:2/10
vorwärts adelante 2:2/18
vorziehen preferir (e→ie) 1:4/16

W

wach despierto/-a 2:3/7
während durante, mientras 1:5/2
Wahrheit *f.* verdad *f.* 1:8/5
wahrscheinlich probable 2:3/15
Währung *f.* moneda *f.* 2:5/I
Wald *m.* bosque *m.* 2:4/15
wann? ¿cuándo? 1:3/11
warm caliente 1:6/24
Wärme *f.* calor *m.* 1:4/13
warten esperar 1:5/4
warum? ¿por qué? 1:3/5
was? ¿qué? 1:B/8; **~ bedeutet ...?** ¿Qué significa ...? 1:B/10; **~ hältst du/haltet ihr von ...?** ¿Qué te/os parece ...? 1:6/1; **~ hast du?** ¿Qué te pasa? 1:5/14
Wasser *nt.* agua *f.* 2:4/14; **~fall** *m.* catarata *f.* 2:5/I
Webcam *f.* webcam *f.* 2:3/3
Webseite *f.* página web *f.* 1:1/5
weder ... noch ... ni ... ni ... 1:4/16
Weg *m.* camino *m.* 1:8/14
wegen por 1:7/1
Weihnachten *nt.* Navidad *f.* 1:4/25
weil porque 1:1/15
Weile *f.* rato *m.* 2:1/11
Wein *m.* vino *m.* 2:5/3
Weise *f.* manera *f.* 2:2/11
weiß blanco/-a 1:4/4
weit ancho/-a 1:6/4; **~ entfernt (von)** lejos (de) 1:4/16
weitergehen continuar 1:4/16
weitermachen seguir (e→i) 1:8/5
welche(r, s)? ¿qué? 1:B/8, ¿cuál? 1:1/5
Welt *f.* mundo *m.* 1:2/I
Welt-, weltweit mundial 2:2/10
wenig poco/-a 1:2/4
ein wenig un poco 1:1/15
weniger menos 1:6/4

wenn cuando 1:3/6; si 1:4/25
wer? ¿quién/es? 1:1/I
werden ponerse (+ adj.) (#) 2:3/20
Werkstatt *f.* taller *m.* 1:4/4
Westen *m.* oeste *m.* 1:7/1
Wetter *nt.* tiempo *m.* 1:4/13
wichtig importante 1:2/1; **jdm. ~ sein** importar a alguien 1:8/12
wie como 1:5/4
Wie ...! ¡Qué ...! 1:1/5; **~ beneidenswert!** ¡Qué envidia! 1:2/13; **~ peinlich!** ¡Qué vergüenza! 2:1/11; **~ schade!** ¡Qué lástima! 1:6/4
wie? ¿cómo? 1:B/1; **~ geht's?** ¿Qué tal? 1:B/1; **~ ist das Wetter?** ¿Qué tiempo hace? 1:4/13; **~ schreibt man das?** ¿Cómo se escribe? 1:B/16; **~ spricht man das aus?** ¿Cómo se pronuncia? 1:B/4
wie viel(e)? ¿cuánto/-a? 1:1/5
etwas wieder tun volver a (+ infinitivo) (#) 2:4/15
Willkommen (bei ...)! bienvenido/-a (a ...) 1:B/I
Wind *m.* viento *m.* 1:4/1
Winter *m.* invierno *m.* 1:4/1
wir nosotros/-as 1:B/1
wirken parecer (c→zc) 2:3/I
wirklich real 2:3/3; verdad 1:8/5; **~?** ¿En serio? 1:2/13
in Wirklichkeit en realidad 2:2/11
Wirtschaft *f.* economía *f.* 2:4/14
wirtschaftlich económico/-a 2:2/18
wissen saber (#) 1:4/16
WLAN *nt.* wifi *m./f.* 2:4/7
wo donde 1:6/4
wo? ¿dónde? 1:2/3
Woche *f.* semana *f.* 1:3/4; **kommende ~** la semana que viene 2:6/20
Wochenende *nt.* fin de semana *m.* 1:3/6
wodurch, weshalb por lo cual 2:5/12
wofür? ¿para qué? 1:6/15
woher? ¿de dónde? 1:B/1
wohin? ¿adónde? 1:3/17
Wohlbefinden *nt.* bienestar *m.* 2:4/15
wohnen vivir 1:2/4
Wohnung *f.* piso *m.* 1:2/4
Wohnzimmer *nt.* salón *m.* 1:5/4
wollen querer (e→ie) 1:4/1

Workshop *m.* taller *m.* 1:4/4
Wort *nt.* palabra *f.* 1:B/9
wozu? ¿para qué? 1:6/15
Wunsch *m.* deseo *m.* 2:4/1
wünschen desear 1:8/5
Wüste *f.* desierto *m.* 1:7/1

Z

Zahl *f.* número *m.* 1:1/5
zehnte(r, s) décimo/-a 1:3/4
zeigen presentar 1:5/2; enseñar 1:4/25
Zeit *f.* tiempo *m.* 1:1/15
Zeitraum *m.* época *f.* 2:1/3
Zeitschrift *f.* revista *f.* 2:3/I
Zeitung *f.* periódico *m.* 2:1/3
Zeitungsartikel *m.* artículo *m.* 1:7/15
zelten acampar 2:1/3
Zentrum *nt.* centro *m.* 1:2/1
ziemlich bastante 1:5/4
Zimmer *nt.* habitación *f.* 1:5/1
zögern dudar 2:4/3
Zone *f.* zona *f.* 2:4/15
zu a 1:B/1; **~ viel** demasiado/-a 1:6/4
(Speisen) zubereiten preparar 1:1/15
Zucker *m.* azúcar *m.* 1:4/1
zuerst primero 1:3/6
Zufall *m.* casualidad *f.* 2:1/11
zufrieden contento/-a 1:5/14; feliz 1:8/5
Zug *m.* tren *m.* 1:4/12
zuhören escuchar 1:1/15
Zukunft *f.* futuro *m.* 1:7/13
zum Beispiel por ejemplo 1:1/6
zum Glück por suerte 2:1/10
zunächst primero 1:3/6
zurückkehren volver (o→ue) 1:4/25
zusammen junto/-a 1:2/13; **zusammenleben** convivir 2:6/2; **mit jdm. ~ sein** salir con alguien (#) 2:3/15
Zweifel *m.* duda *f.* 2:1/11
zweifeln dudar 2:4/3
zweite(r, s) segundo/-a 1:3/4
Zwiebel *f.* cebolla *f.* 1:6/15
zwischen entre 1:2/4

Países y nacionalidades

Países y continentes		Nacionalidades
Los continentes		
África	*Afrika*	africano/-a
América	*Amerika*	americano/-a
– América del Sur / Suramérica	*Südamerika*	– suramericano/-a
– América del Norte / Norteamérica	*Nordamerika*	– norteamericano/-a
Antártida	*Antarktis*	antártico/-a
Asia	*Asien*	asiático/-a
Europa	*Europa*	europeo/-a
Oceanía / Australia	*Ozeanien/ Australien*	oceánico/-a / australiano/-a
América del Norte		
Canadá	*Kanada*	canadiense
Estados Unidos de América	*Vereinigte Staaten von Amerika*	estadounidense
México	*Mexiko*	mexicano/-a
Hispanoamérica		
Argentina	*Argentinien*	argentino/-a
Bolivia	*Bolivien*	boliviano/-a
Chile	*Chile*	chileno/-a
Colombia	*Kolumbien*	colombiano/-a
Costa Rica	*Costa Rica*	costarricense
Cuba	*Kuba*	cubano/-a
Ecuador	*Ecuador*	ecuatoriano/-a
El Salvador	*El Salvador*	salvadoreño/-a
Guatemala	*Guatemala*	guatemalteco/-a
Honduras	*Honduras*	hondureño/-a
México	*Mexiko*	mexicano/-a
Nicaragua	*Nicaragua*	nicaragüense
Panamá	*Panama*	panameño/-a
Paraguay	*Paraguay*	paraguayo/-a
Perú	*Peru*	peruano/-a
Puerto Rico	*Puerto Rico*	puertorriqueño/-a
República Dominicana	*Dominikanische Republik*	dominicano/-a
Uruguay	*Uruguay*	uruguayo/-a
Venezuela	*Venezuela*	venezolano/-a

Países y nacionalidades

Países y continentes		Nacionalidades
Europa		
Albania	*Albanien*	albanés/-esa
Alemania	*Deutschland*	alemán/-ana
Andorra	*Andorra*	andorrano/-a
Austria	*Österreich*	austriaco/-a / austríaco/-a
Bélgica	*Belgien*	belga
Bielorrusia	*Weißrussland*	bielorruso/-a
Bosnia-Herzegovina	*Bosnien und Herzegowina*	bosnio/-a
Bulgaria	*Bulgarien*	búlgaro/-a
Ciudad del Vaticano	*Vatikanstadt*	vaticano/-a
Croacia	*Kroatien*	croata
Dinamarca	*Dänemark*	danés/-esa
Eslovaquia	*Slowakei*	eslovaco/-a
Eslovenia	*Slowenien*	esloveno/-a
España	*Spanien*	español/a
Estonia	*Estland*	estonio/-a
Finlandia	*Finnland*	finlandés/-esa
Francia	*Frankreich*	francés/-esa
Grecia	*Griechenland*	griego/-a
Hungría	*Ungarn*	húngaro/-a
Irlanda	*Irland*	irlandés/-esa
Islandia	*Island*	islandés/-esa
Italia	*Italien*	italiano/-a
Kazajstán	*Kasachstan*	kazako/-a
Letonia	*Lettland*	letón/-ona
Liechtenstein	*Liechtenstein*	liechtensteiniano/-a
Lituania	*Litauen*	lituano/-a
Luxemburgo	*Luxemburg*	luxemburgués/-esa
Malta	*Malta*	maltés/-esa
Moldavia	*Moldau/ Moldawien*	moldavo/-a
Mónaco	*Monaco*	monegasco/-a
Montenegro	*Montenegro*	montenegrino/-a
Noruega	*Norwegen*	noruego/-a
Países Bajos	*Niederlande*	neerlandés/-esa
Polonia	*Polen*	polaco/-a
Portugal	*Portugal*	portugués/-esa
Reino Unido	*Vereinigtes Königreich*	británico/-a
República Checa	*Tschechische Republik*	checo/-a
República de Macedonia	*Mazedonien*	macedonio/-a
Rumanía	*Rumänien*	rumano/-a
Rusia	*Russland*	ruso/-a
San Marino	*San Marino*	sanmarinense
Serbia	*Serbien*	serbio/-a
Suecia	*Schweden*	sueco/-a
Suiza	*Schweiz*	suizo/-a
Turquía	*Türkei*	turco/-a
Ucrania	*Ukraine*	ucraniano/-a

El juego de Buena Onda

Iker: 1 en San Sebastián / 2 el armario, la estantería, la cama, el escritorio, la silla, la mesa, el sillón, el sofá / 3 bajo/-a / 4 español y vasco / 5 mejor / 6 cerca (de), a la izquierda (de), a la derecha (de)
Paulina: 1 Ciudad de México / 2 Frida Kahlo es una pintora mexicana. / 3 Me levanté a las ... / 4 México limita con los Estados Unidos, Guatemala y Belice. / 5 lindo/-a / 6 En Chichén Itzá puedes ver pirámides de los mayas.
Alejandro: 1 en Andalucía / 2 ¡Feliz cumple(años)! ¡Cumpleaños feliz! ¡Felicidades! / 3 Individuelle Lösungen / 4 Individuelle Lösungen / 5 Individuelle Lösungen / 6 una camiseta verde y un pantalón azul/unos vaqueros azules
Gilberto: 1 Colombia está en Sudamérica/América del Sur/Hispanoamérica/Latinoamérica. Colombia está al norte de Ecuador/al lado de Panamá/Venezuela/Ecuador. / 2 *Lösungsvorschlag:* Hace quince grados y está nublado. / 3 Shakira, Juanes, Carlos Vives, ... / 4 Differenzierungsaufgabe "más ayuda" / 5 Sé / 6 Hoy estamos a ...
Cibrán: 1 Hay 17 comunidades autónomas en España. / 2 Galicia / 3 en las páginas 159-166 / 4 en las páginas 206-207 / 5 Individuelle Lösungen / 6 Individuelle Lösungen
Celia y Raquel: 1 Madrid / 2 *Lösungsvorschlag:* Es la una menos cuarto. / 3 A mí no me gusta hacer deberes y a Raquel tampoco. / 4 Methodenanhang "Estrategias" / 5 Individuelle Lösungen / 6 Hoy Celia y yo estamos muy contentas.
Javier: 1 Argentina / 2 primavera, verano, otoño, invierno / 3 lunes, martes, miércoles, jueves, viernes, sábado, domingo / 4 contestar / 5 Individuelle Lösungen / 6 Individuelle Lösungen

Repaso 1

1 a) 1 el/la habitante, 2 caerse, 3 el susto, 4 elegir, 5 el arte + Individuelle Lösungen
1 b) Lösungsvorschlag: 1 escribir, la escritura / 2 acampada, campamento / 3 asustarse, asustado / 4 protesta, protestante / 5 ofertado, ofertar

2 *Lösungsvorschlag:* Cuando era pequeña, vivía en el pueblo con mis padres y mis hermanos. Era un pueblo muy pequeño y éramos pocos niños, pero nos gustaba mucho jugar juntos. Mis hermanos eran más mayores, pero, aun así nos lo pasábamos muy bien. Yo era la niña más pequeña de la familia y por eso, siempre podía elegir lo que queríamos comer en casa. Recuerdo esos días con mucha felicidad.

3 Individuelle Lösungen

4 1 te encontraste/hablaste, 2 hicimos, 3 nos encontramos, 4 llevó, 5 entramos, 6 hacía, 7 era, 8 he/hemos terminado, 9 empezó, 10 hablasteis, 11 preguntó, 12 hablé, 13 hicisteis, 14 fuimos, 15 Hacía, 16 había, 17 tomábamos, 18 hablábamos, 19 vino, 20 saludó, 21 habéis hecho, 22 hemos ido, 23 hemos caminado, 24 tenía, 25 habéis visto, 26 dabais, 27 ha visto, 28 habéis pasado/tenido

5 *Lösungsvorschlag:* 1 Wir können mit dem Bus *Turístic* die Stadt erkunden, die Bustickets kosten 26 Euro. Es werden viele verschiedene Stadtführungen angeboten, die man u.a. auch mit dem Fahrrad machen kann. / 2 Im Stadt-zentrum gibt es eine Vielzahl unterschiedlicher Restaurants. Tapas werden überall rund um die Uhr in Barrio Gótico angeboten. Zum Abendessen und für typische Fischgerichte ist das Viertel La Barceloneta sehr zu empfehlen.

6 a) Individuelle Lösungen
6 b) 6, 2, 5, 3, 1. El dibujo que no describe la tarde de Raquel es el 4.
6 c) 1 Raquel ha ido con amigos del instituo y algunos profes. / 2 Ha preparado la pancarta en la casa de Luis. / 3 La ha ayudado la hermana de Luis, Kiara. / 4 Raquel y Celia han quedado en la entrada del supermercado. / 5 Lo sabe porque lo ha leído en el periódico. / 6 Era de todas las edades: gente joven, mayor, familias con hijos pequeños...
6 d) Raquel ha vuelto a casa para dejar su mochila.

7 1 ha sido, 2 clase, 3 Has tenido, 4 algún, 5 he tenido, 6 ninguno, 7 algunas, 8 he entendido, 9 es, 10 algunos, 11 algunas, 12 hay, 13 has conocido, 14 alguno(s), 15 he conocido, 16 algunas, 17 he hablado, 18 ningún, 19 alguna, 20 que, 21 con, 22 ninguna, 23 hasta

8 Individuelle Lösungen

9 1 hace, 2 rápido/rápidamente, 3 compañeros/amigos, 4 me, 5 simpáticos, 6 detalladamente, 7 preguntas, 8 Normalmente, 9 en, 10 urgentemente, 11 grandes, 12 fácilmente, 13 hay, 14 divertidas, 15 eso

10 1 Escribid, 2 piensa, 3 coge, 4 Haced, 5 Acostaos, 6 Tened, 7 haz, 8 Levantaos

Soluciones

Repaso 2

1 a) *Lösungsvorschlag:* medios de comunicación: la revista, el móvil, el portátil, el periódico, la radio, la tableta / transporte: la bicicleta, el coche, el tren, el barco, el avión / tiempo libre: ir de compras, hacer deporte, tomar el sol, relajarse / alojamiento: el albergue juvenil, el camping, el apartamento, el hotel
1 b) Individuelle Lösungen

2 1 Celia, sube más fotos tuyas. – No, no las subas. / 2 Raúl, escribe tu nombre completo. – No, no lo escribas. / 3 Chicos, bajad música de esta página. – No, no la bajéis. / 4 Pedro, invita a gente desconocida a jugar. – No, no la invites. 5 Celia y Antonio, poned esta foto en vuestro perfil. – No, no la pongáis. / 6 María, da tu dirección en tu perfil. – No, no la des. / 7 Celia, acepta las invitaciones de gente desconocida. – No, no las aceptes. / 8 Chicos, haced comentarios sobre los profesores en internet. – No, no los hagáis.

3 Individuelle Lösungen

4 *Lösungsvorschlag:* Es importante que demos consejos sobre el amor. Es necesario que informes sobre el uso de internet. Es posible que Iker no quiera quedar más tarde. Es normal que tengamos problemas con los padres. Es mejor que tú y Gilberto penséis antes de subir fotos. Ojalá escuchen Raquel y Javier los consejos de los padres. Es lógico que informemos sobre el uso de internet. Es increíble que los radioyentes creen otro foro en Buena Onda.

5 1 un, 2 se, 3 es, 4 la/una, 5 hable, 6 vaya, 7 un, 8 aprenda, 9 el, 10 venga, 11 conocerlo, 12 necesite, 13 los, 14 podemos, 15 ayudarlo, 16 se, 17 explique, 18 quiera, 19 seamos, 20 conozcas, 21 La, 22 gusta, 23 tenga, 24 tú, 25 Un

6 a) Se llama Susana.
6 b) 1 La novia de Mateo se va de intercambio a Alemania. / 2 Andreas es el chico de intercambio alemán. / 3 No, no le cae bien porque Susana está hablando todo el día de él. / 4 Quiere que no vaya a Alemania.
6 c) Luisa le recomienda a Mateo que esté tranquilo y que hable con Luisa.
6 d) Individuelle Lösungen

7 1 que pasemos, hacer / 2 ir, que preparemos / 3 ver, que ayude / 4 ir, que vayamos / 5 que haga, levantarme

8 1 Hace una hora acabo de terminar mi primer curso de surf. / 2 Mi amigo Aitor no ha venido a Tarifa conmigo porque ha dejado de hacer surf. / 3 Los monitores son muy buenos, uno de ellos empezó a hacer surf a los 5 años. / 4 ¡Es increíble! Lleva haciendo surf 20 años. / 5 Ya he aprendido mucho en el curso pero cada día sigo aprendiendo más y más cosas nuevas.

9 1 se la, 2 os los, 3 se las, 4 Se la, 5 se lo, 6 (explíca)selo, 7 te lo, 8 Se lo

10 Individuelle Lösungen

11 1 estás, 2 Estoy, 3 aburrida, 4 porque, 5 Estoy, 6 está, 7 pesada, 8 pero, 9 Estoy, 10 estaban/están, 11 tranquilas, 12 estoy, 13 por eso, 14 estaba/está, 15 bonitos, 16 es, 17 Además, 18 es, 19 nuevos, 20 son, 21 aburridos, 22 interesantes, 23 actuales, 24 también, 25 es, 26 Es

12 *Lösungsvorschlag:* 1 Sí, los cuatro podéis ir con el mismo billete. Cuesta 37 euros en total. / 2 Podéis usar los trenes "lentos", del Öffentlicher Nahverkehr. / 3 De lunes a viernes podéis usar el billete desde las 9 de la mañana hasta las 3 de la noche. Los fines de semana podéis usarlo durante todo el día (24 horas). / 4 Sí, es posible viajar hasta Salzburgo. / 5 Esto no lo dice el folleto. Pero encuentras más información en internet.

Soluciones

Repaso 3

1 a) 1 la metrópolis, 2 el peso, 3 el tango, 4 esquiar, 5 el héroe/la heroína, 6 la librería, 7 el talento, 8 ser creativo/-a, 9 la solicitud/la carta de presentación
1 b) Individuelle Lösugen

2 a) 1 Mi tía me pregunta qué te ha llamado la atención. / 2 Mi tía me dice que pronto va a empezar el Festival de Teatro. / 3 Mi tía dice que le gusta mucho ese festival. / 4 Mi tía dice que mi tío y ella fueron hace dos años. / 5 Mi tía pregunta cuándo voy contigo a visitarlos. / 6 Mi tía pregunta a qué hora vuelven mis padres.
2 b) 1 Mi tía dice que te dé un mapa de la ciudad. / 2 Mi tía dice que vayamos el domingo a Cerro Monserrate. / 3 Mi tía dice que visite contigo el Planetario. / 4 Mi tía dice que busque el programa del Festival de Teatro en internet. / 5 Mi tía dice que te enseñe también el parque Simón Bolívar. / 6 Mi tía dice que vayamos el sábado a su casa. / 7 Mi tía dice que tengamos cuidado, especialmente por la noche. / 8 Mi tía dice que te explique dónde puedes tomar el bus.

3 Individuelle Lösungen

4 1 – D, había empezado / 2 – C, había participado / 3 – F, habían salido / 4 – A, había pedido / 5 – G, había hecho / 6 – E, había llegado / 7 – B, había entrado

5 a) Bogotá, Ciudad de México, Lima y Santiago de Chile
5 b) Bogotá: 7,2 millones, 2600 metros, 13 grados / Lima: 9,6 millones, 150 metros, 19 grados / Ciudad de México: 21,5 milllones, 2240 metros, 16 grados / Santiago de Chile: 6,3 millones, 560 metros, 14 grados

6 *Lösungsvorschlag:* 1 Voy a estudiar mucho para que me acepten en alguna buena universidad. / 2 Hacer trabajo voluntario es una forma de pasar tiempo en el extranjero sin que sea muy caro. / 3 Mis padres me regalan un viaje a Londres para que practique inglés. / 4 Mi profesora quiere informarnos bien antes de que vayamos de intercambio escolar a Alemania. / 5 Esta semana mi hermana mayor hace una entrevista de trabajo sin que mis padres lo sepan. / 6 El insti busca profesores de idiomas para que pueda ofrecer más clases de francés el año que viene. / 7 Quiero hablar contigo antes de que escribas la carta de presentación. / 8 La ONG prepara para los voluntarios muchas actividades para que no estén aburridos. / 9 Mi padre no me permite viajar al extranjero sin que me acompañe mi hermano mayor.

7 1 lo que / 2 es, donde / 3 que, Está, donde / 4 Lo que, Hay/Es/Fue / 5 está, que / 6 es, donde / 7 es, lo que

8 *Lösungsvorschlag:* 1 El Perito Moreno es un glaciar espectacular en la Patagonia. / 2 Buenos Aires es una gran metrópolis. / 3 El Cerro de los Siete Colores es una montaña muy bonita. / 4 El tango es un baile y una música muy interesante. / 5 Diego Maradona fue un futbolista muy importante. / 6 La Bombonera es un estadio de fútbol impresionante. / 7 Tomar mate es una costumbre muy antigua. / 8 El barrio de la Boca es un barrio único.

9 1 Si tienes ganas de conocer a mis amigos, vamos a quedar/quedamos para tomar algo juntos. / 2 Si te gustan las grandes ciudades, visita la capital. / 3 Si te gustan las librerías, el centro de Buenos Aires te va a encantar. / 4 Si tienes tiempo, te recomiendo que visites también el sur del país. / 5 Si visitas el glaciar Perito Moreno, puedes sacar unas fotos impresionantes. / 6 Si vas a Ushuaia, envía una postal a tu familia.

10 1 en, 2 te, 3 Me, 4 nunca, 5 las, 6 a, 7 nunca, 8 nada, 9 de, 10 nada, 11 pagarlo, 12 lo, 13 con, 14 la, 15 te, 16 nadie, 17 para, 18 a, 19 en, 20 preguntarles, 21 para, 22 nada, 23 nadie, 24 ayudarte

11 a) 1 van, irán / 2 habla, hablará / 3 viaja, viajará / 4 vive, compartirá / 5 no hacen, harán / 6 sale, saldrá, tendrá
11 b) Individuelle Lösungen

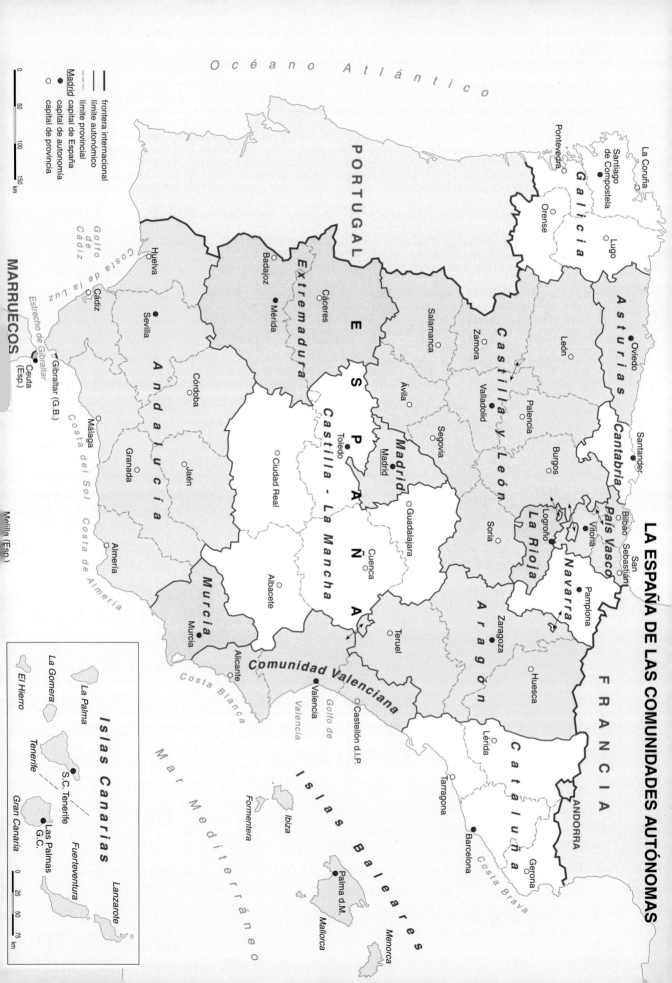

LA ESPAÑA DE LAS COMUNIDADES AUTÓNOMAS

Océano Atlántico

frontera internacional
límite autonómico
límite provincial

● **Madrid** capital de España
● capital de autonomía
○ capital de provincia

0 50 100 150
km

MARRUECOS

Estrecho de Gibraltar

Golfo de Cádiz

Costa de la Luz

PORTUGAL

E S P A Ñ A

Huelva
Cádiz
Ceuta (Esp.)
● Gibraltar (G.B.)
Sevilla
Málaga
Córdoba
Granada
Jaén
Almería

Costa del Sol
Costa de Almería

A n d a l u c í a

Extremadura
Badajoz
Mérida
Cáceres

Melilla (Esp.)

Castilla - La Mancha
Toledo
Ciudad Real
Guadalajara
Cuenca
Albacete

Madrid
● Madrid

Salamanca
Zamora
Ávila
Segovia

Castilla y León
León
Valladolid
Palencia
Burgos
Soria

Pontevedra
Santiago de Compostela
La Coruña
Orense
Lugo

Galicia

Asturias
Oviedo

Cantabria
Santander

País Vasco
Bilbao
San Sebastián
Vitoria

La Rioja
Logroño

Navarra
Pamplona

Aragón
Zaragoza
Teruel
Huesca

FRANCIA

ANDORRA

Cataluña
Lérida
Gerona
Tarragona
Barcelona

Costa Brava

Murcia
Murcia
Alicante

Comunidad Valenciana
Valencia
Castellón d.l.P.

Costa Blanca

Golfo de Valencia

Islas Baleares
Palma d.M.
Mallorca
Menorca
Ibiza
Formentera

Mar Mediterráneo

Islas Canarias
La Palma
La Gomera
El Hierro
S.C. Tenerife
Tenerife
Gran Canaria
Las Palmas G.C.
Fuerteventura
Lanzarote

0 25 50 75
km

GALICIA

Santiago de Compostela

——	frontera internacional
——	límite autonómico
- - -	límite provincial

Santiago de Compostela capital de Galicia

● capital de provincia
○ otras ciudades

Altura

	más de 2000 m
	1500 - 2000 m
	1000 - 1500 m
	500 - 1000 m
	200 - 500 m
	0 - 200 m

0 10 20 30 Km

Golfo de Vizcaya

Asturias

Castilla y León

P O R T U G A L

Océano

Atlántico

Ribadeo

Mondoñedo

Vivero

Ortigueira

Ferrol

La Coruña

La Coruña

Arteijo
Betanzos

Carballo

Órdenes

Santa
Comba

Negreira

Outes

Muros

Puerto de Son

Noya

Rianjo

Padrón

L u g o

Villalba

Fonsagrada

Becerreá

Lugo

Sarria

Monforte
de Lemos

El Barco de
Valdeorras

La Gudiña

Verín

Miño

Mellid

Lalín

Chantada

G a l i c i a

Santiago
de Compostela

La Estrada

P o n t e v e d r a

Pontevedra

Redondela

Vigo

Puenteareas

Porriño

Tuy

Tomiño

Bayona

Cangas

Sangenjo

O r e n s e

Orense

Ribadavia

Allariz

Ginzo de Limia

Sil

Miño

Bolivia

Brasil

Paraguay

Río Grande

Humahuaca
Tartagal
Purmamarca
San Salvador
de Jujuy
6739 m
Llullaillaco
6380 m
Salta
Nevado
de Cachi
Bermejo

Pilcomayo

Asunción

Puerto
Iguazú

San Miguel
de Tucumán
6893 m
Ojos del
Salado

Resistencia
Corrientes
Oberá
Posadas

6250 m
Catamarca

Río Salado

6380 m

Cosquín
Córdoba
Concordia

San Juan
Aconcagua
6961 m
Piamonte
2884 m
Santa Fe

Mendoza
Río Cuarto
Rosario

Santiago

Uruguay

5264 m
Maipo

San Antonio
de Areco

Chile

Buenos Aires
Montevideo
La
Plata

Santa
Rosa
Argentina

4707 m

1239 m
Tandil
Villa Gesell

Neuquén
Colorado
Bahía Blanca
Mar del Plata

Lanín
3747 m
Río Negro
Bahía
Blanca

San Carlos
de Bariloche
Viedma

3491 m
Golfo
San Matías

Chiloé
Península
Valdés

Esquel
Chubut
Trelew

Lago Buenos Aires/
General Carrera
Golfo
San Jorge
Comodoro Rivadavia

Perito Moreno
Cabo Tres Puntas
Cueva de
las Manos

Fitz Roy
3405 m
El Chaltén
Cerro Torre 3133 m
Parque Nacional
Los Glaciares
El Calafate
Lago
Argentino
2160 m
Río Gallegos

Estrecho de Magallanes

Islas Malvinas
(Reino Unido)

Estrecho de Magallanes

Tierra
del Fuego
Cabo San Diego

Ushuaia

Cabo de Hornos
Estrecho de Drake

Océano Atlántico

Océano Pacífico

Argentina

Altura

	más de 5 000 m
	3 000 – 5 000 m
	1500 – 3 000 m
	1000 – 1500 m
	500 – 1000 m
	200 – 500 m
	100 – 200 m
	0 – 100 m

3060 m ▲ pico

Ciudades (habitantes)

▣	más de 5 000 000
■	1 000 000 – 5 000
◉	500 000 – 1 000 0
●	100 000 – 500 00
○	menos de 100 000

**Buenos
Aires** capital

frontera internacio

0   100   200   300   400   500